INTELLECTUAL PROPERTY

지식재산 창업

전삼현 | 권기섭 | 최선규 공저

화산미디어

머리말

스타트업은 설립한 지 얼마 되지 않은 신생벤처기업으로써 미국 실리콘 밸리에서 생긴 것으로 혁신적 기술 및 아이디어를 보유한지 얼마 되지 않은 창업기업이며 고위험, 고성장, 고수익을 지닌 기술 및 인터넷 기반의 회사를 말한다.

또한 IP, 즉 지식재산은 인간의 창조적 활동 또는 경험 등에 의하여 창출되거나 발견된 지식·정보·기술, 사상이나 감정의 표현, 영업이나 물건의 표시, 생물의 품종이나 유전자원, 그 밖에 무형적인 것으로써 재산적 가치가 실현될 수 있는 것으로 인간의 지적 활동으로 인하여 발생하는 경제적 가치를 지닌 재산을 의미한다.

4차 산업혁명시대는 정보통신기술(ICT)의 융합으로 이뤄지는 산업혁명으로, '초연결', '초지능', '초융합''으로 대표되며 인공지능(AI), 사물인터넷(IoT), 로봇기술, 드론, 자율주행차, 가상현실(VR) 등이 주도하는 산업혁명 시대로 4차 산업혁명은 로봇이나 인공지능(AI)을 통해 실제와 가상이 통합돼 사물을 자동적·지능적으로 제어할 수 있는 가상 물리 시스템의 구축이 기대되는 산업상의 변화를 일컫는다.

따라서 4차 산업혁명시대는 여러 융합된 기술들이 동시다발적으로 발생하여 시장의 구조를 변화시키는 시기이기 때문에 발전된 혁신기술을 습득하고 개량하는 것이 스타트업 경쟁력 확보에 있어 매우 중요하며 특히 지식재산 기반 스타트업은 지식재산, 즉 특허, 디자인, 상표 등 사업화의 가장 기초가 될 수 있는 부분부터 사업화를 추구하기 때문에 지식재산은 스타트업의 전반적인 질적 고도화를 실현하는 중심적인 역할을 한다고 볼 수 있다.

PREFACE

실제로 스타트업은 많지 않은 인원으로 최대한의 수익과 부가가치를 창출하는 것을 목표로 2008년 금융위기 이후 글로벌 정보통신기술산업을 주도한 구글, 알리바바, 페이스북이 스타트업에서 시작했으며 데카콘 기업으로 떠오른 우버, 샤오미, 위워크 같은 기업들은 스타트업의 성공사례라 할 수 있다. 우리나라에는 네이버와 카카오가 스타트업으로 시작했으며, 쿠팡, 크래프톤, 옐로모바일이 국내 스타트업 최초로 유니콘 기업 반열에 올랐었으며 최근 국내 유니콘 기업으로는 비바리퍼블리카(토스), 야놀자, 위메프, 무신사, 쏘카, 컬리, 티몬, 직방, 당근마켓, 두나무 등이 있다.

이에 이 책은 4차 산업혁명시대에 창업에 있어 지식재산의 중요성을 이해하고 창업에 필요한 기본적인 지식재산의 이해를 돕기 위한 교재로 발간되었으며 지식재산 기반 창업을 하고자 하는 모든 사람들에게 조금이나마 도움이 될 수 있기를 바라며, 이 책이 발간될 수 있도록 도움주신 화산미디어 현근택 대표님과 관계자 여러분에게 감사의 말씀을 드린다.

2022년 12월

공동저자 일동

차 례

1. 총설

2. 비즈니스 모델

3. 창업과 자금조달

4. 지배구조

CONTENTS

5. IP스타트업을 위한 지식재산의 기초

6. 특허

7. BM특허

차 례

CONTENTS

11. 특허명세서

12. 국제특허출원

13. 실용신안

14. 영업비밀

차 례

15. 저작권

16. 상 표

CONTENTS

17. 디자인

18. 생명공학 등 신지식재산

01

총설

01 총설

1. 지식재산과 Startup

IT기술의 발전과 함께 4차 산업혁명시대는 물리적 공간, 디지털적 공간, 생물학적인 공간의 경계가 희석되는 기술융합의 시대로 물리적 공간의 의미가 없어지는 '물리적 공간의 융합기술', 가상의 공간을 물리적 공간과 혼합하여 동일하게 활용할 수 있는 '디지털 공간의 융합기술', 인간의 생명과 관련하여 특정한 신체부위 또는 장기를 성장시킬 수 있는 '생물학적 공간의 융합기술' 등이 이미 실용화단계에 와 있음에[1] 따라 지식재산의 중요성은 경제·사회·문화·스포츠·복지 등 전 분야에 걸쳐서 확산되고 있다.

전통적인 지식재산으로 산업 경제와 관계가 깊은 산업재산권으로서 특허권, 실용신안권, 디자인권, 상표권과 인간의 지적 능력의 결과물인 창작물과 관련 깊은 저작권으로 구분되었으나 종래 비보호대상이던 지식재산도 최근에는 경제적 가치를 가진 지적 창작물이면 새로운 법제도를 만들어서 보호해야 산업이 발전한다는 인식이 확산되어 왔다. 이와 같이 과학의 발달과 사회의 변화에 따라 새롭게 그 호보의 필요성이 대두된 컴퓨터 프로그램, 반도체 집적회로의 배치설계, 영업비밀(발명), 동식물신

1) 이범희, 「4차 산업혁명시대의 기술경영」, 탑북스, 2018, 40-41면.

품종이나 유전자조작기술과 같은 생명 공학, 데이터베이스, 뉴미디어 등도 법적 보호 범위로 확대되었으며 이와 같은 것들이 신지식재산권 분야에 속한다.[2)]

종래에는 토지, 생산설비, 자연자원과 같은 유형 자산이 기업의 중요한 생산동력이었으나 4차 산업혁명시대를 맞이해 이와 같은 전통적인 자본과 시설, 노동력 중심의 산업이 퇴조하고 산업의 기반이 정보와 지식으로 이동함에 따라 시가총액기준 10대기업 모두 IT기업이 차지할 정도로 IT기술 기반 기업들이 시장을 주도하고 있다.

또한 창업한 지 10년 이하이며 기업 가치가 10억 달러(1조 원) 이상의 비상장 스타트업 기업인 유니콘(Unicorn) 기업과 기업 가치가 100억 달러(10조 원) 이상인 비상장 스타트업 기업인 테카콘(Decacorn) 기업들이 지식재산을 기반으로 하여 스타트업한 점은 지식재산의 중요성에 있어 시사점이 크다.[3)]

그러나 씨비인사이트(CB Insights)에 따르면 2021년 말 전세계 유니콘 기업 959개 중 미국(488개), 중국(170개), 인도(55개), 영국(37개), 독일(25개), 이스라엘(21개), 프랑스(20개), 캐나다(16개), 브라질(15개), 싱

---

2) 지식재산 기본법 제3조 정의 규정에 따라 "지식재산"이란 인간의 창조적 활동 또는 경험 등에 의하여 창출되거나 발견된 지식·정보·기술, 사상이나 감정의 표현, 영업이나 물건의 표시, 생물의 품종이나 유전자원(遺傳資源), 그 밖에 무형적인 것으로서 재산적 가치가 실현될 수 있는 것을 말하며, "신지식재산"이란 경제·사회 또는 문화의 변화나 과학기술의 발전에 따라 새로운 분야에서 출현하는 지식재산을 말하고, "지식재산권"이란 법령 또는 조약 등에 따라 인정되거나 보호되는 지식재산에 관한 권리를 말함.

3) 21년 새롭게 탄생한 국내 유니콘 기업은 두나무(업비트, 가상자산거래소), 직방(부동산중개), 컬리(마켓컬리, 신선식품배송), 빗썸코리아(빗썸, 가상자산거래소), 버킷플레이스(오늘의집, 인테리어커머스), 당근마켓(중고거래플랫폼), 리디(리디북스, 콘텐츠플랫폼) 등이 있음(중소벤처기업부).

가포르(12개), 한국(11개) 순으로 한국은 순위 상 11위로 그 수는 미국의 2%, 중국의 6% 정도에 불과하다. 이는 창업 환경이 양적으로는 많이 성장했으나 질적 성장이 저조하기 때문이다. 즉 지식재산기반의 기술창업보다는 생계유지 목적의 창업 비중이 높은 것에서 이유를 찾을 수 있다. 이는 스타트업에서 지식재산권은 선택이 아닌 필수이며 '다품종 소량생산시대'에 지식기반 1인 기업이 급성장하여 유니콘 기업으로 되는 패턴이 정착되고 있을 정도로 차별화된 지식재산권의 보유가 혁신기술 기반 스타트업의 성공 여부를 결정하는 매우 중요한 성공요소이다.

삼성경제연구소 발표자료에 따르면 지시재산 기반 혁신형 창업 후 생존율은 전체 벤처기업 생존율의 2배를 초과하고 고용규모는 3배이며 정부는 혁신 성장을 주도하는 '강한 지식재산 창출' 지원과 공정경제를 위한 지식재산 보호 강화, 4차 산업혁명에 대비한 지식재산 생태계 조성 등 지식재산 관련 지원정책을 추진하고 있다.

2. 지식재산기반 창업의 의의

넓은 의미에서 창업은 '새로운 비즈니스를 시작하는 것' 또는 '새로운 기업을 설립하는 것'이라고 사전적으로 정의할 수 있으며 좁은 의미에서는 새로운 업종을 창조하거나 또는 기존의 업종을 새로이 창조하는 것으로 종래에 없던 새로운 형태의 제품이나 서비스 제공을 목적으로 사업을 개시하는 하는 것 즉 창조적 사업 개시라고 할 수 있다. 이는 이미 타인의 사업모델을 반복적으로 개시하는 개업이나 신장개업과는 구분되는 점이라고 할 수 있다.

창업을 크게 생계형 창업과 지식기반 창업으로 구분할 수 있는데, 생계형 창업은 글자 그대로 먹고살기 위한 창업을 말하며 지식기반 창업은 특허 등 지식재산을 기반으로 창업하는 방식을 말한다. 따라서 생계형 창업은 개업과 유사할 수 있으며 지식기반 창업은 진정한 의미에서 있어서 창업의 의미로 이해할 수 있다.

과거 대량생산에 기반하여 효율화를 추구하던 사회에서는 생산역량이 중요한 요소였지만 지식기반 사회에서 특허 등 지식재산은 경쟁력 창출을 위한 중요한 원동력으로 인식되고 있으며 이러한 사실은 기업가의 지식파급이론과 자원기반이론 그리고 지식재산의 법적 권리화 등을 통해서도 알 수 있다.

먼저 기업가의 지식파급이론의 시각에서는 기업가는 지식을 경제적으로 활용 가능한 형태로 바꾸는 역할을 하며 새로운 지식의 조합과 혁신을 주도하고 궁극적으로 경제성장을 견인하는 역할을 한다는 이론이다. 다시 말해 어떠한 종류의 창업이든 기술 기반의 혁신적 창업을 해야 높은 경제적 가치를 창출한다는 이론으로 시장혁신이 가능한 고도 기술에 기반한 상품과 서비스를 제공하는 창업을 해야 경제적 가치 창출이 가능하다는 의미이다.

그리고 자원기반이론의 시각에서는 지식재산이 경쟁우위를 창출하는 중요한 자원으로 보고 기업들이 다른 종류의 자원을 보유하고 있어 다른 자원의 전략을 추구하기 때문에 성과 또한 차별화가 가능하다는 이론으로 지식을 기반으로 하는 창업은 지식 자체가 차별화의 원인이 되기 때문에 특허 등을 통한 핵심 기술자원의 독점권 확보는 경쟁력을 유지하기 위한 필수 요소라고 할 수 있다. 과거 대량생산사회는 생산역량을 갖추는 것이 차별화를 위한 중요한 요소였으나 고도의 기술력이 시장을 지배하는 지식기반사회는 새로운 아이디어와 기술력을 확보해야 차별화를 달성할 수 있으며 경제적 가치창출과 파급효과를 기대할 수 있다. 또한 새로운 아이디어와 기술과 같은 경제적 가치를 지닌 지식재산을 보유해야 법제도에 따라 배타적 권리를 인정받을 수 있으며 이윤보장이 가능해진다. 그리고 지식재산을 확보하면 시장에서의 경쟁우위를 확보할 수 있으며 품질 향상에 있어 유리하고 타 화사와의 협상력이나 회사 및 제품의 평단 또한 향상이 가능해지는 측면에서 의미를 찾을 수 있다.

지식기반 창업에 있어 지식재산은 법제도에 의해 법적 권리화, 즉 특허, 실용신안, 상표, 디자인, 영업비밀(영업방법발명), 저작물 등으로 권리화함으로써 배타적 권리를 가지게 된다. 이에 따라 지식재산 그 자체를 공식적인 자본으로 인정되어 사업체의 자산평가 시 핵심자산이 됨으로써 직접금융이나 간접금융 조달에 유리함은 물론 시장에서의 신뢰 획득으로 해당 상품이나 서비스의 시장지배력 확대에 기여하기도 한다. 그리고 원천 또는 선행특허 등록 사업자는 이를 기반으로 개량 특허 출원 등 새로운 지식재산 창출에 유리하며 연관 기업이나 대학 및 연구소와 전략적 협력관계를 구축해 새로운 시장 개척에도 유리하다.

3. 지식재산창업전망

지식재산은 지식기반 사회에서 경쟁력 창출을 위한 원동력으로 인식됨에 따라 과거 대량 생산에 기반한 효율화를 추구사회에서는 생산역량이 차별화의 중요한 요소였으나 혁신적 아이디어가 시장을 주도하는 지식기반 사회에서는 R&D를 통한 특허 등 지식재산이 새로운 가치창출 역량으로 차별화의 중요한 요소가 되었다. 이는 기술 혁신에 의한 성장은 참신한 아이디어에서 시작한다고 할 수 있다.

또한 지식재산권은 혁신적 지식으로 이윤 극대화를 추구하는 기업에게 지식에 대한 배타적인 권리를 부여하여 지속적인 혁신활동과 이윤창출을 할 수 있는 여건을 제공하고 R&D 투자에 사용된 초기비용을 상쇄시켜 기업의 투자 유인이 훼손되지 않게 보하는 역할을 함에 따라 기업뿐만 아니라 산업 경쟁력 향상을 위해서도 중요한 요소라고 할 수 있다.

'한국 창업 생태계의 변화 분석'에 따르면 2000년부터 2020년까지, 20년 동안 새로 창업한 법인기업은 약 2배 증가하였으며 최근에는 역대 최대치를 매년 경신하면서 증가함은 물론 기술기반 창업 또한 최근 4년간 20.1% 증가할 정도로 양적 성장을 해왔다.

그리고 기업가치 10억달러 이상 비상장기업인 유니콘 기업은 2016년 2개에서 2020년 13개로 급등하였으며 미국 포브스지가 선정하는 청년 글로벌 리더 중 한국 스타트업은 2016년 5개 이후 매년 꾸준히 선정되어 한국 스타트업의 역량을 세계가 인정하고 있음은 물론 최근 3년(2019~2021년) 동안 CES 혁신상을 수상한 국내 기업 중 대부분이 스타트업이며 수상기업은 2021년 22개사로 2019년 5개사 대비 4배 이상 증가하였다. 또한 스타트업 지놈(Startup Genome)의 2020년 글로벌 창업생태계 평가결과 조사대상 270개 도시 중 서울이 처음으로 순위원인 20위에 진입할 정도로 스타트업의 질적 성장을 하고 있다.

창업기업 보육공간, 집적지 조성, 창업 저변확대, 창업 사업화지원으로 구분되는 중소벤처기업부의 창업예산은 1998년 82억원에서 최근 10

년간 대부분이 증가하여 2020년 8,492억원으로 급증하였으며, 정부는 혁신적인 기술과 아이디어를 보유한 기술 창업기업을 발굴하고 육성하는 데 주력함에 따라 4차 산업혁명 등의 영향으로 2017년 이후 인공지능·빅데이터, 가상융합현실, 사물인터넷 등 기술 스타트업의 비중이 확대되고 공유경제 활성화와 코로나19 확산으로 인한 비대면 경제 가속화로 '서비스플랫폼–서비스·상품 중개' 스타트업을 했음은 물론 고부가가치 분야인 바이오·헬스케어, 소재·부품·장비와 생활과 밀접한 일반소비재 분야 또한 스타트업이 꾸준히 진출하고 있다.

우리 사회가 스타트업 기업에게 바라는 역할은 1990년대 후반까지는 부품·부분품 공급자로서의 역할이 강조되었으나, 2000년 초반 벤처붐 시기를 거치면서 경제 구조조정·벤처혁신의 주체로 주목받았고, 이후 온라인·모바일 시대에 접어들면서 온라인·모바일 기반의 새로운 서비스 제공자 역할을 담당하였다. 최근에는 4차 산업혁명시대의 주역으로 자리매김하면서 청년 일자리 창출의 대안으로 국민들에게 많은 기대를 받고 있다.

스타트업의 양적, 질적 성장에 따라 혁신성장을 위해서는 창업 자체만을 촉진하는 방식보다는 시장에서 끊임없이 가치를 창출하는 기업을 다수 육성하는 스타트업 스케일 업(scale–up) 방식으로 정부의 정책지원 레벨업이 필요하며 스타트업의 핵심자산인 창의적 아이디어와 신기술을 신속하고 유연하게 보호하는 것이 매우 중요하므로 스타트업이 양질의 지식재산을 제때 확보 가능하도록 지원하는 다양한 정책이 필요하다.

02

지식재산 창업

비즈니스 모델

02 비즈니스 모델

1. 비즈니스 모델의 의의

비즈니스 모델이란 어떤 제품이나 서비스를 어떻게 소비자에게 제공하고, 어떻게 마케팅하며, 어떻게 돈을 벌 것인가 하는 계획 또는 사업 아이디어로 어떤 사업의 이익을 창출하는 방식이다. 즉, 비즈니스 모델은 조직적 기술의 한 종류로 사업모형, 사업모델 등으로도 불리며 쉽게 말하면 돈을 버는 방법이라고 할 수 있다.

비즈니스 모델과 구별되는 개념인 전략은 경쟁우위의 획득과 유지를 위해 기업이 선택하는 목표 지향적 행동을 말하며 현재의 상황을 개선하기 위한 방법 중 선택을 위한 결정의 사고 과정이라 할 수 있다. 경쟁우위를 보유한 기업은 경쟁력 있는 가격으로 뛰어난 가치를 제공하거나 저렴한 가격으로 납득할 만한 가치를 제공하게 된다.

일반적으로 비즈니스 모델은 신사업을 발굴하고 기획하는데 많이 사용되며 전략은 이미 운영하고 있는 사업을 더 잘 되게 하기 위한 방법을 결정하는 과정에 사용된다고 할 수 있다.

비즈니스 모델과 관련해서 우리가 주목한 문제가 무엇인가(문제, 타겟), 우리가 주목한 문제의 영향을 받는 사람은 누구인가(고객), 우리는 주목한 문제의 영향을 받는 사람들을 어떻게 만날 것인가(관계관리), 우리는 주목한 문제를 어떻게 해결할 것인가(제품/서비스), 우리는 우리의 제품/서비스를 어떻게 세상에 알릴 것인가(유통채널), 우리는 주목한 문제를 통해서 어떻게 돈을 벌려고 하나(수익모델), 우리는 주목한 문제를 해결하기 위해 어떤 비용을 쓰나(비용구조) 등을 이해하고 있어야 비즈니스 모델을 설명할 수 있으며 비즈니스 모델의 구성요소라고 할 수 있다. 구성요소를 간단히 정리하면 가치제안, 표적시장, 가치사슬, 전달방식(가치 네트워크), 수익흐름, 경쟁전략 등이 있다.[4]

2. 비즈니스 모델과 조직적 기술

창업을 하고 지속가능한 기업으로 성장하기 위해서는 고유의 비즈니스 모델을 만드는 것이 중요하다. 비즈니스 모델은 조직적 기술의 한 종류이며 특정 사업의 이익을 창출하는 방식으로 사업모형, 사업모델이라고도 하는데 창업의 궁극적 목적이 수익창출이라고 본다면, 물리적 기술(지식재산)을 가지고 생산·판매·수익을 창출할 수 있는 조직적 기술의 결

---

4) 1. 가치제안 : 어떤가치, 해결방안을?, 고객의 관점에서 바라본 상품이나 서비스의 가치와 상품이 고객의 니즈를 어떻게 충족시킬지에 관한 것
2. 표적시장 : 누구를 대상으로?, 세분화별로 소비자는 다양한 니즈를 지니고 있고 다른 시장의 소비자들과 구분되는 고유한 방식으로 상품이나 서비스의 가치를 판단
3. 가치사슬 : 어떻게 창출해서?, 상품이나 서비스를 만들어 내고 유통시키는데 필요한 구조와 조직의 자원을 효율적으로 활용하는 방법
4. 전달방식 : 전달방식을 어떻게 설계?, 가치사슬에서 전·후방 활동을 최종 소비자와 연결하는 가치사슬상의 기업 포지션, 공급자, 보완 업체 그리고 기타 후방 채널 활동이 포함됨
5. 수익흐름 : 어떻게 수익으로 연결?, 수익모델과 그에 따른 수익잠재력
6. 경쟁전략 : 지속가능 경쟁우위는?, 기업이 지속가능한 경쟁우위를 확보하기 위한 방법

합이 필수적이라고 할 수 있다.

조직적 기술(Organizational Technology)이란 일을 어떻게 나누고, 어떻게 조직하는 것이 생산성을 올리는 방법인지에 관한 것으로 시간을 분배하고 의사결정 구조를 만들어 생산성을 제고하는 것을 의미한다. 조직적 기술과 관련해서 1776년 애덤스미스의 국부론 첫 장의 '분업과 합업'을 서술한 핀공장의 예를 통해 분업과 합업을 하면 생산성이 증가됨을 알 수 있으며,[5] 블록체인 세상에서는 탈중앙화를 통해 생산, 소비, 서비스, 마케팅, 아이디어 등이 더욱 분업화되어 세상을 발전시킬 것이라고 보는 시각도 있다. 이런 조직적 기술은 새로운 기술이나 콘텐츠를 만드는 스타트업이나 시장의 변화에 따라 만들어 진다고 할 수 있다.

4. 비즈니스 모델과 물리적 기술

조직적 기술이 생산성과 경영효율성을 나타내기 위해서는 물리적 기술이 뒷받침 되어야 한다. 물리적 기술(Physical Technology)이란 일반적으로 기술을 말하는데 자연과학적 기술을 의미하며 넓은 의미에서는 지식재산을 의미한다. 인터넷은 조직적 기술과 물리적 기술의 결합체로

---

5) 한 사람은 철사를 뽑아내고, 다른 사람은 그것을 곧게 펴고, 세 번째 사람은 자르고, 네 번째 사람은 뾰족하게 만들고, 다섯 번째 사람은 위쪽을 갈아서 머리를 붙일 수 있게 한다. 머리를 만드는 것은 두, 세 개의 서로 다른 작업이다. 붙이는 것도 별개의 일이고, 핀을 희게 하는 것도 또 다른 일이다. 종이에 싸는 것 자체도 하나의 작업이다. 핀을 만드는 것은, 이런 방식으로 해서, 약 18개의 개별 작업으로 나누어진다. 나는 열 명의 사람들이 일하는 이런 작은 공장을 본 적이 있다. 그 열 명의 사람들이 열심히 일하면, 하루에 약 48,000개 이상의 핀을 만들 수 있었다. 그러므로 각 사람은 하루에 4,800개의 핀을 만든다고 할 수 있다. 하지만 그들이 개별적, 독립적으로 일했다면 그들은 각자 하루에 20개도, 어쩌면 1개도, 만들기 어려웠을 것이다. - 애덤스미스의 국부론

4차 산업혁명이 대두되면서 조직적 기술과 물리적 기술의 결합과 융합의 필요성이 급증하고 있며 지식재산을 법적으로 보호 받을 수 있는 권리로 등록하는 것 또한 물리적 기술과 조직적 기술의 결합으로 이해할 수 있다.

인터넷 서비스는 이미 존재하는 인터넷이라는 물리적 기술들을 가지고 사람이나 데이터 등을 조직화에 사용한 것이며, 헨리포드의 자동차 대량생산 혁명도 이미 존재하는 물리적 기술인 컨베이어 벨트를 이용하여 일을 새롭게 조직화한 것으로 생산성이나 경영효율성을 높이기 위해서는 조직적 기술과 물리적 기술 모두 큰 역할을 한다.

5. 비즈니스 모델과 창업

비즈니스 모델을 조직적 기술의 한 종류로 본다면 물리적 기술은 물론이고 조직적 기술도 확보해야만 창업에서 성공할 가능성이 높아지게 됨은 물론 여러 가지 투입물을 조직이 원하는 산출물로 변화시키는데 이용되는 지식, 도구, 활동이 조직적 기술이라고 전제한다면 조직적 기술 즉 비즈니스 모델이 존재해야만 창업이 성공할 가능성이 높아진다. 이는 창업에서 수익을 창출하려면 시장을 독점할 수 있는 권리화된 지식재산 즉 물리적 기술이 필요하지만 생산성을 높일 수 있는 조직적 기술도 중요함을 의미한다.

따라서 일과 시간을 분배하고 의사결정 구조를 만들어 생산성의 제고를 통해서 조직적 기술이 구현되며 창업자는 창업절차와 자금조달, 이사회중심의 지배구조, 노사관리, 채무회생 등이 필요함을 물론 창업의 성공률을 높이기 위해서는 물리적 기술을 지식재산권으로 권리화하여 법적으로 보호를 받아 시장을 독점하는 방법에 대한 지식도 필요하다.

조직적 기술의 의의에 대한 견해를 보면 길레스피에(D.F. Gillespie)와 밀러티(D.S. Mileti)는 기술을 '조직에서 여러 자원을 투입해서 산출로 전환하는 수단'이라고 하고 있으며 포터(L.W. Porter)와 로울러(E.E. Lawler)는 기술이란 반드시 산업이나 생산에만 국한된 것이 아니라 모든 형태 및 종류의 조직에도 적용가능 한 것(모든 조직에서 투입물에서 산출물로의 변환활동에 인간이 포함되는 것을 전제)이라고 하고 있다. 이와 같은 견해에서 알 수 있듯이 기술은 경제·사회발전에 미치는 그 영향만큼 조직과, 직무, 비즈니스에 중요한 영향을 미친다. 물리적 기술이 조직연구에 중요한 이유는 「첫째 기술은 생산성을 향상시켜 왔고 향후 계속 생산성을 증가시키는 주된 원천, 둘째 한계 자원의 경제적 이용가능성을 제고해 적은 비용으로 물질적 풍요 향유, 셋째 기술이 조직의 변화 선도,[6] 넷째 기술은 집단구성, 규모, 상호작용 형태, 인간의 개인적 통제 등에 관하여 영향력을 행사하여 종업원 태도나 행위에 영향」 등에서 찾을 수 있다.

6. 비즈니스 모델 개념의 변천

비즈니스 모델 개념의 도입은 20세기의 유명 경영학자인 알프레드 챈들러 교수나 피터 드러커 교수가 대표적이다. 챈들러 교수는 1962년 '전략과 조직'에서 "전략은 기본적인 장기 목표들의 결정, 그리고 그 목표들을 수행하는 데에 필요한 행동 방향의 적응과 자원의 배분"이라고 했고

6) 리터러(J.A. Litterer) : '만약 기술과 기계설비가 변화한다면 직무환경도 변화한다.'

피터 드러커 교수는 1994년에 시장, 고객, 경쟁, 기술, 역량 등에 대한 가정들이 회사가 돈을 버는 원천이고, 이런 가정들을 사업의 이론(the theory of the business)이라고 했지 '비즈니스 모델'이라는 용어를 사용하지는 않았으며 사업 모델보다는 사업 전략에 가깝다고 할 수 있다.

'비즈니스 모델'이라는 용어는 한 개인의 창조물이 아니라 인터넷으로 새로운 사업을 만들려는 창업자들의 필요의 산물로 전략이라는 말은 이미 널리 쓰이고 있었지만, 전략은 '돈을 버는 방식'이라는 뜻에 맞지 않아 누군가 '비즈니스 모델'이라는 용어를 쓰기 시작하였고 이 용어가 '돈을 버는 방식'이라는 개념을 잘 표현하므로 널리 사용하기 시작한 것이다.

그러다가 비즈니스 작가인 마이클 루이스(Michael Lewis)가 1999년작 'The New New Thing: A Silicon Valley Story'에서 Business Model 용어를 사용하였고 이는 주류 용어가 된 상징적인 사건이라 할 수 있다. 실리콘밸리의 인터넷 창업 붐을 묘사한 이 책은 루이스는 사업 모델이라는 말이 인터넷 붐의 중심에 있고 온갖 덜 익은 사업계획들을 미화한다고 당시의 닷컴 버블을 비판했지만 한편으로는 미래의 기업들은 오로지 인터넷으로만 연결된 사업 모형에 기초할 것이라고 긍정적인 예측도 했다.

비즈니스 모델이라는 개념은 21세기에 와서 보편화되었는데 예전에는 수익을 창출하는 방법은 사실상 원료를 구매하여, 제품을 만들어서, 판매하거나 상품을 사서 판매하는 유통업과 같은 선형 사업 모델[7] 한 가지였기 때문에 사업 모델 개념의 필요성이 거의 없었다.

---

7) 선형 사업 모델은 일직선의 가치사슬(value chain) 단계별로 부가가치가 더해지는 것으로 고객에게 제품이나 서비스를 주고 돈을 받는 형태이다.

그런데 인터넷의 등장으로 1990년대 후반에 IT기업들이 대거 등장했고 아마존처럼 전통적인 선형 비즈니스 모델의 회사들도 있었지만, 많은 전형적인 IT기업들은 재미있는 콘텐츠로 트래픽을 모아서 광고로 수익을 내는 플랫폼 비즈니스 사업모형으로 변화하고 있다.

선형 비즈니스 모델은 단일 생산자와 단일 혹은 복수의 소비자가 일방의 선형으로 연결되는 구조이지만 플랫폼 비즈니스 모델에서는 다수 공급자와 다수의 소비자가 동시 상호작용하고, 심지어 소비자 겸 생산자인 프로슈머(producer+consumer)도 등장했다. 선형 비즈니스 모델에서는 규모가 커질수록, 처음에는 단위 비용이 감소하다가 다시 상승하지만 플랫폼 비즈니스 모델은 상호작용이 많아질수록 단위 비용이 감소하는 큰 장점이 있다.

7. 비즈니스 모델 캔버스

1) 비즈니스 모델 캔버스

비즈니스 모델의 가장 핵심은 '어떻게 수익을 낼 것인가?'라고 할 수 있는 것으로 비즈니스 모델 캔버스는 Osterwalder에 의해 고안된 방법으로 비즈니스 모델을 시각적으로 보여주는 방법이다.

비즈니스 모델 캔버스는 9개의 영역으로 구성되어 각 영역들은 고객, 주문, 인프라, 사업전략으로 나누어져 비즈니스의 핵심 역량을 한번 더 세분화한 것으로 각 영역의 이해를 통해 최종적으로 구성원들이 본인들이 속하는 조직의 비즈니스 모델을 이해할 수 있게 한다.

비지니스 모델 캔버스(Business Model Canvas)

<table>
<tr>
<td rowspan="2" colspan="2">8. 핵심 파트너
(Key Partnership)
누가 당신을 돕는가
-핵심 파트너
-파트너가 실행하는 주요 활동</td>
<td colspan="2">7. 핵심활동
(Key Activities)
무슨 일을 하는가
-가치제안을 위한 핵심활동</td>
<td rowspan="2" colspan="2">2. 가치제안
(Value Proposition)
고객을 어떻게 돕는가
-고객에게 전달할 가치</td>
<td colspan="2">4. 고객관계
(Customer Relationship)
어떻게 그객과 상호작용하는가
-고객관계의 유형
-형성, 유지 방법</td>
<td rowspan="2" colspan="2">1. 고객 세그먼트
(Customer Segments)
우리가 창출하는 가치는 누구를 위한 것인가

우리에게 가장 중요한 고객은 누구인가
(돈이 되는 고객)</td>
</tr>
<tr>
<td colspan="2">6. 핵심자원
(Key Resources)
당신은 누구이며, 무엇을 가졌는가
-가치제안을 위한 핵심자원</td>
<td colspan="2">3. 채널
(Channels)
자신의 가치를 어떻게 전달할 것인가
-고객별 사용할 채널</td>
</tr>
<tr>
<td colspan="5">9. 비용 구조
(Cost Structure)
무엇을 지불하는가
-우리의 BM에서 발생하는 비용(고정비용, 변동비용)</td>
<td colspan="5">5. 수입원
(Revenue Streams)
무엇을 얻는가
-고객이 기꺼이 지불할 가치
-현재 고객이 지불하고 있던 것</td>
</tr>
</table>

출처 : 이노무브(innomove.com) – 비즈니스 모델은 무엇인가? – 정의, 역사, 활용 방법

- 고객 세그먼트(CS) : 어떠한 사업이든 모든 비즈니스는 고객을 가지고 있으며 고객은 서비스 또는 물품을 이용하는 개인이 될 수도 있고, 조직이 될 수도 있다. 이처럼 고객은 다양한 형태로 정의될 수 있지만 중요한 것은 핵심 고객을 정의하고 이후 잠재고객에 대해 점차 영역을 넓혀가는 것으로 이 부분에 대한 고민이 고객 세그먼트이다.
- 가치제안(VP) : 해당 비즈니스의 차별점으로 본인의 비즈니스가 다른 비즈니스와 비교했을 때 고객에게 어떠한 차별화된 가치 즉 경험이나 해결책을 제시할 수 있는 것을 작성하는 부분으로 사업에 따라 다양하여 특별히 정의할 수는 없으나 넓게 보면 정량적인 가치와 정성적인 가치로 구분하여 나타낼 수 있다.
- 채널(CH) : 기업이 고객에게 가치를 제공하기 위해 커뮤니케이션을 하고 제품이나 서비스를 전달하는 방식을 말하는 것으로 기업과 고객이 만나는 접점이라 할 수 있다. 기업이 제공하려는 가치에 대한 고객의 이해도를 높이고 구매 가능하게 하며 구매 고객에 대한 AS(After Service)

를 제공한다.

- 고객관계(CR) : 고객을 확보하고 관계를 유지하며 상호작용하기 위한 방법을 말한다. 또한 제품이나 서비스를 계속 구매하도록 하기 위한 다양한 마케팅 활동을 의미하기도 한다. 기업에서 운영하는 고객센터(전화·이메일·챗봇 등), 프라이빗 뱅킹 서비스, 프랜차이즈의 키오스크, 개인 맞춤형 큐레이션 서비스, 온·오프라인 커뮤니티 및 SNS 운영 등의 방법이 있다.
- 수입원(RS) : 기업이 획득한 고객으로부터 창출하는 이익으로 수익을 창출할 수 있는 다양한 방법을 작성한다. 광고, 중개, 구독 등의 방법들이 있지만 스타트업의 입장에서는 기존에 없던 새로운 영역이 될 수 있으므로 편견이나 고정관념 등 상식에 잡히지 말고 새로운 영역을 찾아 작성하는 것이 좋다.
- 핵심자원(KR) : 조직을 운영하면서 필요한 필수적인 자산으로 물적 자원, 인적 자원, 기술 자원, 지식재산, 재무 자원 등이 있을 수 있다.
- 핵심활동(KA) : 비즈니스 모델과 고객을 성공적이고 효과적으로 연결하기 위하여 필요한 활동들을 작성하는 것으로 고객의 가치를 창출하기 위한 활동이라고 할 수 있다.
- 핵심파트너(KP) : 스타트업이 자력으로 성장하기는 쉽지 않을 뿐더러 고객의 니즈가 세분화되고 비즈니스 복잡도가 심해지면서 특정 기업이 혼자서 해결할 수 있는 일의 범위가 많이 축소되고 있으며 모든 일을 다 할 수 있다고 하더라도 시간과 비용면에서 효율적이지 않은 경우가 많으므로 상호보완적 관계에 있는 다른 기업들과의 제휴를 통해 시너지를 낼 수 있는 방법을 찾아 작성한다.

• 비용구조(CS) : 비즈니스 모델 캔버스의 모든 요소들에 대한 잠재적인 비용을 작성하는 영역으로 수익을 창출하기 위해서는 본인의 지출한 금액에 대해서 정확히 알아야 하고 단순 현재 지출금액만 작성하는 것이 아니라 미래에 사용될 비용까지 모두 고려해야 한다.

2) 비즈니스 모델 구조화 틀[8)]

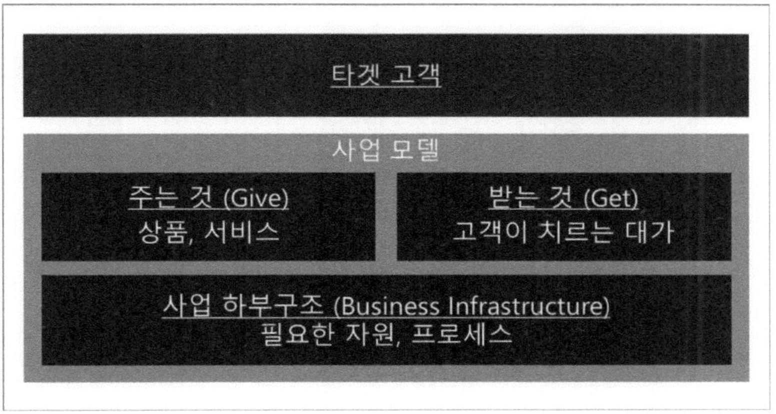

출처 : 이노무브(innomove.com) – 비즈니스 모델은 무엇인가? – 정의, 역사, 활용 방법

(1) 타겟 고객

비즈니스 모델의 목적은 타겟 고객의 니즈를 충족시키는 것에 있으므로 비즈니스 모델 구상 시 타겟 고객은 절대적으로 중요하다. 광고 전문가 Tom Duncan은 타겟 고객을 "브랜드 메시지에 긍정적으로 반응할 가능성이 큰 그룹"으로 정의하여 타겟 고객은 제품의 최종 사용자일 수도

8) 비즈니스 모델 캔버스(Business Model Canvas, BMC)는 비즈니스 모델에 포함되어야 하는 9개의 주요 사업요소(고객, 가치제안, 채널, 고객 관계, 수익, 핵심자원, 핵심활동, 핵심 파트너, 비용)를 한눈에 볼 수 있도록 만든 그래픽 템플릿을 의미하는데 여기에서는 이노무브의 단순한 모델 구조화 틀을 정리하여 소개한다.

있고 아닐 수도 있지만 마케팅의 타겟 대상이 되는 고객으로 타겟 고객과 효과적 소통을 위해 타겟 고객이 누구인지, 그들의 진정한 필요와 욕구가 무엇인지 이해할 필요가 있다. 마케팅 전문가 Robert G. Allen은 "고객들은 그들이 필요로 인해서 제품을 구매하는 것"이기 때문에 "제품이 무엇이든 간에 고객들에게 삶에 있어서 제품을 효과적으로 사용하는 방법을 가르쳐야 한다"고 말하였다.

타겟 고객에 따라서 비즈니스 모델은 각기 달라지며 모든 고객을 만족시킬 필요는 없고 타겟 고객을 만족시킬 수 있는 산업상 이용가능한 물리적 기술인 지식재산을 확보하는 것이 필요하다.

(2) 주는 것(Give)

재화나 서비스를 주는 것을 말하며 "무엇을 제공해야 할까?"라는 질문은 사업 모델의 기획에 있어 가장 근본적인 질문으로 출발점은 보통 고객의 문제라고 할 수 있다. 인터넷 사용자를 타겟 고객으로 정한 경우 주는 것은 "정확한 인터넷 검색"이, 타겟 고객을 광고주로 하는 경우 정한 경우에는 주는 것은 "검색자에게 연관성 높은 광고노출"이 이에 해당하는 것으로 고객들에게 중요한 문제의 해결책을 제공하게 되면 고객들은 만족하게 되고 주는 것의 지속적인 사용자가 될 것이다. 따라서 지식재산이 고객에게 줄 수 있는 상품과 서비스를 제공할 수 있는 물리적 기술이라면 성공할 수 있는 비즈니스 모델을 확보하는데 용이하다.

(3) 받는 것(Get)

고객에게 재화나 서비스 등 무엇인가 주었다면 준 것에 대한 대가를 받아야 사업이 지속 가능해 지며 대가는 반드시 금전일 필요는 없다. 타겟 고객을 인터넷 사용자로 한 경우에는 받는 것은 "시선(방문)"이, 타겟 고객을 광조주로 하는 경우에는 받는 것은 "노출, 클릭당 광고료"가 해당될 것이고 페이스북, 트위터 등 대부분의 쇼셜 미디어는 무료이지만 고객의 방문 자체가 대가이며 사용자의 나이, 성별, 사용 패턴 등 데이터 수집 및 관리도 대가가 된다.

주는 것과 받는 것을 가치 교환(value exchange)이라고 하며 고객의 입장에서 받는 가치에서 주는 가치를 뺀 것이 가치 제언(value pro-position) 즉 가치 제안이다. 가치 제언에 있어 주는 것만을 가치 제언이라고 하는 것은 정확한 가치 제언이 아니며 예를 들어 생필품을 싸게 파는 할인점에 있어 고객에게 주는 것은 생필품이지만 생필품이 가치 제언이 아니며 "생필품을 싼 가격에 살 수 있는 것"이 고객이 느끼는 가치로서 가치 제언에 해당한다. 결국 주는 것과 마찬가지로 받는 것도 타겟 고객과 맞아야 하며 주는 것과 받는 것이 함께 묶여서 가치 제언이 되는 것이라고 할 수 있다.

(4) 하부구조

하부구조는 주는 것, 받는 것을 만들어 내기 위하여 필요한 자원 및 이의 구조를 의미한다. 타겟 고객이 인터넷 사용자인 경우에는 "고성능 검색 엔진, 검색 사이트"가 사업 하부구조에 해당 할 것이며 타겟 고객이 광고주인 경우에는 "검색 광고 시스템, 광고 정산 시스템" 등이 사업 하부구조에 해당할 것이다.

하부구조에 있어 특정 제품의 생산을 위해서는 필요한 재료의 조달이 가능해야 함을 물론 제조에 필요한 기술이 존재해야 하며 상품 판매를 위해서는 상품을 안정적으로 살 수 있는 공급처가 필요하고 판매할 수 있는 채널이 필요하다. 또한 웹이나 앱 서비스를 위해서는 이를 개발할 수 있는 역량이 필요하며 운영할 수 있는 서버나 클라우드 시스템이 필요하게 되는데 하부구조는 상당 부분은 무대 뒤에서 있어서 관객의 눈에는 보이지 않게 된다.

(5) 비즈니스 모델 사례

비즈니스 모델 개념을 필요하게 한 대표적인 온라인 사업 중 하나인 구글 검색 사업은 좋은 비즈니스 모델 사례라고 할 수 있으며 구글의 광고 사업모델 사업은 아래 표와 같이 분석할 수 있다.

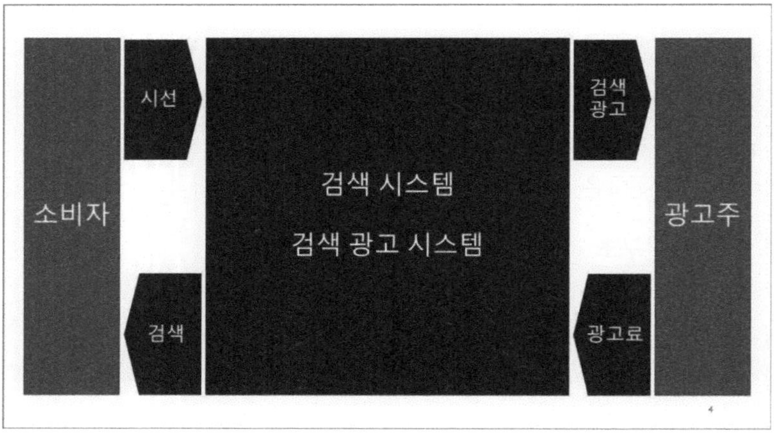

출처 : 이노무브(innomove.com) – 비즈니스 모델은 무엇인가? – 정의, 역사, 활용 방법

위 모델은 두 가지 고객 즉 인터넷 사용자와 광고주를 상대하고 있고 서로 다른 가치[9] 교환을 하는 것으로 구글의 검색 광고는 아래 표와 같

이 두 가지 사업 모델의 결합이라고 할 수 있다.

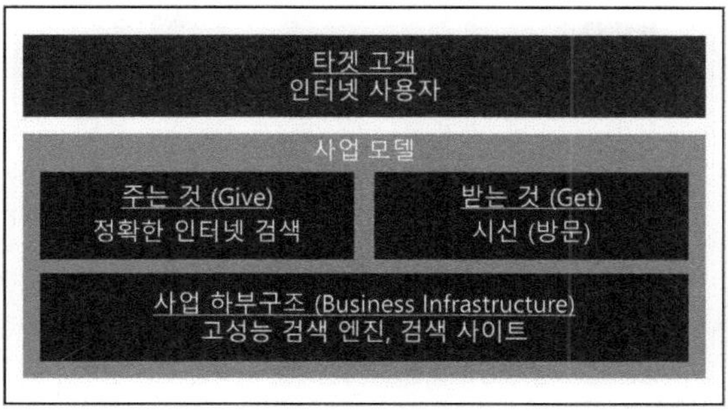

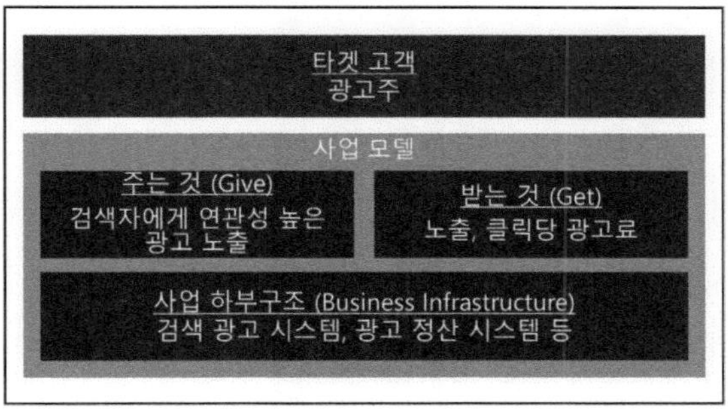

출처 : 이노무브(innomove.com) - 비즈니스 모델은 무엇인가? - 정의, 역사, 활용 방법

실제로 구글은 무료 검색 서비스를 먼저 만들었고 이후에 검색 광고 사업 모델을 추가하였다. 소셜미디디어 서비스인 페이스북이나 트위터, 인스타그램 등도 먼저 무료 서비스로 사용자들을 확보하고 이후에 광고 등의 사업 모델을 추가하였다. 이와 같이 소셜미디어나 플랫폼 사업에서 선 고객 모집, 후 수익화가 사업 모델의 표준이 됨에 따라 실리콘밸리에서는 monetization이라는 말이 널리 쓰이게 된 계기가 되었다. 수익화(Monetization) 방식을 수익 모델이라고도 부르며 수익 모델은 선형적인

---

9) 금전적 가치와 비금적적 가치

비즈니스 모델에서는 ‘받는 것’ 자체이고, 플랫폼 비즈니스 모델에서는 금전적 수익을 벌어들이는 후속 사업 모델이라고 할 수 있데 창업자 대부분은 초기에 수익 모델에 집착하게 되고 이것은 시기상조로 플랫폼 사업 모델을 구상한다면 초기엔 고객을 모으고 유지하는 것에 집중할 필요가 있다.

(6) 비즈니스 모델 틀의 활용

비즈니스 모델 틀의 활용에 있어 가장 대표적인 경우는 신사업 아이디어 개발이라고 할 수 있다. 고객이 갖고 있는 문제를 해결하는 사업 모델은 다양한데 예를 들어 고객의 디자인 니즈를 해결해 주는 방법은 디자인 에이전시, 디자인 템플릿 판매, 디자이너 연결 플랫폼, 인공지능 디자인 솔루션 등 여러 가지를 고려할 수 있으며 특정 기술 기반 수익창출 사업 모델은 기술을 라이센싱하거나 해당 기술로 완제품을 제작할 수도 있고 기술을 이용한 부품을 제작할 수도 있다.

기존 사업의 사업 모델의 경우 세상은 계속 변하기 때문에 기존의 사업 모델이 고객과 회사를 위한 최적의 모델인지 검토할 필요가 있으며 비즈니스 모델 틀을 이용하여 여러 가능성을 생각해 보고 그 중에 무엇이 타겟 고객에게 제일 좋은 것인지 판단할 필요가 있음은 물론 사업자가 이를 할 수 있는지도 검토할 필요가 있다.

03

지식재산 창업

창업과 자금조달

03 창업과 자금조달

1. 창업

1) 창업의 주체

창업을 준비할 때 창업자 개인을 사업의 주체로 할 것인지 아니면 법인, 즉 회사를 주체로 할 것인지를 정하여야 한다.

개인사업자로 사업을 영위하는 경우에는 법적인 규제가 법인에 비해 거의 없어 자유롭게 사업을 할 수 있는 장점이 있지만 사업과 관련된 모든 책임을 창업자 개인이 부담하여야 하는 단점이 있다. 반면에 법인, 즉 회사를 사업의 주체로 하는 경우 회사가 법인격[10]을 갖기 때문에 법적인 규제가 많지만 최종 책임을 회사가 부담하기 때문에 창업자 개인은 유한책임만 지게 되는 장점이 있다.

다시 말하면 현행법은 개인사업자의 사업에 관한 상세한 규제를 가하고 있지 않는 반면에, 회사형태의 사업에 대해서는 설립부터 해산 시까지 상세한 규정을 두어 법률로 규제하는 형태를 취하고 있다.

어떤 창업유형이 적합한지에 대하여는 창업에 따라 각기 다를 수 있으나, 일반적으로 창업 후 사업을 소규모로 유지하고자 하는 때에는 개업

---

10) 법인격이란 권리·의무의 주체가 될 수 있는 자격으로 권리의 주체가 될 수 있는 자격이라는 관점에서 보면 '권리 능력'과 같은 개념이다.

사업자가 적합하지만, 창업 후 대기업으로 성장하고자 한다면 창업 초기 단계부터 회사형태로 창업을 하는 것이 바람직하다고 본다.

2) 창업의 유형[11)]

창업의 유형은 법적인 창업조직 형태에 따라 크게 2가지로 구분할 수 있는데, 하나는 개입사업자 유형이고 다른 하나는 법인, 즉 회사유형이다.

개인사업자의 경우에는 사업과 관련된 모든 권리의무는 사업자 개인이 부담하여야 한다. 즉, 사업상 발생한 모든 권리와 의무의 주체는 사업자 개인이라는 의미이다. 세금과 관련하여 개인사업자는 관할 세무서에 사업자등록을 한 후 소득세를 납부하게 되는데 수입에서 지출을 뺀 차액이 소득이며 과세표준이 된다. 아래 표와 같이 소득세를 납부하여야 하는데 소득세 금액의 10%를 지방소득세로 추가로 납부하여야 하며 과세표준액이 10억을 초과하는 경우에는 최대 49.5%를 부담하게 된다. 또한 개인사업자가 폐업하는 경우 사업과 관련한 모든 부채는 사업자가 개인적으로 모든 책임을 부담하게 되는 무한책임을 지게 된다.

11) 창업의 유형은 분류하는 기준이나 목적에 따라 다양하게 정의할 수 있으며 보통 혁신의 정도, 창업의 형태, 업종, 법적인 창업조직의 형태, 점포의 유무, 점포가 위치하는 공간의 형태 등에 따라 분류할 수 있으나 이곳에서는 창업조직의 형태에 대하여 살펴본다.

2021년 종합소득세율 개정 내용		
과세표준구간	세율	누진공제(원)
1,200만원 이하	6%	0
1,200만원 초과~4,600만원 이하	15%	1,080,000
4,600만원 초과~8,800만원 이하	24%	5,220,000
8,800만원 초과~1.5억원 이하	35%	14,900,000
1.5억원 초과~3억원 이하	38%	19,400,000
3억원 초과~5억원 이하	40%	25,400,000
5억원 초과~10억원 이하	42%	35,400,000
10억원 초과	45%	65,400,000

반면에 회사(법인)사업자의 경우에는 사업에 관한 모든 권리와 의무의 주체는 회사가 되며, 세금 역시 수입에서 지출을 제한 차액에 대하여 아래 세율에 따라 법인세가 부과되는데 과세표준 범위에 의해 적용되는 세율이 개인사업자보다 적기 때문에 일정 이상의 소득에서는 법인사업자가 세금측면에서 유리하다,

과세표준	세율	누진공제액
2억원 이하	10%	-
2억원 초과~200억원 이하	20%	2000만원
200억원 초과~3000억원 이하	22%	4억 2000만원
3000억원 초과	25%	94억 2000만원

회사가 폐업(해산)하는 경우에도 존재하는 부채는 회사가 모든 책임을 부담하게 되어 창업자의 입장에서는 투자한 것만을 손해보는 결과가 되며 이를 유한책임이라고 한다. 다만, 회사명의로 금융권에서 대출을

받거나 기타 채무를 부담하는 경우에 금융기관 등의 채권자가 회사대표에게 회사채무에 대하여 개인적으로 인적보증할 것을 요구하는 경우가 많은데 이때 회사대표가 회사채무에 대하여 개인적으로 보증을 했다면 회사가 폐업을 하더라도 개인적으로 연대보증인으로서 회사채무를 변제하는 책임을 지게 된다.

그럼에도 불구하고 창업 후 사업을 지속적으로 성장·발전시키고자 한다면 개인사업자보다는 법인사업자로서 사업을 영위하는 것이 바람직하다고 할 수 있다.

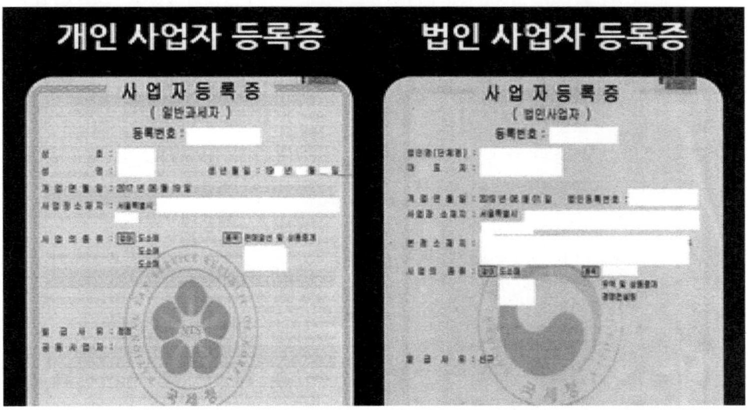

3) 공동창업 시 고려사항

개인사업자가 아닌 회사형태로 창업을 하고자 하는 경우 1인 회사로 출발할 것인지 아니면 공동창업 즉, 동업을 위해 지분소유자 2인 이상으로 스타트할 것인지를 결정하여야 한다.

예를 들어 마이크로소프트(MS)사의 창업자인 빌 게이츠(Bill Gates)

는 폴 앨런(Paul Allen)과 공동창업을 하였으며, 애플(Apple)의 창업자 스티브 잡스(Steve Jobs)는 스티브 워즈니악(Steve Wozniak)과 구글(Google)의 창업자 래리 페이지는 세르게이 브린(Sergey Brin)과 공동창업을 한 것으로 알려져 있으며 이들 회사는 현재도 동업자로서 서로 보완적으로 회사를 경영하고 있다.

이에 반해, 아마존(Amazon)의 설립자 제프 베조스(Jeffrey Preston Bezos)는 1994년 독자적으로 회사를 설립하였으며, 페이스북(Facebook)[12]의 창업자인 마크 저커버그(Mark Elliot Zuckerberg)는 단독으로 창업을 하여 창업 초기 1,000달러 투자한 에드와도 새버린(Eduardo Saverin)에게 공동창업자의 지위를 부여한 사례도 있지만 페이스북의 저커버그는 창업 초기 사업아이디어를 교환했던 윙클보수(Winklevoss) 형제로부터 특허권을 침해했다는 이유로 소송을 당해 6,500만 달러(약 700억 원) 배상하기도 하였다.

이와 같이 미국 IT기업들의 사례에서 알 수 있듯이 자본이 중심인 제조회사의 경우와 달리 아이디어와 열정이 중심인 IT회사의 경우 설립 당시 서로의 아이디어와 지적 능력을 공유하기 위해 공동창업을 하는 경우가 다수 있다. 이러한 동업은 창업초기에는 대부분 상호간에 시너지효과를 보며, 성장에 도움이 되는 경우가 많지만 회사가 성장하고 손익분기점을 넘어선 이후에는 경영에 대한 주도권을 확보하기 위하여 동업자간에 경영권 분쟁이 발생하는 경우도 있다. 그러므로 동업을 하는 경우에는 동업자 상호간에 지분에 대한 합의를 서면으로 작성하는 것이 필요하며 지

12) 2021년 10월 28일에 메타 플랫폼스(Meta Plaforms)로 사명을 변경한다고 공식 발표했다.

분 배정 시에도 동등한 지분을 부여하기 보다는 지분에 대한 차등을 두는 것이 매우 중요하다. 물론 차등의 격차가 크면 클수록 경영권도 안정되기는 하지만 경우에 따라서는 공동창업자간의 역할에 따라 합리적으로 지분율을 정하는 것이 바람직하다.

4) 지식기반 창업에 적합한 회사유형

지식기반 창업의 성공사례는 플랫폼 사업자로 평가받는 IT플랫폼 기업으로 구글(Goole), 아마존(Amazon), 마이크로소프트(MS), 페이스북(Facebook), 아이비엠(IBM), 애플(Apple), 알리바바(Alibabab) 등으로 모두 IT를 기반으로 한 회사들이다.

그러나 향우 새로운 플랫폼 사업자들이 등장할 것으로 예상되지만 일반적인 견해들에 따르면 현재의 플랫폼 사업자들이 사업을 광범위하게 다각화하고 있기 때문에 이들과 경쟁할 수 있는 새로운 플랫폼 사업자들이 등장하기란 쉽지 않을 것으로 예상되고 있다.

이러한 관점에서 본다면 신규로 창업을 하고자 하는 사람들은 이러한 플랫폼[13] 사업자들과 상생할 수 있는 상품을 공급하는 것을 주된 아이템

---

13) 플랫폼(platform)이란 원래 컴퓨터 시스템의 기본이 되는 특정 프로세서 모델과 하나의 컴퓨터 시스템을 바탕으로 하는 운영체계를 말하거나 어떤 소프트웨어가 제공하는 환경을 의미하였으나 애플이 아이폰을 세상에 내놓은 이후, 즉 스마트 시대에는 플랫폼을 다양한 의미로 해석하고 있으며 일반적으로 '정거장'에 비유되어 운송 수단을 이용하고자 하는 사람이 이용자가 되는데 플랫폼은 바로 사람과 운송 수단이 만나는 접점, 혹은 사람과 운송 수단을 대개하는 매개 지점의 역할을 한다고 볼 수 있다. 즉 스마트시대에 인터넷사업자, 콘텐츠제공자, 사용자, 기기 제조사 등 다양한 주체들이 만나는 지점이 플랫폼이다. 이와 같은 플랫폼의 등장은 기업들에는 기회이기도 하지만 위협이 되기도 한다. 구글, 아마존, 애플, 알리바바, 페이스북 등은 플랫폼 구축에 성공해 기업 가치가 상승하고 있는 반면, 제조업체, 판매업체, 서비스업체 등은 각각 이들의 플랫폼 내에서 새로운 생존 전략을 마련해야 하는 상황이다.

으로 하는 것이 효과적일 것으로 판단된다.

플랫폼 사업자들은 서비스는 물론 제조와 마케팅, 유통, 물류 등 모든 사업영역을 자체적으로 수행할 가능성이 높기 때문에 소비자와 소비자 간의 거래, 즉 C2C사업이 활성화될 것으로 판단된다.[14)]

따라서 지식기반 Start Up은 플랫폼 기업으로부터 위탁사업을 담당하는 1인 회사 형태의 창업도 좋은 선택이 될 수 있다.

5) 1인 회사 및 소규모주식회사

1인 회사란 회사의 지분을 갖고 있는 자가 1인이라는 것을 의미하는데 2001년 이전에는 상법상 1인 회사의 설립을 허용하지 않았으나 상법 개정으로 현재는 주식회사와 유한회사의 경우 1인 회사의 설립이 가능하므로 1인 회사가 다양한 방법으로 활용될 수 있게 되었다.[15)] 그러나 회사의 종류 중 합명회사와 합자회사는 지분소유자가 1인인 경우에는 설립이 불가능하며 설립 후에도 1인이 되면 자동해산사유에 해당한다.

1인 회사로 설립하는 것은 법인으로서 공개적으로 자금조달을 하는 것이 용이하기 때문에 대기업으로 성장할 가능성이 높은 회사형태임은 분명하지만 그만큼 법률에서 정한 규제와 제한, 의무 등이 많다는 점도 생각해 볼 문제이다.

상법상 주주 수와 상관없이 자본금 10억 원 미만의 주식회사를 소규

---

14) C2C(Consumer-to-consumer)거래 형태는 소비자와 소비자 간의 거래로 전자상거래의 경우 인터넷 경매나 벼룩시장과 같이 중개기관을 거치지 않고 소비자들이 인터넷을 통해 직거래를 하는 방식으로 미국의 이베이, 중국의 타오바오, 한국의 옥션, 지마켓, 중고나라, 당근 등이 대표적이다.

15) 상법 제288조, 제543조 참조

모 주식회사라고 하며 발기설립 시 정관에 대한 인증 의무 면제, 주주총회의 소집절차 간소화[16], 감사의 선임의무 면제[17] 등 자본금 10억 원 이상의 주식회사보다는 규제가 완화되어 있다.

따라서 창업 후 급성장할 가능성이 낮은 기업의 경우에는 개인사업자의 형태로 사업을 진행하다가 일정한 규모에 도달하면 주식회사로 전환하는 것도 좋은 방법이라 할 수 있다.

우리나라는 유한회사 수가 극히 소수지만 독일이나 일본은 유한회사가 대세인 회사형태로[18] 1인 유한회사의 경우에는 주식회사보다 법적인 규제가 적고, 공시의무도 적기 때문에 폐쇄적으로 운영할 수 있어 창업자가 향후 사업을 가족 중심의 회사로 성장시키고자 하는 경우에는 1인 유한회사를 설립하는 것도 좋은 방법이 될 수 있다.

주식회사는 공개적으로 시장에서 주주들로부터 자본 조달이 가능한 회사이므로 법적인 규제가 많으나 회사가 성장 과정에서 불가피하게 자금을 조달하여야 하는 경우에는 창업자의 지분율이 낮아질(희석화) 수밖에 없다. 따라서 미국처럼 창업자에게 황금주나 차등의결권주가 법적으로 보장되지 않는 한 경영권 위협에 노출될 위험성이 높은데 우리나라는 주주평등의 원칙상 황금주나 차등의결권주는 인정되지 않고 있다.

참고로 황금주(golden share)는 보유한 주식의 수량이나 비율에 관계없이 기업의 주요한 경영 사안에 대하여 거부권을 행사할 수 있는 권리를 가진 주식을 말하며, 차등의결권주식(dual class right)은 보통주식보

16) 상법 제363조
17) 상법 제409조
18) 독일이나 일본에서 유한회사가 대세인 것은 경영권 안정 때문이라고 생각되며, 이러한 회사들이 오랜 역사를 갖는 강소기업으로 국가경제에 중요한 역할을 하고 있다.

다 의결권이 수 배 많은 주식으로 최대주주의 경영권 방어를 위하여 사용되는 주식을 말한다.

2. 창업회사의 유형

1) 미래 글로벌 기업의 창업전략

종래의 "소품종 대량생산"시대와 달리 미래에는 "다품종 소량생산"시대가 도래 할 것으로 예상되며 "다품종 소량생산"기업의 마케팅이나 유통은 플랫폼 기업과 협력해야 시너지 효과를 낼 수 있을 것으로 판단된다. 즉 창업기업은 플랫폼 기업과 B2B(Business-to-Business) 형태인 기업과 같이 기업 사이의 거래를 기반으로 한 비즈니스 모델이 효과적일 수 있다. 물론 사업 아이템에 따라서 특정 기업이 다수의 소비자를 상대하는 B2C(Business-to-Customer)의 비즈니스 모델도 가능하다.

4차 산업혁명시대에는 플랫폼 기업들이 필요로 하는 상품을 제조 또는 가공하여 공급하는 것을 목적으로 하는 B2B사업을 아이템으로 창업하는 경우 1인 기업이나 중소기업이 적합한 형태로 미래에는 1인 기업이나 중소기업이 대기업과 상호협력관계를 유지하지 않는 한 시장진입이 어려울 수 있다.

이런 1인 기업은 유한회사나 주식회사 행태로 창업을 할 수 있으며 이 외에도 합명회사, 합자자회사, 유한책임회사 형태로 창업이 가능하다. 이 중 어느 회사유형이 적합한지 신중하게 검토할 필요가 있다.

이와 같이 현행법상 회사는 합명회사, 합자회사, 유한회사, 주식회사, 유한책임회사 등 5가지 유형만을 허용되고 있으며 그 유형은 창업자의 책임의 정도에 따라 구분될 수 있는데 크게는 두한책임과 유한책임으로 그 책임의 정도로 구분해 볼 수 있다. 무한책임은 창업 후 사업을 폐지한 경우 부채발생 시 회사의 부채를 창업자 개인이 사유재산으로 변제해야 하는 책임을 말하며 유한책임은 창업 후 회사 폐업 시 발생한 부채에 대하여 창업자가 투자액 즉 출자액 한도 외의 변제책임을 부담하지 않는 것을 말한다.

2) 합명회사(general partnership)

합명회사는 자본출자한 모든 투자자가 회사채무에 대하여 무한책임을 부담하는 회사형태로 투자자(사원)의 책임이 크다는 점에서 가족이나, 친척 또는 친구 등과 같이 극히 친밀한 관계에 있는 사람들이 공동으로 사업을 하기에 적합한 회사라고 할 수 있다. 이러한 합명회사는 투자자들 간의 합의와 협력을 전제로 회사를 운영하는 것이 바람직하다 점에서 인적 회사 중의 하나로 분류된다.

이와 같은 합명회사는 기동력 있는 경영을 할 수 있는 장점[19]을 가지고 있으나 자본출자자의 책임이 대단히 무겁다는 단점[20]을 갖고 있다. 영미법에서는 이를 "general partnership"으로 표현하고 있으며 법인격을 인정하지 않으므로 개인사업자와 동일한 법리가 적용되나 우리나라에서는 이러한 무한책임사원만으로 구성되는 합명회사에 대하여도 법인격

---

19) 정관에 다른 규정이 없는 한 사원은 회사의 업무를 집행하고 회사를 대표하는 권한을 가짐(상법 제200~207조)

20) 사원은 회사의 채무를 회사채권자에 대하여 직접 연대하여 변제할 무한책임 가짐(상법 제212조)

을 부여하여 회사명의로 대출이나 거래 등과 같은 법률행위를 할 수 있도록 허용하고 있다.

따라서 합명회사는 자본출자한 모든 사원에게 경영권이 부여됨으로써 마치 개인기업을 공동으로 경영하는 효과를 갖게 되는데 사단법인이면서도 실질적으로는 조합적 성격을 가지게 된다. 이와 같은 형태의 회사는 가내수공업 등과 같은 개인의 노동력에 의존도가 높은 분야의 사업에 적합한 회사형태라고 할 수 있으며 우리나라에서는 가족중심의 영농법인들이 합명회사형태를 취하고 있는 경우가 비교적 많은 것으로 알려져 있다.

3) 합자회사(limited partnership)

합자회사란 회사채무에 대해서 무한책임을 부담하는 지분출자자(사원)와 유한책임을 부담하는 사원으로 구성되는 회사를 의미한다. 즉 합자회사는 일반적으로는 창업자가 무한책임을 지고 사업을 경영하는 무한책임사원과 이러한 회사에 자본을 제공하고 사업으로부터 발생하는 이익을 분배하되 회사채무에 대하여는 출자금만 포기하면 되는 유한책임사원으로 구성되게 된다.

합자회사도 합명회사와 같이 가족이나 친척, 또는 친구 등 매우 친밀한 사람들이 공동으로 사업을 하기에 적합한 인적 회사로 분류된다.

법리적으로 합명회사는 무한책임사원만으로 구성되는 일원적 조직체인데 반해 합자회사는 무한책임사원과 유한책임사원이 각 1인 이상으로 구성되는 이원적 조직의 회사라고 말할 수 있다(상법 제268조). 무한책임사원은 당연히 업무를 집행할 권한이 부여되고 회사를 대표하게 되나 유한책임사원은 원칙적으로는 업무를 집행할 권한은 없으며 예외적으로 회사정관에서 업무집행권을 부여한 경우에만 허용된다고 보는 것이 일반적인 견해이다.

경제적으로는 무한책임사원이 경영하는 사업에 유한책사원이 자본적 참가를 하는 것으로서 인적 요소와 물적 요소가 결합된 형태의 회사라고 말할 수 있다. 이는 지적 능력이 출중한 인재가 창업을 하는 경우 고려할 수 있는 회사형태로 4차 산업시대의 지식 기반 창업에 적합한 회사형태일 수 있지만 무한책임사원의 권한이 광범위한 반면, 투자자 보호가 법적으로 미흡하여 자금조달이 용이하지 않은 단점이 있다.

이와 같은 회사의 형태는 6차 산업 군에 속하는 농•축산 법인들이 비교적 많이 취하는 것으로 알려지고 있다.

4) 유한회사(limited company)

유한회사는 출자자 모두가 몇 가지 예외적인 경우를 제외하고는 출자금 한도 내에서 책임을 지는 유한책임사원만으로 구성된 회사형태를 의미한다. 이런 유한회사는 회사의 자치를 폭 넓게 인정하는 합명회사의 장점과 사원이 유한책임을 부담하는 주식회사의 장점을 유기적으로 결합한 회사제도라고 할 수 있다. 또한 형식적으로는 폐쇄적인 회사의 특성상 중소기업에 적합하지만 실질적으로는 주식회사에 가까운 회사형태라고 할 수 있다.

유한회사는 창업 시 설립이 주식회사보다도 용이하고 설립비용도 소액이라는 장점을 갖고 있으며 그 밖에도 지배구조가 단순하고 회사경영상황에 대한 공개의무도 없어서 선진국에서도 여러 세대에 걸쳐 가업으로 사업을 하는 가족회사들이 이 회사형태를 취하고 있다. 특히, 공개의

무가 없다는 점에서 외국계 회사들이 선호하는 회사형태라고 할 수 있는데 국내에 현지법인을 설립한 외국계 기업들의 경우 대부분이 유한회사의 형태를 취하고 있다. 이는 법적으로 규제가 주식회사보다는 적은 반면에 책임은 출자한도로 제한되기 때문이라고 할 수 있다.

이런 유한회사의 기관으로는 이사·감사·사원총회가 있으며 사원총회에서는 1인 또는 복수의 이사를 선임할 수 있고 이사의 권리와 의무는 주식회사의 이사와 유사하다고 할 수 있다. 그리고 감사는 임의기관이기 때문에 반드시 선임하지 않아도 된다.

앞서 말했듯이 유한회사에는 외국계 회사들이 많은 것으로 알려져 있는데 제약회사 중에는 한국MSD, 한국릴리(Lillykorea), 한국BMS제약 등이 있으며 IT회사들 중에는 휴렛패커드(HP : Hewlet-Packard), 스태츠칩팩코리아, 한국마이크로소프트, 애플코리아, 구글코리아, 한국오라클 등이 있다. 그 밖에도 루이비통코리아와 샤넬코리아가 주식회사에서 유한회사로 전환하였으며 에르메스코리아와 코우치코리아리미티드는 애초부터 법인을 유한회사로 설립한 것으로 알려져 있고 소비자들에게 널리 알려진 한국피자헛, 도미노피자코리아, 한국맥도날드, 나이키코리아, 한국코카콜라, 아웃백스테이크하우스, 블리자드엔터테인먼트 등도 유한회사형태를 취하고 있다. 그리고 대구텍과 잡코리아는 국내 기업이었다가 외국 자본에 인수되면서 유한회사로 전환한 기업이다.[21)]

이런 점을 감안하여 볼 때에 지식기반 창업 시 유한회사도 고려해 볼 만한 회사형태라고 할 수 있다.

---

21) 신동아, 유한회사 전환으로 '감시망' 벗어나다. 2013년 04월호 기사 참조.

5) 주식회사(company limited by shares)

주식회사는 지분 출자자인 주주에게 주식을 발행하고 이를 인수한 주주는 인수가액만큼 출자의무를 부담하며 회사의 채무도 출자한 금액 범위 내에서만 책임을 지는 물적 회사를 의미한다.

이러한 주식회사의 각 주주는 회사의 채무에 대해서 직접적으로 책임을 부담하지 않고 회사가 자본 범위 내에서만 책임을 부담하므로 물적 회사라고 부른다. 다시 말해 각 주주는 회사 채무에 대해 직접 책임이 없어 주주의 개성은 문제가 되지 않으며 회사의 신용의 대상은 회사의 자본뿐이다.

따라서 주식회사는 사단성과 법인성이 뚜렷한 회사로서 주식으로 세분화된 일정한 자본을 가진 회사라 할 수 있다. 이런 의미에서 주식회사는 자본단체이며 자본은 주식액면가의 총합이다.

주식회사에 있어서 자본금은 회사가 보유한 재산액을 표시하지만 실제로 회사가 보유한 재산의 총체인 회사재산과 구분되는 개념으로 회사채권자에 대한 최소한도의 담보액이며 회사신용의 기초라고 할 수 있다. 따라서 상법은 자본의 3원칙[22]이라는 개념으로 자본금 확정·자본금 유

---

22) 자본의 3원칙

① 자본 확정의 원칙 : 주식회사 설립 시 자본을 정관으로 확정할 뿐만 아니라 자본총액에 상당하는 주식인수 또는 출자인수에 의하여 출자자가 확정되는 것을 필요로 하는 원칙을 말한다.

② 자본 충실의 원칙 : 자본이란 주식회사가 보유할 최소한도의 재산액이므로 그것은 단순한 명목상의 금액으로 머물 것이 아니라 회사는 자본액에 상당하는 재산을 현실로 보유할 것을 요구하는 원칙을 말하며 자본유지의 원칙이라고도 한다.

③ 자본 불변의 원칙 : 주식회사의 자본액이 일단 확정되고 나면 법정의 절차에 의하지 않고서는 감소하는 것을 허용하지 않는다는 원칙을 말하며 자본의 증가는 이사회의 결의에 의해서 신주를 발행할 때마다 행하여지게 되었으므로 현재에 있어서는 자본불변의 원칙은 자본의 감소의 경우에만 해당되는 원칙이 되었다.

지·자본금 감소에 대한 특별한 제한을 두고 있다.

주주의 회사에 대한 권리와 의무는 주식을 단위로 정해짐에 따라 각 주식의 금액은 균일해야 하며 모든 주식은 평등한 대우를 받도록 주주평등의 원칙이 상법상 정립되어 있다. 그러나 이러한 주주평등의 원칙이 때로는 유연한 회사경영이나 탄력적인 회사경영에 걸림돌이 될 수도 있다.

이처럼 주식회사는 자금조달이 용이하여 기업이 성장하는데 필요한 시스템이 정비된 회사형태이기 때문에 글로벌 기업들의 대부분이 주식회사의 형태를 취하고 있다. 하지만 주식회사는 투자자들로부터 투자를 용이하게 받을 수 있는 만큼 법적으로도 투자자보호 차원에서 많은 규제를 가하고 있어 지식기반 창업에 있어 초기에는 유한책임회사나 합자회사로 출발한 후 차후에 회사가 안정기에 접어든 후에 주식회사로 전환하는 것도 좋은 방법일 수 있다.

6) 유한책임회사(limited liability company)

유한책임회사는 2012년 개정된 상법에 의하여 도입된 회사형태로 사모투자펀드나 게임회사 등과 같은 청년 창업에 적합한 회사형태라고 할 수 있는데 이 회사형태는 주식회사처럼 출자자들이 유한책임을 지면서도 이사나 감사를 의무적으로 선임하지 않아도 되는 등 회사의 설립 및 운영과 구성 등에서 사적 자치가 폭넓게 인정되는 회사형태라고 할 수 있다.

유한책임회사의 내부관계와 관련해서 정관이나 상법에 다른 규정이 없으면 합명회사에 관한 규정을 준용하도록 상법에 규정하고 있다.

이러한 유한책임회사는 주식회사의 경직된 지배구조보다 신속하고 유연하며 탄력적인 지배구조를 가지고 있고, 출자자가 직접 경영에 참여할 수 있다는 장점을 갖고 있다. 또한 각 사원이 출자금액만을 한도로 책임을 지므로 고도의 기술을 보유하고 있으면서 초기 상용화에 어려움을 겪는 청년 벤처 창업에 적합한 회사형태라고 할 수 있다.

이처럼 유한책임회사는 공동기업이나 회사형태를 가지고 있으면서도 회사 내부에서는 폭넓은 사적 자치가 인정되는 조합성격을 가지고 있기 때문에 최근에 유한책임회사에 대한 관심이 고조되고 있는 것으로 알려지고 있는데 이러한 유한책임회사로 조직을 변경하고자 하는 유인이 큰 회사들로는 소유와 경영이 동일한 가족기업, 기업의 재무상태가 외부에 공개되기를 원하지 않은 기업, 회의체가 없어 모든 것을 정관에 의해서 정하는 기업, 사채가 없거나 발행할 계획이 없는 기업, 상장을 고려하지 않는 기업 등이 있으며 최근 들어서는 일반주식회사를 농어업경영체 육성 및 지원에 관한 법률에 따른 농어업회사법인으로 전환하는 사례도 점차 늘고 있는 것으로 알려지고 있다.[23)]

따라서 지식기반 창업에 있어 1인 또는 소규모 창업에 바람직한 회사형태라고 할 수 있지만 법적으로 규제가 적다는 이야기는 때로는 갈등이 빈번하게 발생할 수도 있다는 것으로 출자자들 간에 서로 합의한 자치규범인 정관을 보다 세부적으로 작성하여 갈등요인을 사전에 제거·예방하는 것이 필요하며 주식회사의 정관을 모델로 하는 것도 하나의 해법이 될 수 있다.

---

23) 전자신문, 유한책임회사에 대한 문의가 많아지는 이유, 2017.08.09. 기사.

3. 자금조달방법

자금 조달은 크게 보면 빌리거나, 투자를 받는 것으로 구분할 수 있다.

은행으로부터 대출을 받을 수 있으나 대출의 경우 큰 매출이 발생하고 있거나 담보 여력이 있는 중견기업 이상이 아니라면 일반 금융권에서 사업 자금을 대출받는 것은 쉽지 않으며 일반적으로 기술보증기금, 신용보증기금의 보증을 통하거나[24] 중소벤처기업진흥공단의 정책자금 대출을 받는다. 이와 같이 금융권으로부터 대출을 받으려면 해당 스타트업이 적정 요건을 갖춰서 해당 프로그램에 신청해 심사를 통과해야 되며 심사를 통과한 스타트업은 중소벤처기업진흥공단으로부터 직접 대출을 받거나, 기술보증기금 또는 신용보증기금으로부터 보증서를 발급받아 일반 금융권에서 대출을 받을 수 있다. 이때 보증료를 내야 되지만 정책자금 특성상, 일반 금융권의 신용대출 금리보다는 낮은 금리로 대출을 받을 수 있다.

그러나 최근 국내에서 스타트업에 대한 민간 투자나 각종 정책지원 자금이 활성화되어 있어서 대출보다는 투자를 받는 스타트업이 많으며 이러한 대출 이외에 스타트업이 자금을 조달하는 방법은 아래와 같이 크게 7가지 정도로 구분될 수 있다.

창업자의 시드머니[25]는 외부로부터 자본을 조달하는 것은 아니고, 창업자 본인 또는 공동 설립자들의 창업자본으로 자금을 조달하는 것으

---

24) 기술보증기금과 신용보증기금의 보증은 중복이 불가능함

25) 네이버 어학사전에는 시드머니를 부실기업을 살리기 위하여 금융기관에서 새로이 융자하며 주는 자금이라고 정의하고 있으나 일반적으로 시드머니는 종잣돈으로 인식하고 있으며 주식이나 부동산 등 재테크를 하기 위해 투자하는 돈으로 이 돈을 굴려서 목돈을 마련하게 된다.

로 일반적으로 수천만 원에서 수억 원 정도의 규모이며 사업을 위한 최소한의 종잣돈이라 할 수 있다. 이는 법인 설립 비용, 인건비, 사무실 임차료, 연구개발비 등의 비용을 충당하게 된다.

정부 기관, 지자체, 민간 기관에서 다양한 창업 지원 프로그램을 운영하고 있는 스타트업 지원 사업을 활용할 수 있는데[26] 이러한 프로그램은 지원 사업 형태이기 때문에, 일정 비율의 자기 부담금은 있지만 상환 의무는 없다는 장점이 있을 수 있다.

일반적으로 수천만 원 정도의 지원금을 제공하는 '창업패키지' 지원 사업, 특허나 해외진출 등을 지원하는 '바우처'지원 사업이 있으며 기술력을 갖춘 스타트업들이 많이 지원하는 R&D 지원사업도 있다. 특히, R&D지원 사업은 난이도가 높고, 성공 시 납부금 의무가 있는 대신 지원 금액이 수억 원대로 높은 편이나 불성실하게 진행하여 최종적으로 실패한 경우에는 지원금을 모두 반납해야 하는 의무가 있기도 하다.

엔젤 투자 및 매칭 펀드로 초기 스타트업에게 엔젤 투자자가 선 투자한 후에 매칭 투자를 사단법인 한국 엔젤투자협회에 신청하면 엔젤 투자자와 해당 스타트업에 대한 소정의 평가를 거쳐 일정 배수의 자금[27]을 한국벤처투자가 지원해 주는 제도라고 할 수 있다. 이는 정부가 창업초기 기업의 사업 성공을 지원하기 위해 일종의 시드머니를 지원해 주는 것으로 업무집행조합원(GP)은 한국벤처투자가 되고, 보통주나 우선주(전환/상환)의 신주 투자 형태로 지원하기 때문에 주식을 발행할 수 있는 주식

---

26) 스타트업 지원 사업과 관련된 정보들은 'K-Startup 창업지원 홈페이지(k-startup.go.kr)'나 '기업마당(bizinfo.go.kr)' 등에서 확인 가능함

27) 매칭 비율은 보통 1~2배수이며 최대 2.5 배수까지 투자 지원을 받을 수 있다. 예컨대 적격엔젤투자자로부터 1천만 원의 투자를 받았다면, 엔젤투자매칭펀드를 통해 2배수인 2천만 원을 추가로 지원받을 수 있게 된다

회사가 투자 대상이며 개인기업, 조합, 유한회사 등은 투자 대상에서 제외된다.

크라우드 펀딩(Crowd Funding)으로 군중 및 다수를 뜻하는 Crowd와 Funding을 조합한 용어이다. 이는 온라인 소액투자 중개업자를 통해 다수의 소액 투자자로부터 자금을 조달하는 방법으로 국내의 경우 이러한 크라우드 펀딩을 중개해 주는 기업으로 와디즈, 텀블벅, 크라우디 등이 대표적이며 일반 투자자들은 이러한 중개기업을 통해 스타트업에 투자를 할 수 있다.

자금을 모집하고 보상하는 방식에 따라서 대출형, 증권형, 후원·기부형으로 구분될 수 있는데, 대출형 크라우드 펀딩은 스타트업이 대출 계약을 체결하고 원금과 이자를 갚아나가는 방식, 증권형 크라우드 펀딩은 주식을 발행하고 배당금 등을 지급하는 방식, 후원·기부형 크라우드 펀딩은 말 그대로 보상 없이 무상으로 지원을 받는 방식이다.

엑셀러레이터(Accelerator)[28]가 있다. 엑셀러레이터는 엄밀히 말하면 자금을 지원해 주는 방식은 아니나 스타트업에게 사무실을 무상으로 임대해 주거나, 인력 수급을 지원하거나, 경영과 관련한 교육 및 컨설팅을 제공하는 것이 엑셀러레이터의 주된 역할이라고 할 수 있다.

스타트업 입장에서 가장 큰 문제는 자금 조달이지만 이러한 엑셀러레이터를 통해 비용을 줄이거나 경영에 대한 노하우를 전수받는 것도 또한 금전적 가치 이상으로 중요할 수 있으며 사업의 성공 가능성을 높이기 위

28) 액셀러레이터(Accelerator), 스타트업 액셀러레이터(Startup accelerators) 혹은 시드 액셀러레이터(seed accelerators)는 성장을 위한 시드 투자, 연결, 판매, 멘토십, 교육, 그리고 성장을 가속화하기 위한 공개 피칭 이벤트나 개발한 데모 제품, 사업 모델 등을 투자자에게 공개하는 행사를 진행하는 데모데이까지 아우르는 집단 기반 프로그램을 말함

해 사업 모델 개발, 기술 및 제품 개발은 물론, 홍보·마케팅, 사업 제휴, 법률·회계·세무·노무 컨설팅 등 스타트업에게 중요한 경영 지원을 해 주기 때문에 자금 조달만큼이나 큰 도움이 된다고 할 수 있다.

벤처 캐피탈(Venture Capital)은 외부 투자자로부터 자금을 유치해 스타트업이나 벤처기업에 투자하여 수익을 올리는 대표적인 투자전문기업으로 창업 초기 단계에 자본 참여를 통하여 창업가와 위험을 공동으로 부담하고, 이후 사업이 성공했을 때 수익을 공유하는 자금조달 방식이다. 이는 스타트업의 M&A, 상장(IPO)을 통해 투자회수를 하며 수익을 올리는 것이 대표적인 수익모델로 스타트업 초기(Early Stage)인 Pre-Series A 단계부터 Series A, B, C, D/E/F와 Pre IPO단계는 Later Stage까지 벤처 캐피탈이 투자에 참여하는 단계(Round)가 구분되어 있다.[29)]

기업 공개(IPO : Initial Public Offering)는 스타트업이 증권시장에 상장되는 것이다. 기업 공개는 일반 투자자들이 공개적으로 주식을 살 수 있도록 기업의 주식과 경영 내역을 시장에 공개하는 것이다. 이처럼 상장을 하면 일반 투자자들의 투자금을 통해 대규모의 자금 조달이 가능하며 스타트업 입장에서는 가장 큰 자금 조달을 할 수 있는 방법이라고 할 수 있다. 대표적인 사례로 뉴욕증권거래소에 상장한 쿠팡의 사례가 있으며 소셜 커머스 스타트업으로 시작해 미국에 상장한 쿠팡은 약 86조 원에 달하는 기업가치(시가총액)를 인정받았으며, 42억 달러(약 4조 8천억 원)의 자본을 조달하였다.

---

29) 투자단계에 따라 Pre-Series의 경우, 국내는 수억~수십억 규모의 자금 조달에서 시작해, Pre-IPO 이전 단계의 경우 수백억 원에서 1천억 이상 규모의 자금 조달이 가능함

04

지식재산 창업

지배구조

04 지배구조

1. 지배구조의 의의

1) 이해충돌과 경영권분쟁

창업 후 기업에 이익이 발생하기 시작하면 이해관계자들 간의 이해충돌이 발생하는 것이 일반적이며 이러한 이해관계를 조절할 수 있는 시스템을 기업지배구조라고 한다. 기업지배구조는 기업의 성장에 있어 동력이 될 수도 있는 반면에 경영권분쟁의 단초가 될 수 있기 때문에 창업단계부터 설계를 할 필요가 있다.

기업지배구조는 국가마다 서로 상이한 법제도를 갖고 있어 이와 관련하여 학자들은 각국의 기업지배구조의 유형을 분류하고자 노력하였으며 일반적으로는 이익분배의 주체를 중심으로 영미식 주주 자본주의와 유럽, 특히 독일식의 이해관계자 자본주의로 구분하고 있어 이사회와 감사기관과 관련하여 이사회가 업무집행을 하면서 감독도 하는 영미식 일원적 시스템과 이사회와 감사기관이 분리되어 독립적으로 존재하는 독일식의 이원적 시스템으로 구분하고 있다.

우리나는 자산 2조원 이상인 상장회사인 경우에는 이사회 내에 감사위원회를 반드시 설치하도록 강제함으써 일원적 시스템을 택하고 있으며, 자산 1천억원 이상부터 2조원 미만인 상장회사는 상근감사를 두도록 강제하고 있어서 이원적 감사시스템도 병행하여 택하고 있다. 그리고 자산 1천억원 미안인 상장회사와 규모와 관계없이 모든 비상장회사는 일원적 시스템과 이원적 시스템 중 하나를 선택할 수 있도록 되어 있다.

따라서 우리나라 기업지배구조는 미국식과 독일식을 혼합한 형태의 기업지배구조를 갖고 있으며 일본은 독일식에 가까운 기업지배구조의 형태를 취하고 있다.

2) 기업지배구조의 개념

기업지배구조란 직설적으로 말하면 기업을 다스리는 구조라고 할 수 있는데, 경영진(대주주 포함)-소액주주-채권자-근로자 등 기업 이해당사자들의 역학관계를 나타내는 구조라고 할 수 있다.

이러한 역학관계에서 회사에 이익이 발생한 경우 누가 분배주체가 되어야 하는지에 관하여 주주 자본주의는 손실의 위험을 감수한 투자자인 주주만이 회사이익의 분배주체가 되어야 한다는 이념에 기초하고 있으며, 반면 이해관계자 자본주의는 주주뿐만 아니라 이익창출에 기여하였다면 근로자나, 채권자, 지역주민 등 모든 관계자가 이익분배에 참여할 권리가 있다는 이념에 기초하고 있다.

이와 관련하여 미국은 주주 자본주의를 원칙으로 하고 있으며 독일이나 유럽은 이해관계자 자본주의를 원칙으로 하고 있다. 그리고 우리나라와 일본은 주주 자본주의를 원칙으로 하고 있으나 최근 우리나라는 노동이사제 도입 논의 등과 관련하여 유럽식의 이해관계자 자본주의로 전환하려는 노력들이 지속적으로 일어나고 있다. 노동이사제[30]가 입법적으로

30) 노동이사제는 노동자 대표가 기업 이사회에 이사로 참석해 발언권과 의결권 등을

도입되면 근로자의 경영참여를 통하여 투명한 경영이 실현될 수는 있으나 경우에 따라서는 이사회가 노사간의 대립의 장으로 변모될 가능성이 있다. 따라 이러한 점을 고려하여 창업 시에 기업지배구조의 밑그림을 그리는 것은 중요하다 할 수 있다.

노동이사제 도입 논의 등과 같은 노력에도 불구하고 현재까지 우리나라의 기업지배구조는 주주 자본주의를 택하고 있으므로 기업 내에서의 이해관계자 기관은 주주총회, 이사회, 감사, 대표이사, 소수주주 등으로 구성되어 있으며 이와 관련하여 상법에서 그 권한과 의무에 대하여 상세히 규정하고 있다.

기업지배구조는 이해관계자들이 회사운영에 대한 기본원칙을 합의한 것으로 이를 위반한 경우에는 분쟁이 발생할 수 있기 때문에 창업 후 성공한 기업이라 할지라도 안정된 경영권을 확보하기 위해서는 이러한 기업지배구조가 균형적으로 확립되도록 설계할 필요가 있다.

페이스북의 경우 저커버그가 하버드대 기숙사에서 창업을 할 때 자금이 부족하여 친구인 새버린으로부터 1,000달러를 투자받으며 페이스북의 자본 34%를 배정하기로 하는 합의를 한 바 있다. 그 후 페이스북이 추가 투자를 받을 때는 물론이고 경영 관련 의사결정을 할 때 종종 갈등을 빚었으며 결국 소송으로까지 전개된 바 있다.[31)]

따라서 지식기반 창업을 희망하다면 창업 전부터 향후 기업지배구조

행사하는 제도로 유럽, 독일에서는 법률로 이를 제도화하고 있으며, 국내에서는 서울시가 2016년 9월 최초로 관련 조례를 도입하여 시행하고 있다. 한편 최근에는 국회가 2022년 1월 11일 본회의를 열고 공공부문 노동이사제 도입을 핵심으로 하는 '공공기관의 운영에 관한 법률' 개정안을 통과시켰다.

31) 의사결정과 관련하여 저커버그가 페이스북의 지배구조 내에 포함되어 있지 않은 냅스터 공동창업자인 숀파커(Seon Parker)의 자문을 받고 의사결정한 것에 대하여 새버린이 불만을 갖게 되면서부터 시작되었다.

를 어떻게 구성할 것인지를 미리 구상해 놓는 것이 매우 중요하다고 할 수 있다.

3) 경영권과 지배구조

앞에서 본 바와 같이 페이스북의 저커버그와 새버린처럼 회사 지배를 두고 지분 소유자간의 분쟁이 발생할 여지는 항상 존재하기 때문에 안정적인 회사경영을 하기 위해서는 의사결정 절차와 결정권자, 결정 기관 등을 제도화하여 기업지배구조를 명확화하는 것이 필요하다. 상법에서는 기업지배구조에 관여하는 이해관계자 및 집단인 기관을 주주총회, 이사회, 대표이사, 감사로 구분하여 각각의 권리와 의무 및 책임 등에 대하여 상세히 정하여 두고 있다.

이 중에서 지배구조의 핵심이라고 할 수 있는 이사회와 감사기관간의 상호 견제적 관계를 어떤 방식으로 제도화할 것인지를 두고 각국마다 서로 상이한 점들을 보이고 있는데 이는 크게 영미식의 일원적 시스템과 독일식의 이원적 시스템을 기준으로 각기 다양한 형태로 지배구조를 제도화하고 있다.

먼저 미국식의 일원적 시스템은 이사회가 경영도 하고 감독도 하는 시스템으로 주식시장 중심의 자본시장에 의존하여 주식시장을 통해 경영성과에 따라 경영진이 평가를 받도록 하는 간접적인 업무집행감독을 기본 방침으로 함에 따라 독립된 감사기관을 설치하지 않고 이사회가 스스로 감독기능도 담당할 수 있도록 이사회 내에 감사위원회를 두어 이 감사위원회가 이사들의 업무를 감독하도록 하고 있다.

반면에 독일식의 이원적 시스템은 독립된 감사기관을 회사 내에 두어

감독하는 시스템으로 특히 독일만 독립된 감독이사회제도[32]를 통하여 근로자의 경영참여가 가능하도록 하고 있어 주주대표자뿐만 아니라 근로자대표도 동등한 입장에서 이사회의 경영을 감독하고 견제하는 시스템을 갖고 있다고 할 수 있지만 우리나라나 일본과 같은 국가들은 독립된 감사기관을 두되, 근로자의 경영참여가 배제되는 방식의 감사제도를 갖고 있다.

또한 각국의 회사지배구조마다 경영 스타일도 차이가 있는데 미국에서는 경영의 권한이 최고경영자(chief executive officer)에 집중되는 반면 독일의 경우에는 기업의 전체 구성원들의 이익을 고려할 수 있도록 이해관계자 중심의 협의체적 기업지배를 지향하고 있어 근로자의 경영참여로 인하여 회사경영 시 주가나 회계 상의 이익을 추구하는 등 단기적인 변동성보다는 기업의 전체 구성원들의 이익 및 사회적 이익을 고려하여 경영판단을 해야 하므로 경영자의 권한은 미국보다는 매우 약하다고 할 수 있다.

이와 같이 각기 다른 시스템에서 우리가 살펴봐야 할 점은 미국 등과 같은 주식시장 중심의 시스템 하에서 벤처캐피탈 산업이 활성화되고 성장하여 왔다는 사실로 활발한 벤처캐피탈 시장은 기술혁신을 촉진함은 물론이고 투자를 촉진시켜 경제를 활성화시키는 동력이 되었기 때문에 상당수의 국가들은 주식시장 중심의 자본시장을 형성하고자 노력하고 있으며 독일도 현재는 그 예외가 아닌 것으로 알려지고 있다.

이와 같은 사실에서 현행 상법에서 기업지배구조의 구성요소인 주주

32) 독일에서는 공동결정법상 근로자가 2천명 이상인 주식회사인 경우에는 근로자대표 50%, 주주대표 50%로 구성된 감독이사회를 설치하도록 강제화되어 있으며 이때 감독이사회 의장은 주주대표 중에서 선임하고 의장은 캐스팅 보트를 행사할 수 있다.

총회, 이사회, 감사, 대표이사, 소수주주 등에 관하여 알아보는 것은 매우 중요한 의미가 있다.

4) 주주총회

주주총회는 투자자들로 구성되는 총회 즉, 투자자들 전체 구성원으로 조직된 회의체로 주식회사의 최고 의사결정 기관이다. 주주총회에서는 1주 1의결권의 원칙하에 모든 주주는 회사에 대하여 1주를 기준으로 평등한 대우를 받도록 하는 주주평등의 원칙을 상법에 규정하고 있다.

상법에 규정되어 있는 주주총회 주요 권한은 이사의 선임권 및 해임권, 합병 및 분할, 영업양도, 해산, 재무제표의 승인, 이사의 보수한도,[33] 정관변경 승인권 등이 있다.

이때 주주총회와 관련하여 법에서 정한 절차를 위반할 시에는 주주총회결의 취소소송, 주주총회 무효확인 소송, 주주총회 부당한 결의 변경 및 취소소송, 주주총회결의 부존재 확인의 소송 등을 통하여 그 결의의 효력을 부정할 수 있다.

주주총회의 결의형식은 '특별결의', '보통결의', '특수결의'로 분류할 수 있는데 '특별결의'는 총회출석 주주 의결권의 2/3 이상과 발행주식 총수의 1/3 이상의 찬성이 필요하며, '보통결의'는 출석주주 의결권의 1/2 이상과 발행주식 총수의 1/4 이상의 찬성이 필요하고, '특수결의'는 발행주식총수 전부를 소유하고 있는 전체주주의 동의가 필요하다.

'특별결의'에 해당하는 사항은 정관의 변경, 영업양수도, 이사와 감사

---

33) 이사의 보수한도는 모든 이사들의 보수합계에 관한 한도를 승인하는 것이며 개별 이사의 보수까지 주주총회에서 승인하는 것은 아니다.

의 해임, 합병 승인, 회사분할 승인 결의 등이며, '보통결의'에 해당하는 사항은 이사·감사·청산인의 선임 및 그 보수의 결정, 재무제표의 승인, 주식배당, 배당금 지급시기의 특정, 외부감사인(회계법인이나 회계사)의 선임 결의 등이고 '특수결의'에 해당하는 사항은 이사 또는 감사의 회사에 대한 책임 면제와 유한회사로의 조직 변경에 관한 결의 등이다.

주식회사를 유한회사로 조직 변경 시 '특수결의'가 필요한 이유는 유한회사는 주식회사보다 지분양도가 자유롭지 못하고, 자본의 결손이 발행할 시에는 지분수에 비례하여 부족한 부분을 채워야 하는 전보할 책임이 발생할 수 있기 때문이다.

5) 이사회

창업자는 대표이사가 되고 이사회를 주도해야 하는 것이 일반적이며 따라서 경영권의 원천은 이사회라고 할 수 있고 이사회를 안정적으로 지배할 수 있어야 경영권이 안정된다. 이사회의 이사는 3인 이상이 되어야 하는 것이 원칙이며, 상법상 자산 2조원 이상 상장회사로 성장하면 사외이사를 과반 수 이상 선임해야 하고[34] 이사회에서 대표이사를 선임한다. 그런데 예외적으로 자본금 10억원 이만의 회사는 대표이사를 이사회에서 선임할 필요 없이 대주주인 창업자만을 이사로 선임하는 1인 이사선임도 가능하다.

이사회는 실질적으로 회사의 가장 중요한 의사결정기관으로 회사 경영과 관련된 갈등의 대부분은 이사회 운영과 관련하여 발생하는 것이 일반적으로 이에 상법에 이사회의 구성과 역할에 관하여 상세히 규정함은

---

34) 예컨대 사내이사가 3인이면 사외이사는 4인 이상 선임되어야 한다.

물론 이사회가 결정해야 할 사항도 규정하고 있다. 구체적으로 회사의 대표이사나 이사, 그리고 그 친인척, 회사지분의 10% 이상을 소유한 주주 및 그 친인척의 회사와 거래할 경우에는 재적이사 2/3 이상의 찬성을 얻어야 거래가 가능하고, 등기이사가 아닌 부사장, 전무, 상무 등 회사 내의 등기임원을 제외한 임원을 선임할 경우에는 이사회의 승인이 필요하다. 그리고 회사가 자본을 증가시키기 위하여 신주를 발행하는 경우에는 그 발행사항 및 신주배정에 대하여 이사회가 결정하게 되고 이사회는 주주총회에서 선임할 이사후보자들에 대한 추천권을 비롯한 주주총회의 의안과 의제 모두를 상정할 권한도 갖고 있다.

이와 같이 이사회는 권한이 큰 만큼 책임도 크므로 이사회가 위법한 결정을 한 경우 반대의사를 명확히 표현한 이사를 제외한 모든 이사들이 위법한 결정으로 인하여 회사나 제3자가 손해를 입은 경우 그 손해에 대하여 연대하여 손해배상책임을 지게 된다.

6) 대표이사

대표이사는 이사회 구성원 중에서 선임하며 회사를 대표하는 기관으로서 상법에서 정한 주주총회, 이사회, 감사의 권한을 제외한 모든 경영 관련 사안에 관하여 의사결정권을 갖는다. 대표이사의 행위는 회사의 설립목적 범위 외의 행위라 할지라도 제3자에 대하여 회사가 권리와 의무를 가지게 되는 법인실재설을 따르고 있다.

예컨대 대표이사가 개인적으로 타인의 채무에 대하여 보증을 선 경우에도 개인적인 보증이 아니라 회사대표자격으로 보증을 선 것으로 추정되어 회사가 보증책임을 지게 된다. 물론 보증인으로서 채무를 대신 변제한 경우에는 감사가 대표이사를 상대로 손해배상청구소송 즉, 구상권을 행사할 수 있으며 감사가 이를 알면서도 대표이사를 상대로 책임을 추궁하지 않는 경우에는 1%(상장사의 경우 0.01%) 이상 지분을 소유한 주주가 감사를 대신하여 대표이사를 상대로 회사에 배상하라고 청구하는 대표소송을 할 수 있고 아울러 소수주주는 감사에게도 임무해태책임을 물어 소송을 제기할 수도 있다.

일반적으로 대표이사는 최대주주가 직접 담당하거나 최대주주가 추천하는 자로 선임하게 되는데 대표이사 선임에 관한 갈등이 심한 기업은 지배구조가 불안정하여 성장성과 지속성이 불확실해질 수 있으며 경우에 따라서는 대표이사가 권한을 남용하는 사례가 발행할 수 있는데 이 경우 2인 이상을 공동대표이사로 선임하여 공동으로 대표행위를 하도록 제한을 할 수 있으나 경영효율성은 떨어질 수 있다.

7) 감 사

감사는 이사회와 대표이사가 주주총회로부터 위임받은 사무를 제대로 집행하고 있는지를 감독하는 독립된 기관으로 감사는 주주총회에서 보통결의로 선임하며 해임은 특별결의가 필요하다.

자산이 1천억원 이상 2조원 미만인 회사는 상근감사를 두어야 하며 자신이 1천억원 미만인 회사는 비상근감사를 선임해야 하나 자산이 2조원 이상인 상장기업의 경우에는 별도의 독립된 감사기관을 두지 않고 이사회 구성원 중 3인 이상을 선임하여 감사위원회를 설치하여 감사업무를 집행하게 된다. 이때 감사위원 중 3분의 2 이상은 사외이사로 구성되어야 한다.

감사는 업무집행감독권과 회계감독권 모두를 가지며 감사는 이사회에 참석하여 의결에 참여할 권한은 없지만 발언할 권한은 가지고 있다. 그리고 회사를 대신하여 이사들을 상대로 소송을 제기할 권한을 갖고 있으며 감사의 독립성을 확보하기 위하여 감사선임에 관한 주주총회의 선임결의 시 3% 이상의 지분을 소유한 주주는 3%까지만 의결권을 행사할 수 있도록 제한하고 있다.

2. 대표이사의 역할과 책임

1) 대표이사

지식기반 창업을 하는 경우 창업자는 CEO(chief executive officer)로서 역할을 수행해야 하는데 일반적으로 사장 또는 대표이사라고 부른다. 대표이사는 권한은 물론 책임도 크다는 점에서 그의 역할이 회사의 미래와 직결되는 사람이라고 할 수 있다. 페이스북의 저커버그나 구글의 레리페이지 등을 보면 알 수 있듯이 일반적으로 창업자인 최대주주가 대표이사의 직을 맡는 경우 경영이 효율적인 것으로 평가받지만 때로는 대표이사의 무능력이나 독단경영으로 인하여 회사가 부실화되는 경우가 있는데 이 경우 전문경영인을 대표이사로 선임하면 리스크를 줄일 수 있다.

따라서 창업 후 급성장하는 기업들의 대부분은 대표이사의 역량에 상당부분을 의존하게 되며 대표이사가 그 역할과 의무에 대하여 정확히 인식하지 못하는 경우 장기적으로 기업의 성장과 발전에 상당한 위험요소가 될 수 있다. 또한 대표이사가 업무를 집행함에 있어서 법령이나 정관을 위반한 경우에는 민·형사상의 책임을 지게 되며 이 경우 기업의 운명과 직결된다는 점에서 사전에 이를 숙지하는 것은 매우 중요하다.

2) 대표이사의 지위

CEO는 주식회사의 경우 대표이사라고 부르는데 대표이사는 대내적으로는 업무를 집행하고 대외적으로는 회사를 대표하는 주식회사의 필요적 상설기관으로 대표이사가 없으면 그 회사는 행위능력이 없어서 어떠한 경영활동도 할 수 없게 된다.

이러한 대표이사와 회사와의 관계는 법인실재설상 "대표이사=회사"로 정의되어 대표이사가 설령 정관에 정한 회사의 설립목적 범위 외의 행위를 한 경우에도 그 법률효과는 회사에 귀속되어 회사가 권리와 의무를 갖게 된다. 즉 대표이사가 개인으로부터 회사의 사업상 금전이 필요하다고 하여 금전을 차입하여 개인적으로 돈을 유용하였다 하더라도 회사는 일단 채권자에게 차입금을 변제해야 한다. 물론 차후에 대표이사를 상대로 책임을 추궁할 수 있지만 외관상으로는 회사가 모든 권리와 의무를 부담하는 것이 원칙이다.

대표이사는 원칙적으로 이사회에서 선임하지만 정관에 의하여 주주총회에서 직접 선임할 수도 있으며 대표이사의 자격이나 인원수는 법에서 아무런 제한을 가하고 있지는 않기 때문에 대표이사가 여러 명이어도 상관없다. 다만 규모가 작은 회사는 1인의 대표이사가, 글로벌 기업에 해당하는 초대형 기업의 경우에는 대표이사가 2인 이상인 것이 바람직할 수 있으며 대표이사는 이사의 자격을 상실하거나 사임 또는 이사회나 주주총회의 해임결의 등에 의하여 종임될 수 있다.

따라서 경영권 분쟁이 발생하는 경우나 대규모 자본을 소유한 자가 적대적 M&A를 시도하는 경우 일반적으로 대표이사를 해임하기 위한 주주총회 소집을 법원에 청구하는 경우가 빈번히 발생한다.

3) 대표이사의 권한

대표이사는 이사회의 위임의 범위 내에서 업무집행에 관한 세부적·일상적 사항을 결정하고 집행할 권한을 갖는데 구체적으로는 재무제표와 부속명세서·영업보고서를 작성하여 거래소나 감독기관에 제출해야 할 권리와 의무를 갖고 이와 관련된 서류들은 회사에 비치하여 주주들이 열람할 수 있도록 하며 회사에 중요한 사항들은 공고하여야 한다.

또한 발행한 주식에 대한 주권과 사채권에 기명날인할 권한과 주식·사채의 청약서 작성, 정관·주주명부·사채원부·의사록의 비치 등이 대표이사의 업무에 해당한다.

그리고 대표이사는 회사를 대표하여 영업에 관한 재판상 또는 재판외의 모든 행위를 할 수 있으며 대표권의 제한은 선의의 제3자에게 대항하지 못하는데 재판상 행위는 회사상대의 소송이 제기되거나 회사가 타인을 상대로 소송을 제기하는 경우 소송당사자가 되는 것을 말하고 재판외의 행위는 소송 이외의 모든 행위로 회사경영과 관련된 모든 행위를 말한다.

반면 공동대표이사가 존재하는 경우에는 공동으로 업무를 집행하고 회사를 대표하게 된다.

4) 대표이사의 의무

대표이사는 회사에 대해여 위임에 따른 선량한 관리자의 주의의무를 부담하여야 하므로 일반인들이 기대하는 정도로 회사에 충실하게 업무를 집행해야 할 의무를 지게 되는데 대표이사가 임무를 해태하거나 회사의 이익보다 자신의 이익을 추구할 위험성 높은 사항에 대해서 상법이 별도로 특별히 규제하고 있다.

하나는 회사와 동종의 영업을 자기의 이익을 위하여 행사할 가능성이 높은 경우에는 경업금지(피지)의무를 부과하여 대표이사를 하면서 본인이 개인의 재산으로 설립한 동종의 영업을 하는 사업체나 회사를 운영하는 것은 회사의 이익보다는 개인의 이익을 위하여 업무를 집행할 가능성이 높기 때문에 금지시키고 있다.

다른 하나는 대표이사가 회사와 직접 거래하는 자기거래의 경우 재적이사 3분의 2의 찬성이 필요하며 대표이사뿐만 아니라 대표이사의 친인척과 회사와 거래하는 경우에도 동일하게 이사회의 승인을 얻어야 한다.

그리고 대표이사가 법령 또는 정관에 위법한 행위를 하거나 그 임무를 해태한 때에는 회사에 대하여 다른 이사들과 연대하여 손해를 배상할 책임을 지게 되는데 이사회 승인 없이 독단적으로 정관이나 법령을 위반하거나 임무를 해태하여 업무를 집행한 경우에는 단독으로 모든 책임을 져야 하나 모든 주주들이 회사를 위하여 불가피하게 위법행위를 한 것이니 책임을 면제해 주자고는 동의가 있으면 면책될 수는 있지만 현실적으로는 실현되기 매우 어렵다.

또한 대표이사가 악의 또는 중대한 과실로 인하여 그 임무를 해태한 때에는 그 이사는 제3자게 대하여도 손해를 배상할 책임을 지게 된다.

이처럼 대표이사의 책임이 과중하다 보니 최대주주나 창업자가 대표이사로 등기를 하지 않고 실질적으로 대표이사의 역할을 하는 경우 책임을 회피할 수 있어 상법은 대표이사로 등기도 하지 않은 채 실질적으로 대표이사라는 직함을 사용하면서 업무를 집행하고 회사가 이를 승인 또는 묵인한 경우에는 이를 표현대표이사라고 개념 정의하고 이에 대한 책임을 별도로 규정하여 표현대표이사의 행위로 거래 상대방이 손해를 입은 경우에는 표현대표이사도 이사들과 연대하여 손해를 배상하는 책임을 지게 된다. 물론 거래상대방은 표현대표이사가 대표이사라고 신뢰한 경우에만 보호를 받게 된다.

3. 대표이사의 경영권 보장방법

창업자는 대표이사인 CEO로서 회사에 대한 책임이 크다는 것을 알 수 있는데, 특히 고도의 지적능력을 자산으로 창업한 경우 창업자가 회사의 운명을 책임져야 할 상황이 발생하는 것이 일반적이며 대부분은 창업 당시에는 창업주의 지분이 많기 때문에 특별히 대표이사의 의결권을 보호해야 할 장치가 필요한 것은 아니다.

하지만 창업 후 기업이 성장함에 따라 자본을 증가시키는 증자 과정에서 창업자인 대표이사의 지분이 희석되는 경우 창업자의 경영권은 약화될 수밖에 없으며 이에 창업 후 회사가 대기업으로 성장하는 것 자체를 창업자가 원하지 않는 소위 피터팬 신드롬[35]에 빠져들 수도 있다. 예컨대 2014년 알리바바를 미국 뉴욕거래소에 상장하며 마윈 회장은 중국에서는 경영권이 보장되지 않기 때문에 이라고 언급한 바 있는데 이는 피터팬 신드롬에 빠져들지 않기 위해 미국에 상장을 한 것으로 생각할 수 있다.

미국은 주주평등의 원칙에 대한 예외를 기업들이 스스로 정관에 둔 경우에는 대표이사에게 황금주나 차등의결권을 부여할 수 있도록 법으로 통제하지 않는다. 예컨대 페이스북의 마크 저커버그는 2015년 보유주식의 99%를 사회에 환원하기로 한 약속을 이행하기 위해 소유주식 중 15%를 제외한 모든 주식을 처분하여 그와 아내가 운영하는 공익법인으로서 유한책임회사 형태를 취한 '찬-저커버그 이니셔티브(Chan Zuckerberg Initiative)'에 기부한 바 있는데, 그럼에도 불구하고 마크 저커버그는 페이스북에 대한 경영권을 확보하고 있다. 이는 15%의 지분을 가지고도 주주총회에서 54% 의결권을 행사할 수 있도록 정관에 차등의결권을 인정하는 규정을 두고 있기 때문이다.

페이스북은 3종류의 주식을 발행하였는데 클래스A 주식에 대하여는 10배의 의결권을 부여하고, 글래스B 주식에는 1의결권을 부여하지만 클래스C 주식에 대하여는 의결권을 배제하는 내용을 정관에 규정하고 있다. 반면에 우리나라에서는 주주평등의 원칙에 따라 차등의결권의 발행이 금지되어 있다.

---

35) 피터팬 신드롬(Peter Pan Syndrome)이란 신체적으로는 어른이 되었지만 그에 따른 책임과 역할을 거부하고 어린이의 심리 상태에 머무르고자 하는 심리적 퇴행 상태에 빠진 어른들을 영원히 늙지 않는 동화 속 주인공에 비유한 것이다. 이는 최근 중소기업들이 대기업으로 성장하는 경우 각종 규제가 많아지고 지원제도를 활용 못함에 따라 이를 회피하기 위해 계속해서 중소기업으로 잔류하고자 하는 것을 비유한 용어로 널리 사용되고 있다.

또한 황금주는 보유 주식의 수나 비율에 관계없이 창업자 등이 1주만 소유하더라도 적대적 M&A 등이 시도되는 경우 주주총회에서 해당 안건에 대하여 거부권을 행사할 수 있는 권리가 부여된 주식을 말하는데 영국에서 처음 활용된 주식으로 공기업이 민영화된 뒤 공익성과 민주성에 반하는 결정을 할 때 정부가 이를 차단하기 위한 목적으로 도입되었으며 현재 미국에서는 벤처기업들이 대기업에 인수된 후 창업자들의 경영권을 보장하기 위한 수단으로서 활용되고 있고 황금주 관련 내용은 정관에 명시하는 것이 일반적이지만 인수자측과 합의하여 매각계약에 해당 내용을 포함시키는 경우도 있다. 반면에 차등의결권처럼 황금주도 우리나라에서는 허용되지 않고 있다.

4. 인수합병(M&A)

인수합병(引受合併, M&A, mergers and acquisitions)은 인수와 합병의 결합어이다. 이때 '인수'는 하나의 기업이 다른 기업의 경영권을 얻는 것으로 한 기업이 매수한 기업을 자회사나 관련 회사로 둘 뿐 해체하지 않는 것을 말하고 '합병'은 둘 이상의 기업들이 하나의 기업으로 합쳐지는 것으로 매수한 기업을 해체하여 자사 조직의 일부분으로 흡수하는 것을 말하는데 인수합병은 성격에 따라 우호적 인수합병과 적대적 인수합병으로 구분할 수 있다.

먼저 우호적 인수합병(Friendly takeover)은 상대기업의 대주주들로부터 동의를 얻어 그 기업의 경영권을 얻는 경우로 대기업이 고도의 기술력, 즉 지식재산을 보유한 기업의 주식에 대하여 적정한 대가를 지급하고 경영권을 인수하는 것이며 시장 확대라는 차원에서 순기능이 있다.

반면 적대적 인수합병(hostile takeover)은 상대기업의 동의 없이 그 기업의 경영권을 얻는 것으로 제3자가 대주주의 의사에 반해 기업의 경영권을 빼앗는 다는 의미에서 "기업사냥"이라 하기도 하는데 적대적 인수합병 시 주가의 상승 여지가 크므로 기존 일반 주주나 회사 전체 입장에서 보면 회사나 일반 주주의 이익이 신장되는 결과가 나타날 수도 있다. 적대적 인수합병은 상대 기업의 '방어' 때문에 어느 정도든 간에 인수 비용이 올라가는 위험이 있어서 비밀리에 지분을 모아 신속하게 처리하려 하고 반대로 '방어' 측은 인수 비용을 높이고 궁극적으로 지분 확보를 방해하여 경영권을 지키려고 하기 때문에 각각 흑기사와 백기사의 확보에 힘쓰게 되거나[36] 주식의 매수 기간, 매수 가격 따위의 매수 조건을 미리 공개적으로 알려서 유가 증권 시장 밖에서 불특정 다수인을 대상으로 그 기업의 주식을 사들이는 공개매수를 진행하게 된다.

인수합병의 방법으로는 자산인수, 주식인수, 흡수합병, 신설합병, 역합병 등이 있다. 자산인수는 보통 기업 전체를 인수하는 주식인수 방식과는 달리 단지 해당 기업의 토지와 공장 설비만을 대상으로 적정 가격을 지불하고 매수하는 방식으로 부실기업이 안고 있는 과다한 부채나 종업원, 영업권 등은 인수대상에서 제외된다. 자산인수는 인수자 입장에선 큰 부담을 떠안지 않는 매수방법으로 매각회사는 청산이 불가피해 기업의 지속성 차원에서 사회적으로 파장이 크며, 금융기관 등 채권자의 손실

36) 기업이 적대적 인수합병을 하다 보면 세력이 형성되며 이에는 현재 경영을 하고 있는 경영진에게 호의적인 세력과 현재의 경영진의 경영권을 빼앗기 위한 적대적 세력이 있는데, 백기사는 호의적인 세력 즉 기존 대주주 및 경영진의 권리를 지켜주는 세력이며 흑기사는 반대로 기존 경영진의 경영권을 빼앗기 위한 세력을 말한다.

이 발생할 수 있음은 물론 주주들도 모두 주주권을 상실하고 종업원의 고용도 보장이 안 돼 사회적 문제가 야기될 수 있다.

반면 주식인수는 매입하고자 하는 기업체의 주식의 전부 또는 일부를 매입하여 경영권을 확보하는 방식으로 주식회사나 유한책임회사의 인수 시 사용되는 방식이다. 주식인수는 사업체의 실체는 그대로 존속하며 내부적으로 회사 소유자만 변경되는 형태로 인수 시 주식 평가액보다 얼마나 많은 프리미엄을 지급하는지 여부가 쟁점이 되며 자산인수 방식보다 절차가 간편하다는 장점이 있다. 즉 주식평가 및 가격협상이 이루어져 주식만 거래하면 되고 개별 자산에 대한 명의이전 절차는 필요 없다.

대부분 매수자는 자산인수를 선호하는 경향이 강하지만 자산인수보다 주식인수가 더 유리할 수도 있다. 예컨대 인수 대상 기업의 이월결손금이 많은 상태에서 자산인수 방식은 이월결손금을 적용하지 못하지만 주식인수 방식은 사업체가 그대로 유지되어 이월결손금 적용이 가능해 세금 감액효과를 누릴 수 있다.

반면 주식인수 방식은 모든 자산과 부채가 장부가액으로 양도되고 잠재 부채와 위험도 이전된다는 단점이 있다. 이는 10억 상당의 기업을 인수할 당시 숨겨진 부채가 추가로 5억원 발견된 경우를 가정하여 인수계약서에 특별한 규정이 없다면 인수자가 추가 부채에 대한 책임을 부담하게 된다는 의미이며 따라서 매수자가 원치 않는 부채의 책임을 회피하려면 계약서에 매도자가 그 부채에 대한 책임을 부담한다는 내용을 명시할 필요가 있다.

마지막으로 합병은 앞에서 언급했듯이 법률적·실질적으로 두 개 이상의 회사가 하나의 회사로 합하는 것으로 인수기업이 대상기업을 흡수하는 흡수합병,[37] 양 기업이 합병하여 새로운 회사를 설립하는 신설합병, 실질적인 인수기업이 소멸하고 피인수기업이 존속하는 역합병이 있다.

---

37) 흡수합병 절차
1. 자산·부채의 평가 : 기업인수·합병 등에 관한 회계처리준칙
2. 합병계약서 작성 및 사전공시
3. 합병 특별결의 주주총회 개최
4. 주식매수청권 : 합병에 반대하는 주주는 합병결의 사항 관련 이사회의 결의가 있는 때 합병 관련 주주총회 전에 회사에 대하여 서면으로 반대 통지한 경우 그 총회 결의일로부터 20일 내에 주식의 종류와 수를 기재한 서면으로 회사에 대해 자기가 소유하고 있는 주식의 매수를 청구할 수 있음
5. 채권자 보호절차(합병결의일 기준 2주 이내) : 주식회사는 간이합병과 소규모 합병 시 이사회의 결의를 주주총의 승인결의로 보고 채권자 보호절차는 이사회의 승인이 있은 날로부터 2주간 내
6. 주식병합절차 : 합병 시 주식병합은 특별결의 사항이며 주식 병합으로 자본이 감소하는 경우에는 채권자 보호절차 필요
7. 보고총회의 개최 : 존속회사 이사는 합병절차 완료 후, 지체 없이 합병 보고총회를 개최해야 하며 단, 존속회사가 주식회사인 때는 이사회의 공고로 갈음
8. 합병등기
9. 사후공시(합병한 날로부터 6월간 본점에 비치) : 채권자 보호절차의 경과, 합병으로 인하여 소멸하는 회사로부터 승계한 재산의 가액과 채무액, 기타 합병에 관한 사항 등

05

지식재산 창업

IP스타트업을 위한 지식재산의 기초

05 IP스타트업을 위한 지식재산의 기초

1. 지식재산의 개념

지식재산기본법 제3조 제1호에서 "지식재산(IP ; Intellectual Property)"은 인간의 창조적 활동 또는 경험 등에 의하여 창출되거나 발견된 지식·정보·기술, 사상이나 감정의 표현, 영업이나 물건의 표시, 생물의 품종이나 유전자원, 그 밖에 무형적인 것으로서 재산적 가치가 실현될 수 있는 것을 말한다. 따라서 기업에 있어 "지식재산"은 기업이 보유한 지식과 정보, 기술, 능력 등의 총칭으로 기술 및 경영 노하우, 소비자 정보, 소비자의 신뢰성, 브랜드, 나아가 기업문화[38] 등 여러 가지가 포함된다.

다시 말해 "지식재산"은 사람, 물건, 돈 등의 유형자산과 달리 형태가 없는 무형자산으로 손에 쥐고 볼 수 없는 보이지 않는 자산이라고도 할 수 있다. 기업에 있어 지식재산에 대한 관심이 높아지고 있는 이유는 무형의 눈에 보이지 않는 자산이 기업의 가치를 크게 좌우하며 기업을 성장시키고 경쟁 우위를 차지하는데 있어서 중요한 결정 요인이 되고 있기 때문이다.

구체적으로 넓은 의미에서는 특허로 대표되는 기술적인 지식, 브랜드, 디자인뿐만 아니라 기업의 경영 관리의 노하우를 비롯하여 소비자의

38) 기업의 사원들이 공유하는 사고방식 및 행동 양식

니즈에 관한 지식과 정보, 소비자의 신뢰, 나아가 조직의 활력과 문화 등 기업이 보유한 경영 자원을 의미하나, 좁은 의미에는 지식재산 중에서 기업의 권리로서 제도적으로 보호되는 지식재산을 의미한다. 다시 말해 같은 기술 지식이라도 특허는 기업의 권리로서 보호되지만 기능공의 기술 등은 권리화되지 않으며 기업의 브랜드는 종종 상호나 상표로서 권리화되지만 그 브랜드가 소비자를 끌어들이는 힘이나 소비자로부터의 신뢰 등은 권리화되지 않는다.

2. 지식재산권의 개념

"지식재산권(IPR ; Intellectual Property Rights)"은 법령 또는 조약 등에 따라 인정되거나 보호되는 지식재산에 관한 권리를 말하는 것으로서 산업재산권, 저작권, 신지식재산권을 포괄하는 무형적 권리(무체재산권)[39]를 뜻하는 것으로 기업이 보유한 지식재산은 특허나 상표 등의 형태로 권리화되는데 이와 같이 권리화된 지식재산을 "지식재산권"이라고 부른다. 특히 기업에 있어 "지식재산권"은 특허, 실용신안, 디자인, 영업상의 비밀 등이 포함되는 "지적 창작물"과 상표, 지리적 표시가 포함되는 "영업상의 표식"으로 구분할 수도 있다.

39) 지식재산권을 무체재산권이라도 하며 무형적 권리로써 산업재산권, 저작권으로 구분할 수 있으며 무체물(無體物)을 대상으로 한다는 점에서 물권(物權)이 유체물(有體物)을 대상으로 하는 것과 대비된다고 할 수 있다.

〈기업에 있어 지식재산권의 체계〉

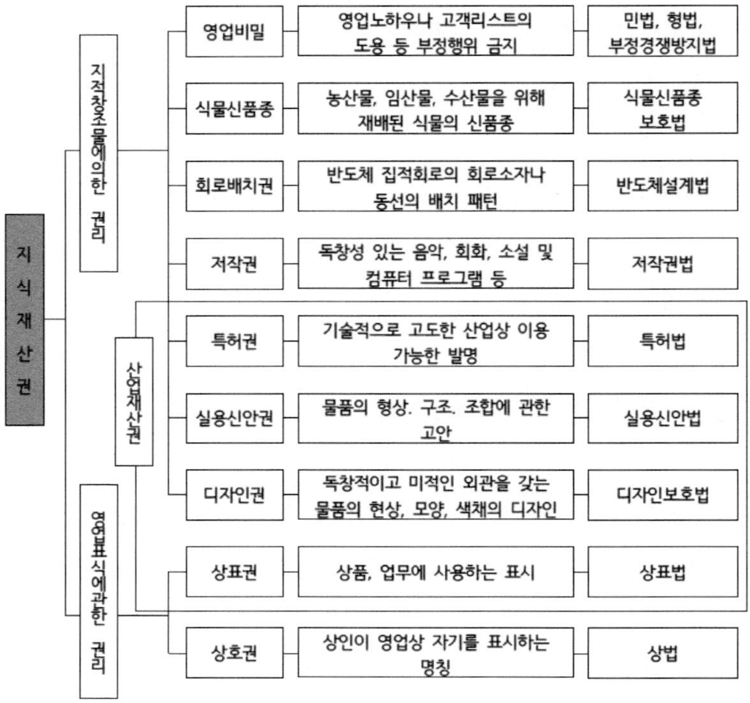

3. 지식재산권의 종류

지식재산권은 창작의 보호 여부, 법의 목적, 규제의 형식 등 여러 가지 기준에 의해 다양하게 분류할 수 있다. 일반적으로 특허, 실용신안, 디자인, 상표를 포함한 산업재산권과 문학작품, 음악, 미술 등 문화예술 분야의 창작을 일컫는 저작권이 포함되는 전통적 지식재산권과 경제·사회 또는 문화의 변화나 과학기술의 발전에 따라 새로운 분야에서 출현하는 지식재산에 권리인 신지식재산권을 포함한다. 과거에는 산업재산권이 비즈니스와 깊은 관련을 맺고 있는 반면 저작권은 기업의 관심을 끌지 못해 왔으나 문화 및 예술 활동이 디지털기술의 발전과 연동되면서 급속하게 산업화됨에 따라 산업재산권과 저작권 간의 경계가 모호해지고 새로운 분야에서의 지식재산권이 등장하였다.

〈지식재산권의 종류〉

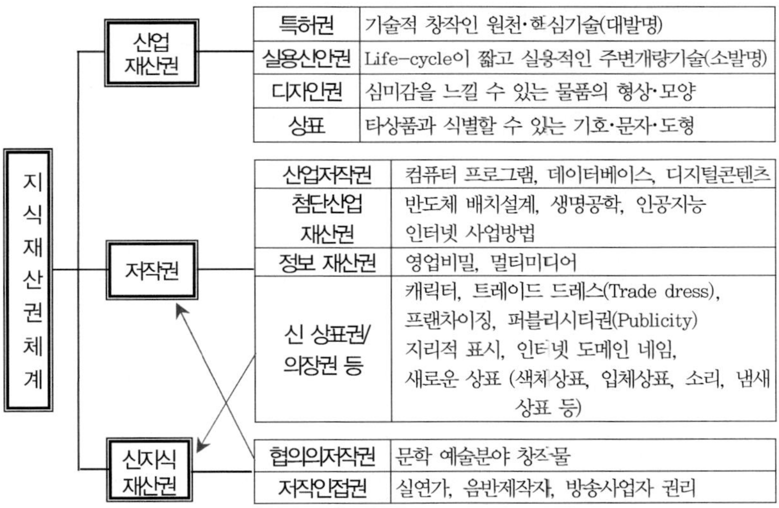

구체적으로 살펴보면 산업재산권은 특허권, 실용신안권, 디자인권, 상표권을 말하며 모두 산업 경제와 관계가 깊은 지식재산권으로 각각 보호 대상이 다르고 이들 각각의 권리는 특허법, 실용신안법, 디자인보호법, 상표법 등 서로 다른 법률에 의하여 보호된다. 먼저 특허권은 자연법칙을 이용한 기술적 사상의 창작으로서 발명 수준이 고도한 발명에 대하여 부여되는 권리이며(특허법 제2조 제1호), 실용신안권은 물품의 형상, 구조, 조합에 관한 고안, 즉 소발명에 대하여 부여되는 권리이다. 그리고

디자인권은 물품의 외관인 디자인에 대한 아이디어를 보호하는 권리이고 상표권은 식별력 있는 상표 또는 서비스표에 부여되는 권리이다.

다음으로 저작권은 인간이 지적 능력을 발휘하여 달성한 미술·음악 등의 예술 분야와 시·소설 등과 같은 문학 분야의 창작물에 대해 독점권이 인정되는 권리로 산업재산권과 달리 별도의 출원 및 등록 없이 창작과 동시에, 즉 창작한 시점에 저작권이 발생한다.

마지막으로 신지식재산권은 과학의 발달과 함께 새롭게 그 보호의 필요성이 대두된 컴퓨터 프로그램, 반도체 집적회로의 배치설계, 영업 발명, 영업 비밀, 생명공학, 데이터베이스, 뉴미디어 등과 같이 산업의 형태가 다양화되고 발전함에 따라서 새로이 출현된 권리라고 할 수 있다.

4. 스타트업에 있어 지식재산권의 중요성

먼저 시장에서 독점적 지위 확보에 따라 특허권 등 지식재산권은 독점배타적인 무형의 재산권으로 신용창출, 소비자의 신뢰도 향상 및 기술판매를 통한 로열티 등 수입이 가능하며, 자신의 발명이나 개발기술 등과 같은 지식재산을 적시에 출원 및 권리화함으로써 타인과의 분쟁을 사전에 예방하고 타인이 자신의 권리화된 지식재산권을 무단 사용 시 적극적으로 대응하여 법적인 보호가 가능하다. 또한 확보된 지식재산권을 바탕으로 타인과 분쟁 없이 원천기술에 추가적으로 응용된 기술개발이 가능함은 물론 특허권 등 지식재산권을 보유하고 있는 경우에는 특허기술사업화 자금지원이나 우수발명품시제품 제작지원을 비롯하여 각종 정부자금 활용과 세제지원 혜택이 있다.

06

특허

06 특허

1. 발명

4차 산업혁명 등 기술을 기반으로 급격하게 사회가 변화되고 있다. 특히 인공지능과 블록체인 등 종전에는 전혀 예상하지 못하던 기술들의 등장으로 사회가 더욱 급격하게 변화되고 있다. 이런 산업기술의 고도화를 이끄는 동력이 바로 특허제도라고 할 수 있으며, 이 특허제도를 통해 장려하고 보호하고자 하는 것은 바로 발명이다. 우리 특허법 제1조에서 "발명을 보호·장려하고 그 이용을 도모함으로써 기술의 발전을 촉진하여 산업발전에 이바지함을 목적으로 한다"라고 규정함으로써 발명이 산업발전의 원동력임을 명백히 하고 있다.

사전적 의미의 발명은 지금까지 존재하지 않았던 것을 새롭게 창출해내는 것을 말하는 것으로 새로운 기능을 부가하거나 불필요한 부분을 제거한다든지 또는 용도를 변경하는 등의 여러 가지 방법으로 기존의 요소들을 변화시켜 유용한 효과를 갖는 새로운 것을 만들어냈다면 발명이라고 할 수 있다.

반면에 특허법에서의 발명은 "자연법칙을 이용한 기술적 사상의 창작으로서 고도한 것"이라고 개념정의를 함으로써 고도의 창작물만 특허제도로 보호하고자 하는 것을 명백히 하고 새로운 것 중에서 자연법칙을 이용한 것으로 한정하고 있다.

발명을 보호하는 특허는 지식재산권 중에서도 핵심적인 영역을 차지하고 있으며 한 기업의 지식재산 포트폴리오는 특허를 중앙에 두고 그 주변에 상표권, 디자인권, 저작권, 영업비밀 등 다른 모든 지식재산권이 보조적으로 포진되어 있다고 볼 수 있다. 특히 4차 산업혁명도 산업간 융합을 통한 산업기술의 고도화를 통해서만이 실현될 수 있다는 점을 감안해 보면 4차 산업혁명이란 특허전쟁의 시대라고도 할 수 있다. 따라서 지식기반 창업에 있어 특허제도의 이해가 필요하다고 본다.

2. 특허의 의의

특허란 법적 의미로는 특정인의 이익을 위하여 일정한 법률적 권리능력, 포괄적 법률관계를 설정하는 행위를 말하는 것으로 달리 표현하면 법률이 특정인에게 특혜를 주는 제도라고도 할 수 있다. 반면에 일반적 의미로는 기술을 개발하기 위하여 노력한 자에게 법적인 특혜를 부여하는 제도라고 할 수 있다.

그러나 이유 없이 특정인에게 특혜를 주는 것은 형평의 법리나 공정성 확보원칙에 어긋남은 물론 헌법 제11조 제1항에서 규정하고 있는 "법앞에서의 평등"원칙, 즉 평등권에도 위배되기 때문에 특허법은 발명을 하여 산업발전에 기여한 사람에게만 특허권을 부여하고 있다.

이러한 특허권은 특허권자에게 특허발명에 대해 독점적으로 사용(실시)할 수 있는 권리를 부여한 것으로 이는 공업소유권[40]의 하나이며 동

40) 공업소유권은 공업의 올바르고 건전한 발달을 촉진하고 발명자의 기술을 보호·장

시에 무체재산권의 일종으로 특허청에 설정등록을 해야 비로소 발생하게 된다.

특허법의 기본 원칙은 산업에 이용할 수 있는 신규의 진보성이 있는 발명을 한 자에게만 그 발명의 산물을 독점적이고 배타적으로 사용·수익·처분할 수 있도록 하고 있어 그 결과 특허권자는 경쟁자들과의 관계에서 독점적 시장을 갖게 되어 초과이윤이 보장되고 이에 따라 적극적으로 발명에 대한 자극을 받게 되어 국가적으로 기술의 발전과 향상을 도모하여 산업발전의 효과를 보게 된다.

반면에 특허권자에게만 독점적인 권리를 부여하는 경우 경쟁이 제한되어 장기적으로 소비자보호는 물론이고 국가경쟁력이 저하될 수도 있어 특허법은 특허권의 보호기간을 20년으로 제한하고 이 기간 중이라도 일반국민은 특허권자로부터 당해 특허의 사용을 허락받아(실시권의 설정) 이를 산업화할 수 있도록 기회를 부여함은 물론 20년 이후에는 누구나 그 특허기술을 이용할 수 있도록 하여 국가의 복리를 증진시키는데 활용될 수 있도록 하고 있다.

3. 발명의 특허권 성립요건

특허제도가 작동하려며 특허를 받을 객체가 필요하며 그 객체가 바로 발명이다. 특허법은 발명을 "자연법칙을 이용한 기술적 사상의 창작으로서 고도한 것"이라고 정의하고 발명이 특허권을 취득하기 위해서는 고도

려하기 위해서 주어지는 권리의 총칭으로 특허권, 실용신안권, 디자인권, 상표권 등이 해당되며 이는 특허청에 등록함으로써 발생한다.

의 창작성을 입증하는 특허요건을 충족시켜야 한다고 규정하고 있다. 다시 말해 발명품이 특허를 받기 위해서는 산업상의 이용가능성과 신규성, 진보성을 갖추어야 한다.[41)]

구체적으로 산업상 이용가능성은 당해 발명품이 산업경영에서 이용, 실시할 수 있어야 하므로 학술적 또는 실험적으로단 이용되는 발명에 지나지 않는 것은 특허법의 보호를 받지 못하게 된다. 파리협약상의 산업의 범위는 공업, 농업 등의 생산업 또는 제조업뿐만 아니라 천연산물의 채취산업까지 포함하며 우리 특허법은 산업의 범위에 대한 규정이 없어 주로 생산업으로 한정되나 다만 해석상 운수업, 교통업 등의 일부 보조 산업도 포함되고 생산 없는 금융업, 보험업 등은 산업범위에 포함되지 않아 특허가 성립되기 어렵다고 할 수 있다.[42)] 그리고 이용이라 함은 당해 발명품을 생산, 사용, 양도, 대여, 또는 수입하거나 그 물건의 양도 또는 대여의 청약행위를 말하는 것으로 발명이 출원 시에 이용되지 않더라도 장래 이용될 가능성이 존재하면 충분하다. 다만 의료업은 인간을 대상으로 하고 인류의 건강증진을 위해 누구나 자유롭게 실시하는 것이 바람직하므로 인간 이외의 물건을 대상으로 하는 산업과 구별되어 치료방법, 진단방법과 같은 의료방법은 산업상 이용가능성이 없는 것으로 보나 인체를 발명의 직접적인 구성요소로 하지 않고 인간으로부터 분리하여 채취한 것을

41) 특허의 요건
  1. 주체적 요건 : 출원인이 특허를 받기 위해 갖추어야 할 요건
  2. 객체적(실체적) 요건 : 특허를 받기 위해 발명이 갖추어야 될 요건으로 발명의 요건, 산업상 이용가능성, 신규성, 진보성 등의 적극적 요건과 해당되어서는 안 될 요건인 소극적 요건이 있음
  3. 절차적 요건 : 특허법이 요구하는 절차에 따라 출원을 해야 하는 요건

42) 금융업, 보험업은 특허법상 산업에 포함되지 않는 것으로 보고 있으나 인터넷을 통한 보험방법 또는 금융방법발명의 경우에는 특허법상 산업에 포함될 수 있다.

처리하는 방법, 의료행위에 사용하는 의료기기 장치 및 의약품, 인간 외의 동물에만 한정되는 치료방법 등은 산업상 이용가능성이 있는 것으로 본다.

신규성은 특허출원된 발명이 출원 시에 공지·공용되지 않은 것을 말하는데 구체적으로 특허출원 전에 국내에서 공지된 발명, 특허출원 전에 국내에서 공연히 실시된 발명, 특허출원 전에 국내 또는 국외에서 반포된 간행물에 기재된 발명의 경우에는 특허를 받을 수 없다(특허법 제29조). 여기서 말하는 '공지'라 함은 다수의 사람이 알 수 있는 상태를 말하며 실제로 이들이 이를 알았는지의 여부는 중요하지 않다.

진보성은 발명창작이 이뤄지기까지의 곤란성을 말하는 것으로 특허출원 전에 발명이 속하는 해당 기술분야에서 통상의 지식을 가진 자가 용이하게 발명할 수 없는 것이어야만 특허를 받을 수 있다는 것을 의미한다. 이는 단순히 아이디어만으로는 특허를 받을 수 없다는 의미이기도 하다. 그러나 진보성 요건은 IT특허분야에서 점차 그 요건이 완화되는 경향이 있는데 BM특허는 IT기술을 이용한 아이디어 차원의 사업방식도 특허등록을 허용하고 있어 이는 전통적인 특허요건 중 진보성 요건을 완화한 것으로 볼 수 있다.

이상의 요건을 갖춘 발명이어야만 특허권으로 보호받을 수 있으나 이처럼 특허요건을 갖춘 발명이라도 산업정책상 또는 공익상의 이유에 의하여 공공의 질서 또는 선량한 풍속을 문란하게 하거나 공중의 위생을 해할 염려가 있는 발명은 특허를 받지 못하고(소극적 요건), 발명이 국방상 필요한 경우 국내에서 특허취득이 금지될 수 있으며 외국에서 특허출원이 금지되거나 비밀취급을 해야 하는 경우도 발생한다.

이와 같은 특허발명에 있어 발명의 종류는 물건의 발명, 방법의 발명, 물건을 생산하는 방법의 발명 등과 같이 3가지로 구분할 수 있으며 발명의 이용행위를 실시라고 정의하고 발명의 종류별로 달리 하고 있다. 물건의 발명인 경우는 그 물건을 생산·사용·양도·대여 또는 수입하거나 그 물건의 양도 또는 대여의 청약을 하는 행위를 실시라고 하고, 방법의 발명인 경우는 그 방법을 사용하는 행위 또는 그 방법의 사용을 청약하는 행위를 실시라고 하고 있다. 그리고 물건을 생산하는 방법의 발명인 경우는 그 방법을 사용하는 행위 또는 그 방법의 사용을 청약하는 행위 외에 그 방법에 의하여 생산한 물건을 사용·양도·대여 또는 수입하거나 그 물건의 양도 또는 대여의 청약을 하는 행위를 실시라고 한다.

4. 특허출원

특허출원이란 특허를 받을 수 있는 권리자가 발명에 대해 국가에게 발명의 공개를 조건으로 특허권의 부여를 요구하는 의사표시행위를 말하며 그 행위를 하는 자를 특허출원인이라 한다. 특허출원은 엄격한 서식에 따라 작성되어야 함은 물론, 법에서 요구하는 요건에 부합되게 출원절차를 따라야 한다. 구체적으로 소정의 사항을 기재한 특허출원서에 명세서,[43] 도면 및 요약서[44]를 첨부하여 특허청에 인편이나 우편 또는 전자출원[45] 중 하나의 형식으로 제출하게 된다.

동일한 발명이 2 이상 출원되었을 때 어느 출원인에게 권리를 부여할

43) 특허발명의 보호범위를 정확히 명시하는 권리서로서의 역할 및 발명의 기술적 내용을 공개하는 기술 문헌으로서의 역할을 하며, 발명의 명칭, 도면의 간단한 설명, 발명의 설명 및 특허청구범위로 이루어짐

44) 기술정보의 용도로서 사용되며 특허발명의 보호범위를 정하는 데는 사용되지 않음

45) 인터넷을 이용하여 전자문서 형태의 특허출원서 등을 제출하는 특허출원

것인가를 결정하는 기준으로서 선출원주의와 선발명주의가 있는데 우리나라는 선출원주의를 택하고 있다. 선출원주의는 발명이 이루진 시기에 관계없이 특허청에 먼저 출원한 발명에 권리를 부여하는 것으로 기술의 공개에 대한 대가로 권리를 부여한다는 의미에서 합리적이며 신속한 발명의 공개를 유도할 수 있다. 반면에 선발명주의는 출원의 순서에 관계없이 먼저 발명한 출원인에게 권리를 부여하는 것으로 발명가 보호에 장점이 있으나 발명가는 발명에 관련된 일지를 작성하고 증인을 확보해야 하며 특허청으로서는 발명의 시기를 확인해야 하는 단점이 있다.

〈특허출원 및 심사 절차〉

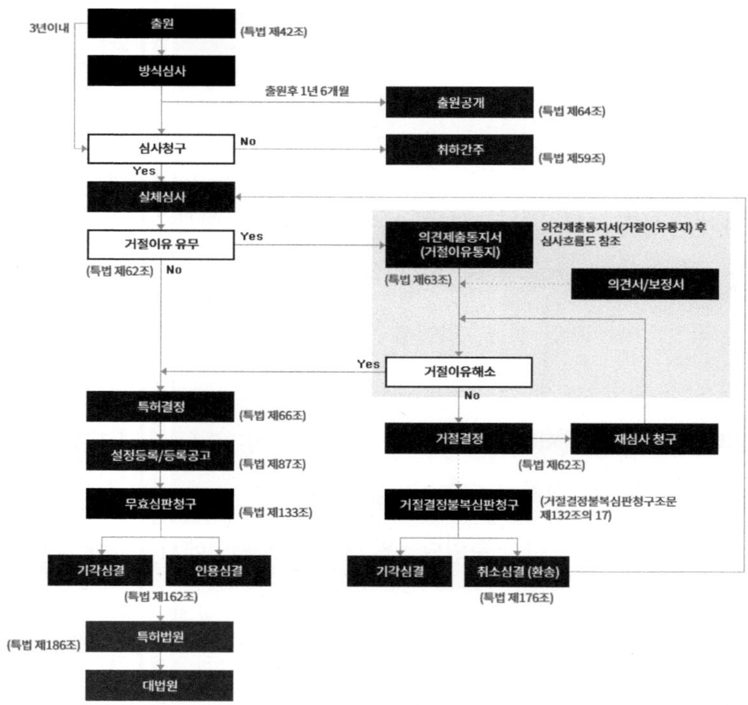

출처 : 특허청

이때 특허를 받으려는 자는 자신이 특허나 실용신안등록을 받을 수 있는 권리를 가진 특허출원 또는 실용신안등록출원으로 먼저 한 출원의 출원서에 최초로 첨부된 명세서 또는 도면에 기재된 발명을 기초로 그 특허출원한 발명에 관하여 우선권을 주장할 수 있으며, 대한민국 국민에게 특허출원에 대한 우선권을 인정하는 당사국의 국민이 그 당사국에 출원한 날을 대한민국에 특허출원한 날로 보아 조약에 의한 우선권 주장도 가능하다.

5. 특허권의 내용(효력)

특허권은 그 객체인 특허발명을 직접 지배하는 배타적 권리로서 이와 병존하는 권리는 허용하지 않음에 따라 특허를 취득하면 그 물건을 생산·사용·판매·수입 또는 확포(擴布)하는데 필요한 독점적 권리를 갖게 된다. 그 밖에도 그 방법의 발명 또한 업으로서 그 방법을 사용하거나 그 방법에 의하여 생산된 물건의 사용·판매·수입 또는 확포하는 권리를 독점한다.

따라서 특허는 이러한 특별한 성질로부터 물권적 청구권이 발생되는 등 강력한 효력이 발생하는 대세적인 권리가 발생하므로 일정한 심사과정을 거쳐 발생하며, 이와 관련하여 특허법은 특허출원과 심사청구에 의해 심사받아 특허권을 취득하도록 그 절차를 규정하고 있다.

이와 같은 특허권의 존속기간은 특허권을 설정등록한 날부터 특허출원일 후 20년이 되는 날까지로 한다. 그리고 특허권은 권리자 스스로 실시하는 것 외에 그 존속기간 중 양도할 수 있고 상속도 할 수 있을 뿐만 아니라 이를 담보로 질권도 설정할 수 있다. 또한 타인에게 실시권, 즉 사용권을 허락할 수도 있는데 이때 특허권이 공유일 경우에는 다른 공유자의 동의가 있어야만 한다. 이처럼 특허권은 이전이나 질권 및 실시권이 설정될 수 있는데 이 모든 것은 등록되어야 효력이 발생한다.

특허권은 존속기간의 만료, 특허료의 불납, 권리자인 자연인의 사망이나 법인이 소멸한 경우에 상속인 또는 승계인이 없을 때, 권리의 포기 등에 의하여 소멸하게 되며 특허권을 침해한 자는 민사상의 불법행위와 이득반환 및 신용회복조처 등의 책임을 지게 되며 고소권자의 고소에 의해 형사상의 책임도 지게 된다.

6. 특허의 실시권(사용권)

특허의 실시권은 특허권자 이외의 자가 업으로서 특허발명을 사용할 수 있는 권리로 특허권자 아니어도 이러한 실시권을 갖게 되면 특허발명을 사용하더라도 특허권을 침해하지 않게 된다. 하지만 실시권은 특허권의 부수적인 권리에 속하는 것이기 때문에 특허권이 존재하여야만 발생할 수 있고 특허권이 소멸하면 실시권도 함께 소멸하게 된다.

이런 특허 실시권은 전용실시권과 통상실시권으로 구분할 수 있는데, 전용실시권은 특허발명을 업으로서 독점·배타적으로 실시할 수 있는 물권적 권리로 특허권자와 마찬가지로 타인이 특허를 사용하는 경우에는 이를 사용하지 못하도록 법적인 조치를 취할 수 있는 권리가 주어지는 실시권이다.

반면에 통상실시권은 독점·배타성 없이 단순히 특허발명을 업으로서 실시할 수 있는 채권적 권리로 통상실시권자는 사용허락받은 범위 내에서만 특허발명품을 사용할 수 있다. 이런 통상실시권의 경우에는 그 발생원인에 따라 '허락실시권', '법정실시권' 및 '강제실시권'으로 구분된다.

먼저 허락실시권은 당사자의 의사에 의하여 발생하게 되는 것으로 특허권자가 실시권자에게 당해 특허를 사용할 수 있도록 허락함에 따라 발생하게 된다. 반면에 법정실시권은 이러한 특허권자의 의사와는 무관하게 법률 규정에 의하여 발생하게 되는 것으로서 이러한 법정실시권에는 선사용에 의한 통상실시권이 있는데 이는 특허출원 시에 그 특허출원된 발명의 내용을 알지 못한 상태에서 그 발명을 스스로 해서 그 발명의 실시사업을 하고자 하는 자가 그 후 설정이 된 특허권에 대해서 가질 수 있는 통상실시권을 말한다. 이외에도 무효심판청구등록 전의 실시에 의한 통상실시권으로 이는 타인이 본인의 특허등록에 대한 무효심판청구를 하였는데 이를 알지 못하고 특허발명품을 사용하여 사업을 하거나 사업을 준비한 경우 당해 특허등록이 무효가 되어도 본인은 통상실시권을 가지고 사업을 계속할 수 있도록 하는 제도이다. 직무발명에 의한 통상실시권도 이에 해당한다.

강제실시권은 특허권자 등의 의사에도 불구하고 법률에서 정한 요건을 충족하는 경우에는 특허심판원의 심판 또는 특허청장의 결정에 의하여 부여된 통상실시권으로 이는 특허권의 남용에 대한 제재수단의 하나이다. 다시 말해 특허권자가 통상실시권을 타인에게 허락하면 국익에 기여하거나 발명실시의 적정화에 기여할 수 있음에도 불구하고 특허권자가 이를 허락하지 않는 경우에 특허청장의 처분 또는 심판에 의하여 특허발명에 대한 실시의 권능이 특정인에게 부여되는 통상실시권이다.

7. 특허권자의 보호

특허권 취득시 법적 보호장치가 있어야 발명이 촉진된다. 따라서 특허법상 특허권자는 권리침해자에 대해 침해행위 금지청구를 할 수 있는 권리가 부여되며 특허권자로부터 본인만 사용하도록 허락받은 전용실시권자도 특허권자와 동일하게 권리침해금지청구권을 행사할 수 있고 특허권자를 상대로도 금지청구권행사가 가능함은 물론 침해예방청구도 가능하다.

고의나 과실에 의한 특허권의 침해로 손해를 입은 경우 손해배상청구도 가능하며 특히 고의의 경우에는 손해액의 3배까지 배상청구가 가능하다. 이때 손해액 산정이 어려워 침해분쟁이 장기화되는 것을 우려하여 특허법은 손해액 산정 추정치로 배상액을 정하도록 특별규정하고 있으며 침해자가 얻은 이익액을 특허권자 또는 전용실시권자가 입은 손해액으로 추정하는 규정을 두고 있다.

이 외에도 침해자에 의한 회복불능의 손해 발생을 막기 위한 가처분 신청이 가능하고 특허권의 침해로 업무상의 신용이 실추된 경우 법원에 신용회복조치를 청구할 수도 있으며 특허법상의 규정은 없으나 부당이득반환청구도 가능함은 물론 특허권 침해죄와 같은 형사적 처벌도 가능하다.

특허권 침해는 제3자가 정당한 권한 없이 타인의 특허발명을 업으로서 실시하는 것을 말하는 것으로 특허권은 특허발명을 업으로서 실시할 권리를 독점하는 재산권이기 때문에 제3자가 특허발명을 실시하면 그 독점권이 침해되는 것이다. 구체적으로 말하면 먼저 유효한 특허권 또는 특허권에 대한 전용실시권이 있어야 하고 두 번째로 침해의 혐의를 받는 물건 또는 방법이 특허발명의 보호범위에 해당하는 것이어야 하며 세 번째로 침해의 혐의를 받는 자에게 특허발명실시에 관한 정당한 권한이 없이 네 번째로 사적인 실시가 아닌 업으로서 실시하는 경우 특허침해가 인정된다.

특허침해는 실시되는 유형에 따라 크게 직접침해와 간접침해로 구분할 수 있는데 직접침해는 특허발명을 실시할 권한이 없는 자가 타인의 발명을 업으로서 실시하는 일반적인 침해유형이며, 간접침해는 침해로 보는 행위로 제3자의 일정행위가 특허발명의 권리범위에 해당하는 직접적인 침해는 아니지만 장차 특허권을 침해할 전 단계로서의 형태를 가지는 실시행위를 법률의 규정에 의하여 침해로 의제한 것이다. 특허법 제127조에 따라 특허가 물건의 발명인 경우에는 그 물건의 생산에만 사용하는 물건을 생산·양도·대여 또는 수입하거나 그 물건의 양도 또는 대여의 청약을 하는 행위와 특허가 방법의 발명인 경우에는 그 방법의 실시에만 사용하는 물건을 생산·양도·대여 또는 수입하거나 그 물건의 양도 또는 대여의 청약을 하는 행위가 침해로 보는 행위에 해당한다.

8. 특허심판제도

1) 특허심판

특허심판은 특허·실용신안·디자인·상표 등과 같은 산업재산권의 발생·변경·소멸 및 그 권리범위에 관한 분쟁을 해결하기 위한 특별행정심판을 말하며, 형식적으로는 행정상의 쟁송절차이지만 실질적으로는 대법원을 최종심으로 하는 특허법원의 전심절차로서의 준사법적 행정행위의 성질을 가지고 있다. 거절결정 불복심판, 무효심판, 권리범위 확인심판 등 특허심판은 전문적인 기술지식과 경험이 필요하기 때문에 특허·실용신안에 관한 취소신청, 특허·실용신안·디자인·상표에 관한 심판과 재심 및 조사·연구 사무를 관장하기 위해 특허청 소속 특허심판원을 설치하였다.[46)]

특허심판은 결정계심판과 당사자계심판으로 구분되며 결정계심판은 특허출원에 대한 거절결정과 같은 심사관의 처분에 불복하여 청구하는 심판으로 청구인만이 존재하는 심판이며 결정계심판에는 거절결정불복심판, 취소결정불복심판, 보정각하결정불복심판, 정정심판 등이 있다. 당사자계심판은 이미 설정된 권리에 관련한 당사자의 분쟁에 대한 심판으로 청구인과 피청구인이 존재하여 당사자 대립구조를 취하는 심판이며 당사자계심판에는 무효심판, 권리범위확인심판, 정정무효심판, 상표등록취소심판, 통상실시권허락심판, 사용권등록취소심판 등이 있다.

2) 특허취소신청제도

특허취소신청제도는 등록설정된 특허가 신규성, 진보성, 선출원 등에 위반될 경우 6개월 이내에 누구든지 특허취소를 신청할 수 있는 제도로 특허등록 초기에 부실특허를 취소해 향후 특허무효심판 등을 통해 취소특허가 타 특허에 인용되어 야기하는 시장 혼란의 최소화를 위해 2016년에 도입되었다.

---

46) 특허관련 소송 중 산업재산권 관련 침해금지, 손해배상 소송 등의 특허침해소송은 일반법원에서 담당하고 있다.

우리나라 심사관의 1인당 처리건수가 선진국에 비해 과다하고 담당기술의 범위도 광범위하다는 문제점을 보완하기 위한 것이며 공중참여를 통해 향후 무효심판을 통해 무효처리된 특허가 다른 특허에 인용되는 사례를 감소시키려는 목적도 있다. 이는 2017.3.1. 이후 설정등록된 특허 및 실용신안을 대상으로 하며 청구항별로 신청가능하다.

특허취소신청제도는 특허등록 후 6개월이 경과하기 전이라면 누구든지 신청이 가능하고 서면으로 이의신청을 할 수 있기 때문에 활용도가 높은 제도로 특허법상 특허요건을 위반한 경우와 동일발명에 둘 이상의 특허출원이 있어 선출원 규정을 위반한 특허의 경우에는 누구든지 특허권의 설정등록일부터 등록공고일 후 6개월이 되는 날까지 특허심판원장에게 특허취소신청을 할 수 있다. 다만 선행기술에 기초한 이유로는 특허취소신청을 할 수 없도록 제한하고 있다.

〈특허취소신청과 무효심판의 비교〉

	특허취소신청	무효심판
제도 취지	특허권의 조기 안정화	당사자간의 분쟁해결
절차	결정계 절차 (특허청과 특허권자)	당사자계 절차 (심판청구인과 특허권자)
청구인 적격	누구나	이해관계인 또는 심사관
신청/청구 기간	설정등록일부터 등록공고 후 6개월까지(권리 소멸 후에는 불가)	설정등록 후 언제나 (권리 소멸 후에도 가능)
취하	청구항별로 가능 결정등본이 송달되기 전(취소이유 통지 후에는 불가능)	청구항별로 가능 심결이 확정되기 전 (답변서 제출 후에는 상대방의 동의 필요)
취소/무효 이유	법 제29조(신규성, 진보성, 확대된 선원), 법 제36조(선출원)	법 제133조 제1항(신규성, 진보성, 기재 불비, 모인출원, 공동출원 위반, 권리향유 위반, 조약 위반 등)

심리방식	서면심리	서면심리 및 구술심리
복수 사건의 심리	(원칙) 병합 심리	(원칙) 사건별 심리
결정·심결	취소결정, 기각 또는 각하 (취소결정 전에 취소이유 통지)	무효, 기각 또는 각하
불복 소제기	- 취소결정, 신청서 각하에 대해서는 특허청장을 피고로 특허법원에 불복 - 기각, 합의체의 각하 결정에 대해서는 불복불가	청구인 및 피청구인 모두 상대방을 피고로 하여 특허법원에 제소 가능

3) 특허재심사

재심이라 함은 확정된 심결에 대하여 재심사유에 해당하는 중대한 하자가 있음을 이유로 하여 그 심결의 파기와 재심판을 구하는 비상(非常) 불복신청으로 특허출원 시 거절결정등본을 전달받은 후 30일 이내에 명세서 또는 도면을 보정하여 심사관에게 특허에 대해 재심을 청구할 수 있다.

다시 말해 당사자가 확정된 심결에 대하여 재심사유에 해당하는 중대한 하자가 내재되어 있어 심결을 받아들일 수 없을 때 심결한 기관에 대하여 재심을 청구할 수 있다.

재심의 사유로는 일반재심사유와 사해심결에 의한 재심사유가 있으며 먼저 일반재심사유는 ① 법률에 의하여 판결법원을 구성하지 아니한 때, ② 법률상 그 심판에 관여할 수 없는 심판관이 관여한 때, ③ 심결의 증거로 된 문서, 그 밖의 물건이 위조되거나 변조된 것인 때 등이 해당하며, 사해심결 재심사유는 심판 당사자가 공모하여 제3자의 권리 또는 이익을 사해할 목적으로 심결하게 한 때로 제3자가 청구할 수 있다.

재심은 심결확정 후 재심의 사유를 안 날부터 30일 이내에 재심을 청구하여야 하나 취소결정 또는 심결확정 후 3년이 지나면 재심을 청구할 수 없다.

그러나 재심에 의하여 회복한 특허권이라도 아래의 사유에 해당하는 경우에는 특허권의 효력은 당해 심결이 확정된 후 재심청구의 등록 전에 선의로 수입 또는 국내에서 생산하거나 취득한 물건에는 미치지 않는다.

① 무효된 특허권이 재심에 의하여 회복된 경우

② 특허권 권리범위에 속하지 않는다는 심결이 확정된 후 재심에 의하여 그 심결과 상반되는 심결이 확정된 경우

③ 거절취지의 심결 있었던 특허출원 또는 특허권의 존속기간의 연장등록출원이 재심에 의해 특허권의 설정등록 또는 특허권의 존속기간의 연장등록이 된 경우

④ 취소된 특허권이 재심에 의해 회복된 경우

4) 심결취소소송

특허심판원의 심결 또는 심판청구서나 재심청구서의 각하결정을 받은 자가 이에 불복하고자 하는 경우에 심결 또는 결정의 등본을 송달받은 날부터 30일 이내에 특허법원에 소를 제기할 수 있다.

심결취소소송의 당사자로 심결을 받은 자, 심판에서 보정각하결정 및 심판·재심청구서·특허취소신청서의 각하결정을 받은 자와 이들의 승계인, 참가인 또는 참가가 거부된 자가 원고가 되며 거절결정 또는 취소결정에 대한 심판, 보정각하결정에 대한 심판, 정정심판의 심결, 거절결정 불복심판에 있어서 보정각하(상표, 디자인)의 결정, 특허취소결정, 심판·재심청구서·특허취소신청서의 각하 결정에 대한 소제기에 있어서는 특허

청장이 피고가 되고, 그 외의 심판에서는 심판청구인·재심청구인 또는 피청구인 자가 피고가 된다.

심결취소소송에 의해 특허법원의 심결취소 판결이 확정되면 특허심판원은 그 사건을 다시 심리하여 심결 또는 결정을 하여야 하며 이 경우 판결에 있어서 취소의 기본이 된 이유는 그 사건에 대해 특허심판원을 기속하게 된다. 그리고 특허법원의 판결에 대하여 불복하고자 하는 자는 판결문이 송달된 날로부터 2주일 내에 대법원에 상고할 수 있다.

07

지식재산 창업

BM특허

07 BM특허

1. 영업방법(BM)특허의 의의

영업방법(BM)발명은 영업방법 등 사업 아이디어를 컴퓨터·인터넷 등의 정보통신기술을 이용하여 구현한 새로운 비즈니스 시스템 또는 방법을 말하며 이와 같은 영업방법(BM)발명이 특허심사를 거쳐 등록되면 영업방법(BM)특허가 된다.

BM은 Business Method와 Business Model이 혼용되어서 사용되고 있으나, 미국 특허법상으로는 Business Method가 통용되고 있으며 국내 특허법에서도 발명의 카테고리를 물건과 방법으로 구분하고 있으므로, Business Model보다는 방법으로 해석되는 Business Method가 적절하다고 할 수 있다.

이때 인터넷이란 컴퓨터와 네트워크·통신망을 이용한 정보 교류 시스템이라고 정의할 수 있으며 인터넷 관련 발명은 이들 기술과 관련된 발명으로서 시스템분야와 응용분야로 크게 구별되고, 응용분야는 주로 전자상거래 분야로서 영업방법(BM), 전자화폐, 결제, 금융 관련 발명 등이 이에 포함된다.

특허법은 "자연법칙을 이용한 기술적 사상의 창작으로서 고도한 것"을 발명으로 정의하고 있어 금융·투자결제 방법, 분석·평가 방법, 판매

방법 등과 같은 영업방법도 "자연법칙을 이용한 기술적 사상의 창작으로서 고도한 것"이라면 특허법상의 발명에 해당되며, 우리나라 특허청은 영업방법이 컴퓨터나 정보통신기술을 이용하여 구현되는 경우에는 자연법칙을 이용한 기술적 사상의 창작으로서 고도한 것으로 판단하여 특허의 대상으로 보고 있다. 이는 순수한 영업방법 자체만으로는 BM발명에 해당하지 않고 컴퓨터상에서 소프트웨어에 의한 정보처리가 하드웨어를 이용하여 구체적으로 실현되고 있어야 함을 의미한다.

미국에서 특허범위 확대 법리에 따라 1990년대 컴퓨터 등 정보통신기기를 활용한 아이디어 상품에 대한 특허권의 보호를 시작으로[47] BM특허를 인정하기 시작했으며 특허법의 별도 규정 없이 해석상 적용 가능한 것으로 진보성에 있어 완화된 요건을 적용하여 특허출원 전에 발명이 속한 해당 기술분야에서 통상의 지식 가진 자가 용이하게 발명할 수 있는 아이디어에 불과한 경우에도 특허취득이 가능하여 미국이 선점한 BM특허로 4차 산업혁명도 주도하게 되었다. 반면 우리나라는 특허법상 일반특허성립요건에 따라 사업방식의 특허권이 부여되는 것으로 이는 BM특허 역시 '자연법칙을 이용한 기술적 사상의 창작인 고도의 것'으로서 발명이 특허권을 취득 위해서는 고도의 창작성을 입증하는 특허요건을 충족해야 되므로 컴퓨터나 IT기기 이용한 발명품이어도 한국에서 BM특허 받으려면 산업상의 이용성과 신규성, 진보성 요건 등을 모두 충족해야 한다.

---

47) 1998년 미국 연방 순회 항소법원이 일명 SSB판결에서 영업방법특허를 인정하면서 전 세계적으로 BM특허출원의 붐을 일으키게 되었으며 SSB판결은 Street Bank & Trust Co.와 Signature Financial Group Inc. 간의 특허무효소송을 말하는 것으로서 SSB특허는 뮤츄얼 펀드들이 자신들의 자산을 투자 포트폴리오에 공동출자하는 구조를 실행하는 것에 관련된 것으로 연방 순회 항소법원은 '기계로 일련의 수식계산을 실행함으로써 금액 표시에 대응하는 데이터를 최종주가로 변환하는 것은 유용하며 구체적'이라는 이유로 특허를 인정하는 판결을 내렸다.

이와 같이 미국은 불문법주의 국가여서 특허법 해석을 통해 BM특허도 특허범위에 포함시키는 것이 용이하여 BM특허요건 심사 시 진보성 요건을 완화하여 해석해 특허권을 부여하고 있었으나 최근 중국 등 국가들도 BM특허 등록이 급증함에 따라 미국 IT기업들의 특허시장이 잠식당할 위기에 처하자 산업적 이용가능성, 신규성, 진보성 이외에도 추가로 수익성 요건을 추가하는 경향을 보이고 있다. 이는 미국 IT글로벌 기업들은 신규로 BM특허를 신청해도 수익성 요건 충족이 쉬운 반면, 중국 등의 기업들은 시장 지배력이 약한 만큼 수익성 요건 충족이 어려운 실정을 반영한 것이라고 볼 수 있다.

반면 대륙법계 국가들은 발명창작까지의 곤란성을 의미하는 진보성 해석 시 여전히 특허출원 전 발명이 속한 해당 기술분야에서 통상의 지식 가진 자가 용이하게 발명할 수 없는 것이어야만 특허를 받을 수 있다는 원칙을 고수하고 있어 BM특허 인정 시 미국보다는 엄격하게 법을 적용하여 우리나라에서는 미국에 비해 BM특허의 등록이 어려운 상황이며 미국에 BM특허를 출원한 경우 미국법원이 요구하는 수익성 요건을 충족하기 어려워 이중고를 겪고 있다. 이에 따라 우리나라도 4차 산업혁명에 동참해 더 큰 도약을 위해서는 법제도적으로 BM특허를 활성화시킬 수 있는 법제도적 개선방안이 필요하다.

2. BM특허의 대상

특허의 대상 여부를 판단하는 것은 청구범위에 보호받고자 하는 사항을 기재하는 청구항에 관련된 발명이며 청구항 전체로서 판단하게 된다.

청구항에 관련된 발명이 소프트웨어와 하드웨어가 구체적인 협동수단에 의해 특정한 목적 달성을 위해 정보처리를 수행하는 장치, 그 동작 방법 또는 프로그램(애플리케이션인 경우도 허용)을 기록한 컴퓨터로 읽을 수 있는 기록매체이면 BM특허의 대상이 된다.

반면 기존에 없던 새로운 영업방법 그 자체만으로는 특허로 등록받을 수는 없다. 일반적으로 영업방법 또는 BM발명이라 함은 정보통신기술을 이용하여 실현한 새로운 비즈니스 시스템이나 방법에 관한 발명을 말하고, 이러한 BM발명을 특허받기 위해서는 컴퓨터상에서 소프트웨어에 의한 정보처리가 하드웨어를 이용하여 구체적으로 실현되고 있어야 한다. 따라서 영업방법에 대하여 인터넷, 컴퓨터, 정보통신기술 등을 이용하여 온라인상에서 구체적으로 구현할 수 있도록 시스템이나 방법이 구체적으로 제시되어야 하며 출원명세서에는 통상의 지식을 가진 자가 용이하게 실시할 수 있는 수준으로 상세하게 기재하여야 한다. 이외에도 추상적인 아이디어, 인위적인 결정, 인간의 정신 활동, 오프라인 상의 인간의 행위를 포함하는 경우, 소프트웨어에 의한 정보처리가 하드웨어를 이용해 구체적으로 실현되고 있지 않은 경우, 온라인 상의 행위와 오프라인 상의 행위가 결합된 경우, 컴퓨터 프로그램 리스트, 데이터 구조 등 정보의 단순한 제시, 컴퓨터 프로그램 자체,[48] 수학 알고리즘 또는 수학 공식, 경제법칙, 금융법칙, 게임규칙 그 자체, 발명의 과제를 해결하기 위한 구체적 수단이 결여된 미완성 발명 등의 경우에는 BM특허의 대상이 되지 않는다.

---

48) 단 '하드웨어와 결합되어 특정과제를 해결하기 위하여 매체에 저장된 컴퓨터 프로그램'은 2014.7.1. 이후 출원부터 대상이 된다.

3. 전자상거래 관련 발명의 우선심사

특허청은 산업 정책적 차원에서 조기에 권리를 부여함이 필요한 출원에 대해 출원인의 신청에 의해 우선적으로 심사하는 우선심사제도를 두고 있으며 이 제도를 통해 우선심사가 신청되면 우선심사의 대상이 되는지 여부에 대한 심의를 받은 후, 우선심사의 대상이 되는 경우에는 일반출원보다 우선적으로 심사를 받아 조기에 권리화할 수 있고, 우선심사 신청 후 약 2~3개월 이내에 심사 결과를 받을 수 있다. 전자거래와 직접 관련된 특허출원도 특허법시행령 제9조의 우선심사대상에 해당되며 전자거래와 직접 관련된 출원의 예로는 전자거래에 있어서 거래방법에 관한 특허출원, 전자거래에 있어서 전자화폐 또는 결제기술에 관한 출원, 전자거래에 있어서 보안 또는 인증기술에 관한 출원 및 기타 전자거래의 촉진을 위하여 특별히 우선 심사해야 할 필요성이 인정되는 출원 등이 있다.

4. 영업방법(BM)발명의 특허성 판단의 법적 근거

2000년대 접어들면서 영업방법발명 중 전자상거래와 관련된 발명의 출원이 급증하였고, 영업방법발명의 특유한 사항에 대한 보다 구체적인 기준이 요구되어 이에 따라 전자상거래(영업방법)발명에 대한 명확한 심사기준을 제시하고자 2000년 8월 1일 전자상거래 관련 발명 심사지침을 제정·시행하고 있다. 이에 BM발명의 특허성 판단은 2000년 8월 특허청이 제정한 "전자상거래 관련 발명의 심사지침"을 기준으로 하고 있다.

이 심사지침의 서두에 "이 심사지침에서 취급하는 전자상거래 관련 발명에 관한 출원이란 영업을 행하는 방법과 관련되어 있고 그 영업방법이 컴퓨터상에서 수행되도록 컴퓨터기술에 의해 구현되며 인터넷상의 전자상거래, 금융, 경영관리, 교육, 오락 등의 다양한 분야에 사용되는 발명에 관한 출원을 말한다"라고 규정하고 있다.

그러나 적법한 전자상거래 관련 발명들은 컴퓨터기술에 의해 구현되기 때문에 컴퓨터 관련 발명에 속해 지침 적용상 혼란이 발생할 우려가 있음에 따라서 전자상거래 관련 발명에 관한 출원의 심사를 할 때 심사관은 이 심사지침에서 언급하지 않는 사항에 대해서는 "컴퓨터 관련 발명의 심사기준"에 따르도록 규정하고 있다.

5. 영업발명 특허청구범위

출원인은 특허권으로 보호받고자 하는 사항을 특허청구범위에 청구항으로 기재해야 하며 발명의 상세한 설명에 의하여 뒷받침되어야 하고 명확하고 간결하게 기재되어야 하며 발명의 구성에 없어서는 아니 되는 사항만으로 기재되어야 한다.

청구항의 기재형태에 있어 전자상거래 관련 발명은 청구항에 ① 방법발명, ② 물건발명, ③ 기록매체 등과 같은 세 가지 형태로 청구될 수 있다. 먼저 방법발명은 영업방법이 컴퓨터상에서 수행되어지게 하는 시계열적으로 연결된 일련의 처리나 조작의 절차를 특정함으로써 방법발명으로 청구될 수 있으며, 물건발명은 영업방법이 컴퓨터상에서 수행되어지게 하는 처리나 조작에 해당하는 작용을 행하는 수단을 구성요소로 하여 구성요소간의 관계를 특정함으로써 물건발명으로 청구될 수 있고(예 :

장치, 시스템 등), 기록매체는 전자상거래 관련 발명이 소프트웨어 제품으로 제작될 수 있는 경우에는 프로그램 또는 데이터구조를 기록한 기록매체로 청구될 수 있는데, 기록매체는 물건발명의 한 형태로 취급한다.

그러나 상세할 설명에 의해 뒷받침되지 않는 경우는 특허 등록이 거절되는데 청구항에서 영업방법이 컴퓨터상에서 수행되어지게 하는 구현기술에 관한 발명을 청구하고 있는데도 상세한 설명에 그 구현기술의 전부 또는 일부에 대한 구성이 직접적으로 기재되어 있지 않고 암시도 되어 있지 않은 경우나 전자상거래 관련 발명의 청구항은 많은 경우 특정 기능을 수행하기 위한 "수단"이나 "단계"의 기재를 포함하는데 이러한 기재에 대해 상세한 설명에서 "수단"이나 "단계"의 구체적인 구성을 기재하고 있지 않은 경우는 발명의 설명에 의하여 뒷받침되지 않은 것으로 보아 특허 등록이 거절된다. 전자의 예는 청구항에서 인터넷상에서의 실시간 경매방법을 청구하고 있는데 상세한 설명에는 일반적인 경매방법만 설명하고 있을 뿐 실시간 경매를 가능하게 하는 구체적인 구성이 전혀 기재되어 있지 않은 경우가 해당하며, 후자의 예는 청구항에 "고객정보를 관리하기 위한 수단"을 구성요소로 기재하고 있으면서 상세한 설명에서 그 수단에 대한 구체적인 구성을 기재하고 있지 않은 경우가 해당한다.

또한 발명이 명확하게 기재되지 않는 경우도 특허 등록이 거절되는데 청구항에서 영업방법이 컴퓨터상에서 수행되어지게 하는 구현기술에 관한 발명을 청구하고 있으면서 청구항에 그 발명의 필수적인 구성요소가 기재되어 있지 않은 경우 발명이 명확하고 간결하게 기재되지 않은 것으로 보아 특허등록이 거절된다. 이와 같은 예로는 청구항에서 체계적인 성적관리를 특징으로 하는 학습지 교육 시스템을 청구하고 있는데 체계적인 성적관리를 가능하게 하는 어떠한 구성요소도 청구항에 기재되지 않은 경우가 있다.

6. 영업방법 특허요건

1) 성립성

특허법 제2조에서 발명은 "자연법칙을 이용한 기술적 사상의 창작으로서 고도한 것"이라고 정의하고, 특허법 제29조 제1항 본문에서는 "산업상 이용할 수 있는 발명"이 특허대상이라고 규정하고 있으며 "기술"의 의미는 "일정한 목적을 달성하기 위한 구체적 수단이며 실제로 이용할 수 있는 것"으로 해석될 수 있다. 따라서 전자상거래 관련 발명의 성립성 충족 여부는 상기 규정들을 모두 충족시켰는지를 검토하여 판단하여야 한다.

전자상거래 관련 발명에 관한 출원에 나타나는 청구항의 유형은 크게 컴퓨터상에서 구현되는 구성의 한정이 없는 유형과 컴퓨터상에서 구현되는 구성의 한정이 있는 유형으로 분류할 수 있다. 전자는 청구항에서 영업방법의 각 단계가 컴퓨터상에서 어떻게 수행될 것인지에 대한 어떠한 구체적인 한정도 포함하고 있지 않는 경우로 컴퓨터상에서 수행되지 않거나 인간의 행위가 개재된 순수한 영업방법이나 컴퓨터기술에 의해 어떻게 구현될 것인지에 대하여 구체적인 기술구성으로 한정하여 기재되지 않은 추상적 아이디어가 이에 해당하며 이는 특허의 등록이 거절된다. 반면에 후자는 청구항에서 영업방법의 각 단계가 컴퓨터상 수행되도록 구성을 한정하는 경우로 특허등록의 대상이지만 이 중 수학적 알고리즘,[49]

산업상 이용성의 한정이 아닌 기재[50]는 특허등록의 대상이 되지 않는다.

이와 같이 컴퓨터상 구현되는 구성의 한정이 없는 유형은 특허대상이 아니지만 컴퓨터상 구현되는 구성의 한정 있는 유형은 컴퓨터 관련 발명에 해당해 다른 컴퓨터 관련 발명처럼 「컴퓨터 관련 발명의 심사기준」에 의해 성립성을 판단하게 된다.

2) 신규성

신규성의 판단은 청구항에 기재된 발명과 인용문헌에 게재된 기술의 구성을 대비하여 양자의 구성에 실질적인 차이점이 있으면 신규성이 있으며 차이점이 없을 때만 신규성이 없다고 판단한다.

영업방법이 컴퓨터상에서 수행되도록 컴퓨터기술에 의해 구현되는 전자상거래 관련 발명은 영업방법상의 특징과 컴퓨터기술구성상의 특징이 결합되어 있어 청구항에 기재된 발명과 인용기술이 동일한 영업방법상의 특징을 가지고 있더라도 그 구현기술구성에 차이가 있으면 신규성이 있는 것으로 판단한다.

또한 청구항에 기재된 발명의 구성과 인용기술의 구성이 문자적으로는 다르게 표현되어 있더라도 청구항에 기재된 발명은 상위개념으로 표현되어 있고 인용기술은 하위개념으로 표현되어 있는 경우에 청구항에

---

49) 금융자산을 관리하기 위한 소프트웨어에 관한 방법발명에서 청구항의 기재가 자산관리를 위한 계산과정만을 한정하고 있고 그 계산결과가 산업상의 특정 목적을 달성하기 위한 구체적 수단으로 어떻게 이용되는지에 대한 한정이 없는 경우에는 이 청구항은 수학적 알고리즘에 해당한다.

50) 수학적 알고리즘에 의하여 계산한 결과를 출력수단에 의해 단순히 출력하여 고객에게 알려주는 단계의 기재에 의해 출력단계가 부가되어 있더라도 청구항은 산업상 이용할 수 있는 구체적 수단으로 한정된 것으로 취급하지 아니한다

기재된 발명은 인용기술과 실질적으로 동일한 구성이며 청구항에 기재된 발명은 신규성이 없다고 본다. 예컨대 거래정보를 고객이 볼 수 있도록 나타내는 표시수단에 대해 청구항에 기재된 발명은 표시장치로 기재하고 인용기술은 평판디스플레이라고 기재한 경우 청구항에 기재된 발명은 신규성이 없다고 보게 된다.

3) 진보성

전자상거래 관련 발명은 영업방법상의 특징과 컴퓨터기술구성상의 특징이 결합되어 있어 이에 따라 전자상거래 관련 발명의 진보성 판단 시 심사관은 컴퓨터기술구성에 대한 선행기술뿐만 아니라 영업방법에 대한 선행자료도 검색하여야 판단하게 되는데 선행자료를 검색한 후 청구항에 기재된 발명과 인용자료를 비교하여 아래와 같은 방법으로 진보성 판단을 하게 된다.

먼저 종래의 영업방법을 통상의 자동화기술로 구현한 경우는 선행자료를 조사한 결과 영업방법상의 특징이 출원 전에 이미 공개되어 있고 상세한 설명에 비추어서 해석한 청구항의 발명은 출원 전에 이미 공개된 영업방법이 컴퓨터상에서 수행되도록 구현한 것으로서, 그 차이가 컴퓨터상에서 수행되도록 구현한 것에만 있을 경우 그 구현기술이 출원 시의 기술수준으로 볼 때 통상의 자동화기술인 경우에는 진보성이 없는 것으로 판단하여 특허등록을 거절하게 된다.

그리고 종래의 영업방법을 새로운 기술로 구현한 경우 상세한 설명에 비추어 청구항을 해석한 결과 청구항에 기재된 발명이 종래의 영업방법을 컴퓨터상에서 수행되도록 구현함에 있어서 출원 당시의 기술수준에서 볼 때 통상의 자동화기술을 넘어선 기술을 이용하였다는 것이 인정될 경우에는 그 청구항에 기재된 발명을 출원일 전에 국내에서 공지·공용된 그 기술, 또는 출원일 전에 국내·외에서 발행된 간행물에 기재된 그 기술에 의하지 아니하고는 진보성이 없다고 특허등록을 거절할 수 없다.

또한 새로운 영업방법이 새로운 구성요소를 구비하여 구현된 경우 상세한 설명에 비추어 청구항을 해석한 결과 청구항에 기재된 발명이 통상적으로 행하여지던 영업방법과는 실질적으로 다른 영업방법을 컴퓨터기술로 구현한 것으로서 종래와는 다른 구성요소를 구비하고 있음이 인정되는 경우에는 그 청구항에 기재된 발명을 출원일 전에 국내에서 공지·공용된 그 영업방법, 또는 출원일 전에 국내·외에서 발행된 간행물에 기재된 그 영업방법에 의하지 아니하고는 진보성이 없다고 특허등록을 거절할 수 없다.

08

지식재산 창업

직무발명

08 직무발명

1. 직무발명의 의의

직무발명은 고용계약에 의해 회사(사용자)에서 일하는 종업원(발명자)이 직무수행 과정에서 개발한 발명을 의미하는 것으로 발명진흥법 제2조 제2호의 정의에 따르면 직무발명은 종업원, 법인의 임원 또는 공무원이 그 직무에 관하여 발명한 것이 성질상 사용자·법인 또는 국가나 지방자치단체의 업무범위에 속하고 그 발명을 하게 된 행위가 종업원 등의 현재 또는 과거의 직무에 속하는 발명을 말한다. 이처럼 직무발명은 발명진흥법상의 개념으로서 특허법상 보호되는 '발명'에 국한되지 아니하고, 실용신안법상 보호 대상이 되는 '고안' 및 디자인보호법상 보호 대상이 되는 '디자인'을 포함하는 개념으로서 이에 따라서 발명진흥법에서는 직무발명에 관한 규정에서 "특허 등" 또는 "특허권 등"으로 규정하고 있다.

2. 직무발명의 요건

발명진흥법 제2조 제2호 직무발명의 정의 규정에 따른 직무발명의 성립요건은 ① 종업원 등이 그 직무에 관하여 발명한 것이, ② 성질상 사용자 등의 업무범위에 속하고, ③ 그 발명을 하게 된 행위가 종업원 등의 현재 또는 과거의 직무에 속하는 발명일 것 등이다.

이와 같은 성립요건에 대해 구체적으로 살펴보면 먼저 종업원 등이 그 직무에 관하여 발명한 것에서 "종업원"은 고용계약에 의해 타인의 사업에 종사하는 자로 종업원, 법인의 임원, 공무원을 지칭하며[51] "직무"는 사용자의 요구에 응해 업무수행을 담당하는 직책으로 종업원 등의 직무 내용 자체가 특정 연구 내지 발명인 경우이거나 종업원 등이 사용자 등으로부터 구체적인 지시를 받아 발명을 완성하는 경우에 이는 당연히 직무로 인정됨은 물론 구체적인 지시 없이 종업원 등이 자발적으로 발명한 경우라도 하더라도 그러한 발명이 당해 종업원의 직무내용에 관련되는 것이라면 직무발명의 성립요건으로서의 "직무"에 해당하는 것으로 볼 수 있다.

두 번째로 성질상 사용자 등의 업무 범위에 속할 것에서 "사용자"는 타인을 고용하는 개인, 법인, 국가나 지방자치단체를 지칭하는 것으로 "사용자"는 종업원을 고용하여 그 고용된 종업원으로부터 근로 내지 노무를 제공받는 지위에 있어야 하며 직무발명에 있어서는 그 권리승계 또는 보상에 있어서 승계의 주체 내지 보상의무의 주체가 되는 자를 의미하고

---

51) 종업원 : 일반적으로 종업원의 사전적 의미는 "어떤 업무에 종사하는 사람"을 뜻하며, 사용자에 대하여 지시, 지휘, 명령, 감독을 받으며 사용자를 위하여 근로를 제공하는 자는 기본적으로 발명진흥법상 종업원에 해당된다고 할 수 있다
법인의 임원 : 법인의 업무를 운영·감독하는 자를 말하므로 일반적으로 주식회사를 기준으로 이사급 이상의 직에 있는 자를 의미하는 것으로 이해되며 대표이사, 이사, 임시이사, 감사 등을 포함하는 개념으로 통상 법인의 임원은 노동법상으로는 종업원으로 보기 어려우나 발명진흥법상으로는 종업원의 범주에 든다고 볼 수 있다.
공무원 : 직무발명에 있어서의 공무원이란 국가 또는 지방자치단체의 공무에 종사하는 자로서 행정부뿐만 아니라 입법부, 사법부에 종사하는 자도 포함하는 넓은 의미로 국가공무원, 지방공무원을 불문하며 일반직 공무원뿐만 아니라 법관, 검사, 경찰, 소방, 교육공무원, 군인, 군무원, 기능직공무원, 계약직공무원 등은 모두 직무발명에 있어서 "종업원 등"에 해당한다.

"업무범위"는 사용자가 수행하는 사업범위로 법인의 경우 사업범위는 정관에 의하여 정하여진 목적 범위에 기초로 해석하게 된다.

마지막으로 그 발명을 하게 된 행위가 종업원 등의 현재 또는 과거의 직무에 속하는 발명일 것에서 "발명을 하게 된 행위"는 발명을 착상하여 완성을 하기까지의 행위로 사색적 행위뿐만 아니라 이것에 부수하는 육체적 활동을 포함하는 개념으로 발명의 의도 여부와 관계없이 직무발명의 성립은 인정되나 발명을 하는 것이 종업원의 직무가 아닌 경우에는 직무발명이 아니며, "현재 또는 과거의 직무"는 종업원의 직무는 현재의 직무뿐만 아니라 해당 기업 내에서 과거에 수행한 직무도 포함하는 의미로 "과거의 직무"는 일반적으로 동일 기업 내에서 당해 종업원이 담당했던 직무를 의미한다. 따라서 보직이 변경되어 다른 직무를 수행하던 중에 이전 보직상의 직무에 속하는 발명을 한 것이라도 직무발명으로 볼 수 있다.

3. 직무발명제도

직무발명제도는 종업원이 개발한 직무발명을 기업이 승계·소유하도록 하고 종업원에게는 직무발명에 대한 정당한 보상을 해 주는 제도를 말하는 것으로 발명진흥법 제15조 제1항 직무발명에 대한 보상 규정에 따라 종업원 등은 직무발명에 대하여 특허 등을 받을 수 있는 권리나 특허권 등을 계약이나 근무규정에 따라 사용자 등에게 승계하게 하거나 전용실시권을 설정한 경우에는 정당한 보상을 받을 권리를 가지게 된다.

직무발명제도를 통하여 직무발명에 대한 보상은 종업원의 기술개발 의욕을 높이고, 기업의 기술축적과 이윤창출로 이어져 기업 성장의 원동력이 될 수 있다. 이에 따라 직무발명제도는 발명을 창출할 수 있는 기반인 연구개발(R&D)투자와 시설 등을 제공한 사용자 등과 창조적인 노력으로 발명을 완성한 종업원 등 간의 이익을 합리적으로 조정하는 수단이 될 수 있으며 사용자로 하여금 더욱더 적극적인 투자를 하도록 유도하는 한편 종업원에게는 경제적 보상을 제공하여 창조적인 발명에 매진할 수 있도록 지원할 수 있게 된다.

또한 직무발명제도는 사용자에게 직무발명에 대한 권리를 안정적으로 승계·활용할 수 있는 기반을 마련하고, 종업원에게는 정당한 보상을 보장함으로써 '선순환 구조'를 구축하여 기업의 기술 경쟁력을 높이고, 나아가 국가 산업 발전에 이바지할 수도 있다.

4. 직무발명의 지식재산 귀속문제

종업원이 직무발명 시 원칙으로 발명으로 발생하는 특허권 등의 권리는 직무발명자나 그 권리를 승계한 자의 소유이며 고용한 회사나 국가기기관은 단지 법정실시권, 통상실시권만 가지므로 소유권과 전용실시권은 배제될 수 있으나 물론 특약으로 소유권 이전이나 전용실시권을 부여할 수도 있다.[52] 즉, 특약이 없는 한 사용자 등은 통상실시권만 가진다. 다만, 사용자 등이 중소기업기본법에 따른 중소기업이 아닌 기업인 경우 종

---

52) 직무발명에 대하여 특허를 받을 수 있는 권리 내지 그 특허권의 귀속에 관하여 두 가지 입장이 존재하는데 그 하나는 "발명자주의"로 종업원의 직무발명에 대하여 특허를 받을 수 있는 권리 내지 그 특허권은 원칙적으로 발명자인 종업원에 귀속된다는 입장이며 다른 하나는 "사용자주의"로 종업원의 직무발명에 대하여 특허를 받을 수 있는 권리 내지 그 특허권은 원칙적으로 연구시설과 자금을 지원한 사용자에게 귀속된다는 입장이다. 이에 우리나라는 발명자주의를 취하고 있다.

업원 등과의 협의를 거쳐 미리 특허권 등을 받을 수 있는 권리나 특허 등을 승계시키는 계약 또는 근무규정이나 전용실시권을 설정하도록 하는 계약 또는 근무규정을 두어야 한다.

따라서 대기업은 발명자와 회사간의 협의로 달리 정할 수 있는데, 사용자 등이 중소기업이 아닌 대기업의 경우 종업원 등과 협의를 거쳐 미리 ① 종업원 등의 직무발명을 사용자 등에게 특허 등 받을 수 있는 권리나 특허권 등을 승계시키는 계약 또는 근무규정을 제정·시행하는 경우, ② 종업원 등의 직무발명에 대해 사용자 등 위해 전용실시권 설정계약 또는 근무규정을 체결 또는 작성한 경우, 통상실시권 외에도 전용실시권이 부여되거나 지식재산권 소유 자체를 기업이 소유할 수도 있다.[53)]

공무원은 물론 공무원 또는 국가나 지방차지단체에 소속되어 있으나 공무원이 아닌 자의 직무발명에 대한 권리는 국가나 지방자치단체가 승계가능하며 승계한 공무원 등의 직무발명 특허권 등은 국유나 공유로 하게 되고 이에 따라 국유로 된 특허권 등의 처분과 관리는 특허청장이 이를 관장하며 그 처분과 관리에 필요한 사항은 대통령령으로 정하고 있다. 그리고 국·공립학교 교직원의 직무발명 권리는 전담조직이 승계가능하며, 전담조직이 승계한 국·공립학교 교직원의 직무발명에 대한 특허권 등은 그 전담조직의 소유로 한다.

한편 종업원의 개인발명을 보호하기 위해 직무발명 외의 종업원 등의 발명, 즉 개인발명에 대하여 미리 사용자 등에게 특허 등을 받을 수 있는

---

53) 사전예약승계는 종업원이 직무발명을 완성하는 경우 그 직무발명에 대하여 특허를 받을 수 있는 권리 내지 특허권을 사용자가 승계하기로 하거나 사용자를 위하여 전용실시권을 설정하기로 미리 사용자와 종업원 간 약정 등을 체결하고 그러한 약정에 따라 종업원의 직무발명에 대한 권리를 사용자가 승계하는 것을 말한다.

권리나 특허권 등을 승계시키거나 사용자 등을 위하여 전용실시권(專用實施權)을 설정하도록 하는 계약이나 근무규정의 조항은 무효로 하고 있다.

5. 직무발명에 대한 보상

종업원은 직무발명에 대하여 특허 등을 받을 수 있는 권리나 특허권 등을 계약이나 근무규정에 따라 사용자 등에게 승계하게 하거나 전용실시권을 설정한 경우에는 정당한 보상을 받을 권리를 가지며[54] 공무원 직무발명에 대하여 국가나 지방자치단체가 그 권리를 승계한 경우에도 정당한 보상을 하여야 한다.[55] 또한 사용자 등이 직무발명에 대한 권리를 승계한 후 출원하지 아니하거나 출원을 포기 또는 취하하는 경우에도 발명자인 종업원 등은 정당한 보상을 받을 권리가 있다.[56]

보상의 종류, 보상액의 결정기준이나 산정방법 등 구체적인 내용은 종업원과 사용자 사이의 계약이나 근무규정상의 사전예약승계규정, 직무발명보상규정 등을 통하여 정해지며 공무원의 직무발명에 대하여 국가가 그 권리를 승계한 경우에는 "공무원 직무발명의 처분·관리 및 보상 등에 관한 규정"에 따라 지방자치단체가 그 권리를 승계한 경우에는 당해 지방자치단체의 조례에 따라 보상하게 된다.

일반적으로 기업체에서 실시하고 있는 직무발명에 대한 보상으로는 금전적 보상과 비금전적 보상이 있으며 주로 금전적 보상인 경우가 일반적이지만 각 기업 등이 내부 실정과 종업원 등의 보상선호도 등을 종합적

54) 발명진흥법 제15조 제1항
55) 발명진흥법 제15조 제4항
56) 발명진흥법 제16조

으로 고려하여 금전적 또는 비금전적 보상[57] 등 다양한 보상형태를 자율적으로 결정하여 시행할 수 있다.

이외에 기업체에서 실시하고 있는 직무발명에 따른 보상의 종류로는 발명보상, 출원보상, 등록보상, 실시(실적)보상, 출원유보보상, 기타보상[58] 등이 있다.

이때 직무발명 보상규정은 종업원과 사용자 간 계약이나 근무규정, 기타 약정을 통하여 그 명칭의 여하에 상관없이 종업원의 직무발명에 대하여 사전에 그 권리승계나 보상, 절차, 직무발명 평가 등에 관하여 합의하고 이를 서면화한 것을 말하며 이와 같은 직무발명보상규정 등은 직무발명에 대한 종업원과 사용자 간 권리와 의무를 명확히 하고 예측 가능하게 함으로써 불필요한 혼란을 미연에 방지하여 종업원과 사용자 모두 상생할 수 있는 기본적 조건을 담고 있는 것이라 할 수 있어 직무발명에 관한 발명진흥법의 규정에도 불구하고 개개 기업 내지 연구소 등의 주관적 사정·실정 등은 그 입법 기술상의 불가피성으로 인하여 제대로 반영하지 못하는 측면이 있을 수밖에 없으므로 각각의 특수성을 반영한 종업원과 사용자가 모두 동의하는 방향에서 합리적 내용을 규정하는 맞춤식 직무발명보상규정을 마련할 필요가 있다.[59]

57) 해외 연수·유학, 안식년, 학위과정 지원, 희망직무선택권 부여 등
58) 심사청구보상, 방어보상 등이 있을 수 있다.
59) 특허청에서는 발명진흥법 제11조에 근거하여, "표준이 되는 직무발명보상규정"과 "보상과 관련된 분쟁을 해결하기 위한 합리적인 절차규정"을 작성·보급하고 있다(직무발명 모델규정, 직무발명의 평가 모델, 직무발명 보상절차 가이드라인 등).

09

지식재산 창업

특허정보검색

09 특허정보검색

1. 특허정보

특허정보는 특별한 목적으로 형성된 지식의 집합체를 말하며 이 중에서 특허정보는 특허를 대상으로 하는 지식의 집합체를 말한다. 이와 같은 특허정보는 전 세계 특허청으로부터 매년 발생하는 특허명세서에 내재된 정보로서 기술적인 내용과 권리적인 내용을 포함한다.

따라서 일반적인 특허정보는 특허출원 시에 제출되는 특허명세서에 기재된 정보를 말하는데 특허명세서는 크게 특허의 권리자·특허출원일·특허명칭 등을 포함하는 권리정보와 기술분야·배경기술·발명의 상세한 설명·특허청구범위를 포함하는 기술정보로 구성된다.

특허명세서의 권리정보에 권리자가 누구인지, 언제 출원하였는지, 언제 공개되었는지, 언제 등록되었는지에 대한 정보를 포함하고 있고, 기술정보는 본 기술이전의 배경기술은 어떠한지, 본 기술의 상세한 내용은 어떠한지, 어떤 예로 사용되고 있는지, 산업적으로 이용가능성은 어떠한지, 도면을 활용하여 기술을 쉽게 설명하는 정보를 포함하고 있으며 본 기술의 독점권을 가지는 권리범위를 특정하는 특허청구범위에 대한 정보를 포함하고 있다.

특허검색 및 특허분석 관점에서 특허정보는 특허명세서의 작성 형식이 표준화되어 있어 특허검색 및 특허분석이 용이하나 특허명세서에 기술 및 권리 내용이 모두 포함되어 있어 권리 내용의 해석이 쉽지 않다는 특징이 있다. 이러 특징으로 인해 특허조사 및 특허분석 수행 시 데이터의 표준화로 인하여 검색과정은 다소 용이한 반면 권리정보가 포함되어 있어 해석과정에 상당한 어려움이 존재하는 것이 사실이다.

그런데 특허권은 기술에 대한 공개를 통해 산업발전을 도모하는 측면과 기술에 대한 독점적 지위를 부여하는 측면을 동시에 가지고 있다. 따라서 특허권을 통하여 제공되는 특허정보는 기술정보와 권리정보를 동시에 포함하고 있어 기술적 측면의 중요성과 권리적 측면의 중요성을 동시에 내포하고 있다. 즉 기술적 측면의 중요성은 여러 기업체에서 개발하고 있는 우수한 기술에 대한 내용을 손쉽게 파악할 수 있다는 기술정보 제공처로서 중요한 의미를 가지며, 권리적 측면의 중요성은 어떠한 기업이 해당 기술을 보유하고 있는지에 대한 권리 제공처로서 중요한 의미를 가진다.[60] 따라서 특허정보를 사전에 조사함으로써 특허분쟁에 휘말리지 않고 기술개발의 중복을 피할 수 있어 불필요한 자금낭비와 시간을 절약할 수 있고 기술개발 내용을 사전에 확인하여 기술개발의 방향을 정할 수도 있으며 기술개발 시 필요한 기술정보를 손쉽게 입수할 수도 있다.

60) 특허분쟁 역사상 유명한 사건을 보면 코닥과 폴라로이드 간에 벌어진 특허소송에서 폴라로이드가 승소함으로써 코닥은 손해배상금 8억 7,300만 달러를 지급했으며 15억 달러를 투자한 공장까지 폐쇄하였고 700여 명의 공장근로자들이 해고되는 날벼락을 맞았다. 총 손실액이 무려 30억 달러에 달할 정도로 코닥은 다른 기업의 특허를 모방해 연구개발을 진행함으로써 혹독한 대가를 치러야 했으며 이는 특허정보의 중요성을 무시하고 경영전략을 세웠을 때 초래하는 결과를 여실히 보여주는 사례라고 할 수 있다.

2. 특허정보검색

먼저 정보검색은 많은 양의 정보를 가진 데이터베이스에서 필요에 따라 원하는 정보를 찾아내는 과정을 말하는 것으로 일상생활에서 자주 이루어지는 뉴스검색, 인터넷쇼핑몰에서 원하는 상품을 찾는 것 등이 모두 포함되며 전문적인 분야로는 학술 데이터베이스에서 논문을 찾는 것, 법원에서 이루어진 판결문을 판례 데이터베이스에서 찾는 것 등이 있다. 이러한 일들은 인터넷이 일반화된 현대인에게 익숙한 과정이라 할 수 있다.

이처럼 특허정보검색은 특허 및 지식재산권 데이터베이스에서 필요한 특허 등 지식재산권 정보를 찾아내는 것으로 기본적인 방법에서는 정보검색과 동일한 과정으로 이루어진다고 볼 수 있다. 다만 특허정보검색의 경우 특허정보의 특수성, 즉 표준화된 특허정보의 형식상의 특수성과 기술정보와 권리정보를 포함하는 특허정보의 내용상의 특수성으로 인해 일반적인 검색과정과는 달리 선행되는 학습이 필요하다고 할 수 있다.

3. 특허정보검색시스템

특허정보검색시스템은 무료 검색시스템과 유료 검색시스템이 사용되고 있으며 무료 검색시스템은 대부분 각국의 특허청에서 제공하는 시스템이고 유료 시스템은 일반 기업에서 특허검색을 위하여 별도로 구축한 상용 데이터베이스이다. 무료 검색시스템[61]은 해당 국가의 특허정보만을

61) 무료 특허정보검색시스템
한국특허청 특허정보검색시스템 : http://www.kipris.or.kr
미국특허청 특허정보검색시스템 : http://patft.uspto.gov

제공하는 것이 일반적이며 유료 검색시스템[62]은 언어사용에 대한 제약으로 인하여 영어권 및 비영어권으로 나누어져 서비스가 제공되고 있다.

보편적으로 많이 사용되고 있는 것은 무료 검색시스템으로 특히 한국특허청에서 제공하고 있는 특허정보검색서비스(KIPRIS)는 한국특허 외에도 해외특허를 모두 제공하고 있어 아래에서는 KIPRIS를 중심으로 특허정보검색시스템에 대해 살펴보도록 한다.

4. 특허청 특허정보검색서비스

특허청 특허정보검색서비스(Korea Intellectual Property Rights Information Service; KIPRIS)는 지식재산권에 대한 정보를 데이터베이스로 구축하여 인터넷을 통해 무료로 이용할 수 있도록 하는 검색서비스로 특허정보 이용의 편의성을 높여 중소·벤처기업 및 발명인의 특허정보 획득에 소요되는 비용부담을 완화하고 특허정보 활용의 저변을 확대하기 위한 목적으로 특허청 예산으로 운영되고 있다. KIPRIS는 특허·실용신안, 디자인, 상표, 심판, 한국특허영문초록(KPA), 해외특허, 해외상표 등의 정보를 제공한다.

검색기능은 통합검색과 권리별 검색 등이 있으며 먼저 통합검색은 서비스되는 특허, 실용신안, 디자인, 상표, 해외특허 등 모든 지식재산권에 대하여 권리구분 없이 전 권리를 한 번에 검색 하는 것으로 특허 검색에

일본특허청 특허정보검색시스템 : http://www.j-platpat.inpit.go.jp
유럽특허청 특허정보검색시스템 : http://worldwide.espacenet.com
중국특허청 특허정보검색시스템 : http://ensearch.cnipr.com.cn/sipo_EN/

62) 유료 특허정보검색시스템으로는 윕스에서 제공되는 윕스온(https://www.wipson.com/), 워트인텔리전스에서 제공되는 키워트(http://www.keywert.com/) 등이 있다.

익숙하지 않은 초보 이용자를 위한 검색 기능이다. 통합검색은 검색결과 건수에 대한 제한이 없고, 검색결과에 대한 권리별 보기가 가능하다. 검색결과 화면에서 간략한 초록정보와 함께 해당 결과에 대한 상세정보 및 전문 열람이 가능하고, 상단의 특허, 실용, 디자인, 상표 등 각각의 권리명을 클릭하면 해당 권리에 대한 내용 조회가 가능하다.

권리별 검색은 KIPRIS 홈페이지 초기화면 상단 메뉴에서 검색하고자 하는 권리를 선택하여 원하는 검색서비스를 이용할 수 있다. 권리별로 특허·실용신안검색, 디자인검색(물품의 디자인), 상표검색(상품의 브랜드명, 로고 및 서비스표), 심판검색(지식재산권 관련 심판사항), 한국특허영문초록(KPA)검색, 해외특허검색(미국, 유럽, PCT, 일본, 중국, 영국, 독일, 프랑스 특허) 및 해외상표검색(미국, 일본, 호주, 캐나다 상표)으로 구분된다. 각 권리별로 일반검색과 항목별검색으로 구분되며, 검색어 입력란에 해당 검색어를 입력하여 검색을 할 수 있다.

부가서비스로는 특허검색 툴바, 나의관심특허 서비스,[63] 찾아가는 특허검색서비스,[64] K2E-PAT 서비스(한-영 자동번역서비스), KIPRISPlus 웹서비스[65] 기능이 있다.

---

63) "나의관심특허" 서비스의 신청만으로 매번 검색하는 번거로움을 없애고 원하는 검색식의 결과를 받아볼 수 있는 메일링 서비스로 해당 검색 키워드는 저장되므로 사용자가 직접 관리할 수 있으며 다른 검색식으로 수정하여 재신청할 수도 있다.

64) 기관 또는 업체의 홈페이지에 특허검색창을 개설하고자 할 때 KIPRIS에서 제공하는 전용프로그램을 설치(소스코드 삽입)하여 특허검색창을 생성하고, 이 창을 통하여 KIPRIS의 검색결과를 기관의 홈페이지에서 직접 조회하실 수 있도록 제공하는 서비스이다.

65) 특허청이 개방중인 산업재산권 정보를 Bulk Data, OPEN API, LOD 방식으로 제공하여 이용자가 새로운 가치를 창출하도록 지원하는 서비스이다.

10

특허선행기술조사

10 특허선행기술조사

1. 선행기술조사

선행기술조사는 발명에 대한 신규성, 진보성 등 특허성 여부를 판단하기 위해 출원된 발명과 동일하거나 유사한 종래 기술이 존재하는지 여부 등을 조사·분석하는 것을 의미하는 것으로 일반적으로 출원 전 특허성 유무를 확인하기 위한 선행기술조사와 등록된 특허의 유효성을 부정하기 위한 무효자료를 조사하는 선행기술조사로 구분된다. 이 두 가지 방식의 기본적인 차이점은 검색대상 특허의 등록 여부로 구분되며, 조사과정·조사기준 등 실제적인 조사방법은 동일하다.

이와 같은 선행기술조사를 통해 권리취득의 가능성을 미리 확인하여 출원 여부를 결정하거나 청구범위를 변경할 수 있도록 하여 최대한 넓고 강한 권리를 취득할 수 있도록 지원하여 중복연구개발을 방지하고 특허가 가능한 과제를 선택하여 집중 투자할 수 있도록 할 뿐 아니라 이미 권리가 확보된 기술을 침해하지 않는 범위로의 연구개발 방향을 변경 보완하여 연구수행결과의 질적 향상을 위한 자료로 활용할 수도 있다. 다시 말해 선행기술조사는 연구기획(기술정보조사), 신제품 개발(제품출시 전 조사), 특허등록(특허성조사, 우선심사용조사), 해외출원(해외출원전조사), 침해 및 무효검토(침해·무효자료조사) 등을 위해 수행하게 된다.

선행기술조사 과정은 ① 검색대상 확정, ② 특허정보검색, ③ 특허성 판단의 세 가지 단계로 구분할 수 있는데 이 같은 조사 과정은 일반적으로 ① 기술 파악, ② 키워드 추출, ③ 검색식 수립, ④ 유사기술 분석, ⑤ 선행기술조사보고서 작성 순으로 진행되어 선행기술조사보고를 작성하게 된다.

2. 선행기술조사의 일반원칙[66)]

1) 선행기술조사는 기술내용별로 체계적으로 정리된 문헌을 이용한 문헌조사를 기본으로 한다. 이러한 문헌의 축적물은 각국의 특허문헌을 기초로 하여, 정기간행물 등에 게재된 논문이나 기타 비특허문헌을 포함한다.

2) 선행기술조사는 심사의 대상이 되는 발명과 직접적으로 관련되는 분류의 선행기술을 모두 포함해야 하며, 선행기술조사를 진행해 나가면서 심사관의 판단에 따라서 유사분야의 관련 분류로 확대해 나가야 하고, 어느 범위까지 선행기술조사를 하여야 할지에 대하여는 심사관이 기술분야의 특성 등을 감안하여 결정한다. 그러나 선행기술조사 도중에 신규성이나 진보성을 충분히 부정할 만한 선행기술을 발견한 경우에는 그 시점에서 선행기술조사를 중단할 수 있다.

---

66) 심사지침서를 참고한 내용으로 일반적인 선행기술조사에 적용이 가능하다고 판단되어 정리하여 살펴보도록 한다.

3) 특정출원의 경우 완벽한 선행기술조사를 위해서는 과도한 시간과 노력이 소요될 수 있으므로 심사관은 가용시간과 비용의 한도 내에서 보다 완벽한 선행기술조사가 이루어질 수 있도록 최대한 효율적인 방법을 강구한다.

4) 선행기술조사는 명세서의 특허청구범위에 청구항으로 기재된 발명을 대상으로 이루어져야 하므로 발명의 파악은 청구범위에 기재된 사항을 기준으로 파악하되, 청구항의 기재만으로 발명의 파악이 곤란한 경우에는 발명의 상세한 설명 및 도면을 고려하여 파악할 수 있다.

5) 선행기술조사는 발명의 상세한 설명에 기재되어 있는 기술내용을 참조하여 청구범위에 기재된 기술내용에 대한 균등물로 인정되는 모든 기술내용을 포함한다. 이 경우 균등물로 인정되는 기술내용은 발명의 상세한 설명에 기재된 내용과는 다소 다른 기술내용도 포함하도록 한다.[67]

6) 독립항에 대한 선행기술조사를 수행하면서 동일한 분류범위에 속하는 종속항들에 대한 선행기술조사도 동시에 진행한다. 그러나 종속항은 독립항의 특징을 모두 포함하는 것이므로 독립항과 관련되는 선행기술이 존재하지 않을 때에는 종속항에 대한 별도의 선행기술조사는 불필요하다. 다만, 독립항의 특허성이 의심스러운 경우에는 종속항의 신규성, 진보성 등 특허요건을 판단하기 위한 선행기술조사를 하여야

67) 예) 발명이 복수개의 부품의 구조와 기능에 특징이 있는 제품에 관한 것으로, 청구항에는 그러한 부품들이 용접에 의하여 결합되는 것으로 기재되어 있을 경우, 그 발명의 기술적 특징이 용접수단에 있다는 사실이 명확하지 않은 한 용접에 의한 결합 이외에 접착제에 의한 결합, 리벳에 의한 결합 등도 모두 포함하여야 한다.

한다.[68)]

7) 카테고리가 서로 다른 2개 이상의 청구항이 있을 경우에는 특허청구범위의 모든 카테고리의 청구항에 대하여 선행기술조사를 하여야 한다. 그러나 물건에 관한 청구항이 신규하고 진보성이 있는 경우, 그 물건의 제조방법이나 용도에 관한 청구항에 대해서는 선행기술조사를 할 필요가 없다. 그러나 출원발명이 하나의 카테고리에 속하는 청구항만이 있는 경우에도 다른 카테고리의 선행기술에 대한 선행기술조사가 필요한 경우가 있다. 예로서 발명이 화학물질의 제조공정에 관한 것인 경우라도 최종물질에 대해서 선행기술조사를 실시하여 제조공정에 대한 신규성 등을 판단하는 경우이다.[69)]

8) 다음의 경우에는 선행기술조사를 하지 않거나 또는 필요한 범위 내에서만 선행기술조사를 할 수 있다.

① 특허법 제47조 규정에 의한 신규사항이 추가되어 있는 청구항, 특허법 제32조의 규정에 의하여 특허받을 수 없는 발명, 미완성 발명 또는 산업상 이용할 수 없는 발명인 경우 : 이 경우에는 해당 규정에 의한 거절이유통지를 한다.

② 특허법 제45조의 규정에 의한 1특허출원의 범위를 만족하지 않는 출원의 경우 : 이 경우에는 우선 특허법 제45조 위반만으로 거절

---

68) 예) 손톱질환을 치료하기 위한 약리학적 조성물에 관한 발명에 있어서 발명의 주요 구성성분의 결합관계를 기재한 독립항에 대한 선행기술이 존재하지 않을 경우에는 조성물의 캐리어로서 특정한 휘발성 유기용제를 사용한다는 사항을 부가한 종속항에 대해서는 선행기술을 조사할 필요가 없다.

69) 예) 청구항이 물건과 제조방법으로 구성된 2개의 카테고리인 발명의 경우 각각에 대해서 선행기술조사를 하여야 한다.

이유를 통지한 후 출원이 분할된 후 출원 각각에 대하여 선행기술 조사를 하거나, 선행기술조사결과 발견된 거절이유와 특허법 제45조 위반의 거절이유를 동시에 통지한다.

③ 명세서의 기재가 현저하게 불비하여 발명의 내용을 파악할 수 없는 경우 : 이 경우에는 특허법 제42조 제3항 또는 제4항 위반에 대한 거절이유만을 통지한다. 그러나 명세서의 기재불비의 정도가 경미하여 발명의 내용을 파악할 수 있을 때에는 발명의 내용 파악이 가능한 범위 내에서 선행기술조사 및 특허요건에 대한 판단을 하고 그 결과 발견된 거절이유 및 특허법 제42조 제3항 또는 제4항 위반의 거절이유를 동시에 통지한다.[70)]

9) 발명의 상세한 설명에서 종래기술로 인용된 문헌이 있는 경우 그 문헌이 발명의 출발점으로 인용된 것인지, 기술의 현황을 나타내는 것인지, 발명이 해결하고자 하는 과제의 다른 해결방법인지, 또는 발명의 올바른 이해를 돕기 위해 기재된 것인지 등을 분석하고 필요하다면 인용문헌을 참조하여야 한다.

10) 선행기술의 조사는 원칙적으로 당해 출원의 출원일(우선권주장을 수반하는 출원의 경우에는 우선일) 이전 선행기술에 대하여 이루어져야 한다. 그러나 특별한 경우[71)]에는 출원일 이후에 반포된 선행기술

---

70) 예) 도면과 상세한 설명에서 색인어와 도면번호가 일치하지 않는 경우 및 청구항의 오탈자 및 공학단위의 오기 등

71) 특별한 경우란 특허법 제29조 제3·4항 혹은 동법 제36조와 관련된 문헌의 경우 또는 출원일(분할출원, 이중출원)이나 특허요건 판단일 소급과 관련한 출원(조약우선권주장출원, 국내우선권주장출원)에 있어서 후출원이 방식적 요건을 만족하지 못하여 출원일이나 특허요건을 소급할 수 없는 출원 등이 있다. 또한 출원일 이후에 반포된 문헌에 출원발명의 원리나 이론이 틀렸다는 것을 확인해 줄 수 있

에 대해서도 선행기술조사를 하여야 한다.

11) 조약에 의한 우선권주장 또는 국내우선권주장 출원의 경우 청구항에 기재된 모든 발명에 대하여 후 출원일(또는 우리나라 출원일)을 기준으로 선행기술조사를 실시한 후 선출원일과 후출원일 사이에 선행기술이 발견되는 경우 각 청구항에 기재된 발명에 대하여 각각의 우선일을 결정하여 조사된 선행기술의 적용여부를 판단한다. 다만, 청구항별로 우선일 결정이 용이한 경우에는 각 청구항마다 먼저 우선일을 결정한 후 청구항에 기재된 발명별로 선행기술조사를 할 수 있다.

3. 선행기술조사의 범위

특허법 제29조 제1·2항의 규정에 의한 선행기술조사로 특허요건 중 발명의 신규성 및 진보성을 위반한 발명에 대한 특허허여(許與)가 금지되며, 특허법 제29조 제3·4항과 관련하여 당해 출원의 출원일 전에 출원되고 당해 출원의 출원 후에 공개 또는 공고된 출원으로 선행기술의 출원서에 기재된 청구범위를 제외한 명세서와 도면에 기재된 발명과 실질적으로 동일한 후행기술에 대한 특허 허여(許與)가 금지되고, 특허법 제36조와 관련한 선출원 또는 같은 날 출원으로 "선출원주의"의 독점권에 대한 규정으로 동일 발명에 대한 이중권리 부여가 금지된다.

는 사항을 기재한 문헌 등도 선행기술로 사용할 수는 없으나, 미완성 발명 등을 입증하는 자료로 사용할 수 있는 경우도 있다.

4. 특허정보 검색 절차

첫 번째는 기술요지 파악으로 출원서(상세한 설명, 청구항, 도면)를 읽고 이해함으로써, 발명이 종래기술보다 기술적으로 진보된 기술적 요지를 먼저 파악해야 한다.

두 번째는 청구범위 해석으로 발명은 청구범위에 의하여 정의되므로, 발명의 요지파악은 청구범위를 주로 하고 상세한 설명과 도면 및 실시예에 의해 뒷받침되며 심사의 대상은 청구범위이다. 따라서 심사관은 청구범위를 그 기재된 내용과 일치하는 가장 넓은 의미로 일단은 해석해야 한다.

세 번째는 검색 키워드(Keyword) 선정으로 청구범위로부터 발명의 필수 구성요소를 파악하고, 키워드를 선정한다. 이때 기재된 용어에 한정하지 않고, 유사어, 동의어, 관련된 기술분야에서 널리 인식된 용어 등을 고려해야 하고 당해 기술분야에서 본원에 사용된 용어보다 더 일반적이고 상용화된 용어가 있을 때는 상위개념의 단어로 대체하며 한국어뿐만 아니라 영어도 고려한다. 또한 상세한 청구항에서 한정하는 범위까지도 포함하는 키워드를 선정하고 기능적인 용어는 검색 키워드로 선정시에는 주의해야 하는데 단순히 동작만을 나타내는 표현 등은 배제시키며, 발명의 핵심적인 기술사상을 담고 있는 용어는 검색 키워드로 선정될 수 있다.

네 번째는 검색식 작성으로 선정된 검색 키워드를 이용해 검색식을 작성하는데 이때 검색범위는 좁은 범위에서 넓은 범위로 확대시켜 나가면서 검색한다.[72]

---

72) 좁은 범위 내에서 원하는 참증이 나오면 그 범위 내에서 마치고 아니면 검색의

5. 특허정보 검색 방법(종류)

출원번호, 등록번호 등을 입력하여 검색하는 번호검색, Field별로 키워드를 입력하고 연산자로 조합하여 검색하는 키워드 검색, IPC(International Patent Classification) 기술분야를 세분하여 각각의 기술분야별로 코드를 부여한 것으로 IPC 코드에 의한 분류 검색, 출원일을 검색식에 조합하여 사용하는 기간 검색, 기술분류에 따라 키워드 설정이 용이치 않거나, 기술이 최신 기술이어서 표준화된 용어가 정립되지 않은 경우 발명의 구조적인 면을 비교 분석하여 검색하는 F-term 검색 등이 있으며 실제 검색에는 IPC 분류, 키워드, 기간제한 등을 복합적으로 사용하여 검색함으로써 효율적이고 신뢰성 높은 표본을 추출할 수 있다.

유의사항으로는 키워드 검색에는 검색의 한계가 있으므로 특허정보에 부여되어 있는 특허분류(IPC 분류, FI, F-Term)[73] 등의 정리된 검색

폭을 점점 확대하면서 원하는 참증을 검색하는 것이다.

73) 특허분류(patent classification)는 특허의 기술 분야에 따라 특허를 구분하는 기준이 되는 것으로, 특허문헌의 수집, 정리 및 검색의 수단으로 사용된다. 이는 출원된 발명이 속하는 기술 분야를 명확히 하여 심사를 위한 선행기술조사를 용이하게 하며, 우리나라의 경우 특허출원이 되고 나면, 한국특허정보원에서 임시분류를 부여한 뒤, 특허청에서 기술 분야에 따라 담당 분야의 심사관을 배정하여 전문적인 심사를 가능하게 한다. 그리고 심사관에 의한 실체 심사에서 특허 분류를 변경할 수 있다.

분류 종류	특허분류의 특징
IPC 국제특허분류 (International Patent Classification)	• 국제특허분류(International Patent Classification : Int. Cl.) • 50개국이상 사용 • 8개의 섹션으로 구성되며, 약 7만개 분류개소 • 기능(Function)과 응용(Application)위주의 관점을 혼합한 분류 • 예) A63F 13/00
ECLA 유럽특허분류	• Extension of International Patent Classification

수단을 함께 사용함은 물론 검색 키워드에 표준용어만 사용하고 관련용어, 유사어 등은 빠뜨리지 않아야 하고 우리나라의 과거 출원건에 대한 IPC 분류체계는 허술하여 인용문헌 검색 시 기재된 IPC 분류만으로 검색하면 원하는 자료가 누락될 소지가 높으므로 유사기술에 대한 IPC 및 근접 IPC에 대한 검색이 필수적이다. 또한 특허의 경우 개량발명이 다수이므로 동일 출원인 또는 발명인의 유사한 다른 발명을 검색해야 한다.

6. 특허정보조사 항목(종류)

① **서지사항조사** : 서지사항은 책이나 문서의 형식이나 체제, 성립, 전래 따위에 관한 사실 또는 그것을 기술한 것을 말하여 서지사항조사는 특허조사의 한 종류로 특허문헌에 서지사항을 중심으로 조사하는 것을

(European Classification)	• 서치심사관에 의해 부여되며, 약 13.5만개 분류개소 • 주요국가(EP, US, WO) 특허문헌에 부여(약 2천만건) • 예) A63F 13/00 B
FI 일본독자분류 (File Index)	• Extension of International Patent Classification • 전개기호와 분책식별코드를 IPC에 부가, 약 21만개 분류개소 • 일본특허청 특허검색사이트(IPDL)에서 키워드와 조합하여 검색가능 • 예) A63F 13/00 A
F-Term 일본독자분류	• FI(File Index) 중 일부분을 다각적 관점에서 분류한 것 • 테마코드(5자리)와 분류관점(2자리)+기술관점(2자리)로 구성 • 약35만개 분류개소 • 예) 2C001 AA07
UPC 미국특허분류 (US Patent Classification)	• 약 15만개 분류개소 • 여러 가지 변형된 형태의 코드 존재(DIG7, 15R) • 예) 349/106

말한다. 이는 특정 조건에 맞는 특허문헌이나 모집단을 획득하기 위한 일련의 행위를 일컫는 특허조사의 한 종류로, 특허문헌에 기재된 서지사항을 중심으로 조사하는 것을 말하는 것으로 번호(출원번호, 공개번호, 등록번호 등)를 사용하는 경우나 인명정보(발명자, 출원인 등)를 사용하는 경우, 코드(특허분류, 출원인코드 등)를 사용하는 경우로 나눌 수 있다. 번호를 사용하는 경우는 특허정보 조회, 법적 상태나 패밀리특허 확인 시 활용하며 인명정보는 경쟁사의 특허기술이나 개발 동향을 파악하고자 할 때, 코드는 키워드를 보완하거나 한정하기 위하여 사용된다.

② **특허성조사** : 특허출원 전 해당 발명이 특허를 받을 수 있는 신규성이나 진보성을 구비하고 있는지를 판단하기 위해 선행기술을 조사하는 것이다. 즉, 특정 조건에 맞는 특허문헌이나 모집단을 획득하기 위한 일련의 행위를 일컫는 특허조사의 한 종류이며 특허출원 전 해당 발명이 특허를 받을 수 있는 신규성이나 진보성을 구비하고 있는지를 판단하기 위해 선행기술을 조사하는 것이다. 권리 취득 가능성을 미리 확인한 후 출원 여부를 결정하거나, 최대한 넓고 강한 권리범위를 작성하기 위해 수행된다.

③ **특정기술분야조사** : 특정한 분야의 선행기술에 대한 개괄적인 조사를 가리켜 특정기술분야조사라고 말하며 기본적으로 정보를 수집하는 것으로 필요한 만큼 광범위하게 할 수도 있고 또는 좁아질 수도 있다. 특정문제를 풀기 위해 라이센싱할 수 있는 기술을 찾는 등 다른 유사한 목적을 위한 조사로 특정기술분야조사는 보다 효과적이고 전략인 연구개발의 추진을 위하여 연구개발 테마와 관련된 특허정보를 폭넓게 조사 및 분

석할 수 있는 세부적인 조사분석방법으로는 관련자료를 수집 추출하는 기초 정보조사, 분류 정보조사, 분석 정보조사 등으로 구분할 수 있다.

이외에도 침해조사, 유효성조사, 권리소멸조사 등이 있다.

7. 선행기술조사의 결과 (인용문헌의 기술 관련도 기호 표시)

- 「X」 : 해당문헌 하나만을 고려할 때 신규성 또는 진보성이 결여되는 것으로 판단되는 경우
- 「Y」 : 해당문헌이 하나 또는 그 이상의 다른 문헌과 결합되었을 때 진보성이 결여된 것으로 판단되는 경우
- 「A」 : 「X」 또는 「Y」에는 해당되지 않으나, 출원발명과 관련이 있는 경우
- 「O」 : 구두에 의한 개시, 사용, 전시 등에 대하여 언급하고 있는 문헌
- 「P」 : 우선일 후 국제출원일 전에 공개된 특허문헌
- 「E」 : 국제출원일 전에 출원되고 국제출원일 후에 공개된 특허문헌
- 「T」 : 국제출원일 또는 우선일보다 늦게 공개되나, 발명의 원리나 이론을 이해하기 위하여 인용된 문헌
- 「L」 : 우선권주장에 의문을 제기하거나 해당출원의 주요 청구내용을 부정하거나 기타 내용을 확정하기 위하여 언급하고 있는 문헌

주의〉 E, O, P는 반드시 X, Y, A의 기호와 함께 사용

8. 특허맵(특허분석)

특허정보를 분석하여 특허정보의 각종 서지사항의 분석항목을 정리하고, 특허정보의 기술적 사항의 분석항목을 가공하여 특허정보만이 가지고 있는 권리정보로서의 특징을 효율적으로 이용, 분석하는 것이 특허분석이며 특허분석을 통해 해석된 결과를 도표화한 것이 특허맵이라고 할 수 있다. 즉 특허분석방법은 기술 분야, 기술의 성격 등에 따라 일률적으로 정하기는 어렵고, 통상 특허자료를 토대로 그 특허의 기술분야별로 분류정리하여 이해하기 쉽도록 도표화한 특허지도(Patent Map)를 작성하는 방법을 이용하고 있다. 이러한 특허맵은 연구개발 전략수립, 경영전략 수립, 특허전략 수립을 목적으로 하여 실시된다.

〈특허분석과 특허맵〉

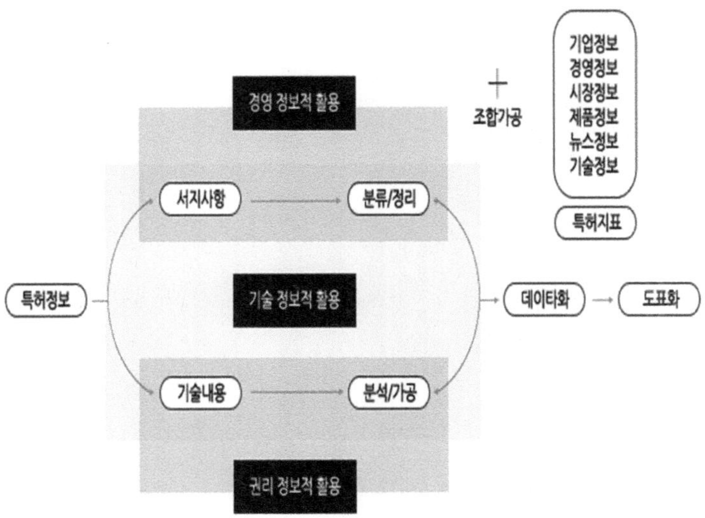

따라서 특허맵은 특허지도로서 각각의 기술마다 특허 관계가 어떻게 이루어져 있는지 일목요연하게 알 수 있도록 만든 것으로, 기본특허에서 시작해 개량, 응용특허나 도입특허를 정리하는 것이라 할 수 있으며 특허 정보를 특정한 이용목적에 맞게 수집하고 이를 정리·분석하고, 그림, 그래프, 표 등 시각적인 방법으로 표현한 것이기 때문에 특허맵이기 위해서는 ① 특허정보가 기초가 되는 정보일 것 ② 이용목적에 맞게 특허정보가 압축되어 있을 것 ③ 특허정보가 가공되고 체계화되어 있을 것 ④ 시각적으로 표현되어 있을 것 등의 요건을 갖추고 있어야 할 것이다.

11

지식재산 창업

특허명세서

11 특허명세서

1. 특허명세서 의의

특허명세서는 연구개발 성과물인 발명을 일반공중에게 공개하고 그 대가로 독점적이고 배타적인 특허권을 허여받기 위해 특허청에 제출하는 발명 내용이 기재된 서류로 특허를 받고자 하는 발명의 기술적 내용을 문장을 통하여 명백하고 상세하게 기재한 서면을 말한다.

특허는 무형의 기술적 사상인 발명에 부여되는 권리이기 때문에 무형의 발명을 서면을 통해 지재하는 것은 매우 중요하다고 할 수 있다. 따라서 특허제도는 발명을 한 자에게 그 발명에 대하여 일정기간 동안 독점권을 부여하고 그 독점권의 대가로 발명을 공개하도록 한 제도이므로 출원인은 '발명의 설명' 및 '도면' 부분에서 자신의 발명 내용을 상세히 설명하고 '특허청구범위' 부분에서 그 발명에 대하여 보장받고자 하는 독점권의 내용을 명확하게 정의해야 한다.[74)]

2. 특허명세서의 역할

특허명세서의 역할은 크게 특허청의 입장, 출원인의 입장 그리고 일

74) 일반공중에 돌아가는 이익은 발명의 상세한 설명이 주가 되어 표현되는 것이고, 특허출원인의 이익은 특허청구범위로서 표현되는 것이라 할 수 있다.

반공중의 입장으로 구분할 수 있는데 먼저 특허청의 입장에서 명세서는 심사·심판대상을 특정하는 역할을 함에 따라 심사관 및 심판관은 명세서에 기재된 발명을 대상으로 특허 여부를 심사 및 심판하게 된다.

다음으로 출원인의 입장에서는 명세서의 특허청구범위는 특허권의 보호범위(권리범위)를 결정하는 권리서로의 역할을 하게 된다.

마지막으로 일반공중의 입장에서는 명세서는 새로운 기술사상인 발명의 내용을 제3자에게 공개하는 기술문헌으로서의 역할을 수행하게 한다.

3. 특허명세서의 구성(요약서 및 도면 포함)

■ 특허법 시행규칙 [별지 제15호서식] <개정 2022. 7. 1.>

특허로(www.patent.go.kr)에서 온라인으로 제출가능합니다.

【명세서】

(앞쪽)

【발명(고안)의 설명】
【발명(고안)의 명칭】
【기술분야】
【발명(고안)의 배경이 되는 기술】
(【선행기술문헌】)
(【특허문헌】)
(【비특허문헌】)
【발명(고안)의 내용】
【해결하려는 과제】
【과제의 해결 수단】
【발명(고안)의 효과】
【도면의 간단한 설명】
【발명(고안)을 실시하기 위한 구체적인 내용】
(【실시예】)
(【산업상 이용가능성】)
(【부호의 설명】)
(【수탁번호】)
(【서열목록】)
【청구범위】
【청구항 1】

전자문서 이용가능

[별지 제16호서식] <개정 2022. 4. 19.>

【요약서】

【요 약】

(【대표도】)

전자문서 이용가능

[별지 제17호서식] <개정 2009.6.30>

【도 면】

【도 1】

210mm×297mm[백상지 80g/m²]

4. 특허명세서의 기재방법

1) 발명의 명칭

발명의 내용을 집약적으로 간단명료하게 표현한 것이어야 하며 출원발명의 분류, 정리, 검색을 용이하게 하는 역할을 한다.

2) 발명의 설명

발명의 설명은 제3자에게 기술문헌으로서의 역할을 하는 부분으로서 그 발명이 속하는 기술 분야에서 통상의 지식을 가진 자가 용이하게 실시할 수 있을 정도로 명확하고 상세하게 기재되어야 하므로[75] 막연히 추상적으로 발명을 설명하거나 단순한 아이디어 정도만을 기재하는 경우에는 통상의 지식을 가진 자 즉, 당업자가 용이하게 실시할 수 없는 기재에 해당되기 때문에 특허를 받을 수 없다.[76]

---

75) 발명의 설명 기재요건(특허법제42조 제3항)
   1. 통상의 기술자가 그 발명을 쉽게 실시할 수 있도록 명확하고 상세하게 적을 것 (1호)
   2. 그 발명의 배경이 되는 기술을 적을 것(2호)
   명세서 기재불비에 대한 특허법원 2015허4804 판결 : 명세서 기재불비를 판단함에 있어서 발명의 설명에는 청구범위에 기재된 발명을 통상의 기술자가 쉽게 실시할 수 있을 정도로 기재하면 되는 것이고 청구범위에 기재된 발명 및 그 발명이 해결하고자하는 과제와 직접적인 관련이 없는 모든 구성요소와 그 작동관계를 기재할 필요는 없다.

76) 완성된 발명(기재방식)에 대한 대법원 판례(93후1810) : 그 발명이 속하는 기술분야에서 통상의 지식을 가진 자가 반복 실시하여 목적하는 기술적 효과를 얻을 수 있을 정도로 구체적이며 객관적으로 구성되어야 한다. 그 판단은 특허출원의 명세서에 기재된 발명의 목적, 구성 및 작용효과 등을 보고 전체적으로 판단한다.

아래에서 항목별 구체적인 기재방법을 살펴보도록 한다.

【기술분야】 일반적으로 넓은 범위와 구체적 기술 분야로 나누어 기재하여야 하는데 이때 발명이 속하는 분야를 너무 구체적으로 한정하는 것은 바람직하지 않으며 가급적 관련 기술 분야까지 넓게 작성하는 것이 좋다.

【발명(고안)의 배경이 되는 기술】 종래 기술은 신규성 및 진보성의 판단의 기초가 될 선행기술을 의미하는 것으로 출원 전에 국내에서 공지, 공연 실시, 반포된 간행물에 기재되거나 전기통신회선에 공개되어 불특정인이 알 수 있는 선행기술을 의하는 것이므로 회사 내에만 알려져 있고 문헌이나 제품으로 알려지지 않은 기술은 종래기술에 해당하지 않는다. 이는 실제 공개되지 않은 내용을 출원인 스스로가 종래기술로 언급한 경우에는 출원인이 인정한 종래기술로 간주될 수도 있으므로 주의할 필요가 있다. 또한 【선행기술문헌】에는 특허(실용신안등록)를 받으려는 자가 알고 있는 발명(고안)의 배경이 되는 기술의 문헌 정보를 가급적 작성하며 발명(고안)의 배경이 되는 기술의 문헌 정보는 【특허문헌】과 【비특허문헌】란으로 구분하여 작성하는 것이 좋다.

【발명(고안)의 내용】 원칙적으로 【해결하려는 과제】, 【과제의 해결 수단】 및 【효과】란으로 구분하여 작성하는데 다만, 구분하여 작성하기 어려운 경우에는 별도로 나누어 적지 않아도 된다.

【해결하려는 과제】 발명의 목적을 나타내는 것으로서 특허(실용신안등록)를 받으려는 발명(고안)이 과제로 하고 있는 종래기술의 문제점 등을 작성한다.

【과제의 해결 수단】 특허(실용신안등록)를 받으려는 발명(고안)에 의하여 어떻게 해당 과제가 해결되었는지를 적는 것으로 일반적으로는 청구항에 적혀 있는 발명(고안) 그 자체가 해결수단이 되므로 청구항에 적혀있는 발명(고안)을 적으면 된다.

【발명(고안)의 효과】 특허(실용신안등록)를 받으려는 발명(고안)이 종래의 기술과 비교하여 우수하다고 인정되는 사항을 적는 것으로 발명의 구성을 채용함으로써 얻어지는 유리한 점, 새로운 효과, 특이한 효과, 특유의 효과, 특징이 되는 점, 부가적인 효과 등을 기재한다. 이는 추상적인 효과가 아닌 해당 발명에 의한 기술적 효과를 기재하는 것으로 구성의 차이가 작을 경우 효과의 현저성에 따라 특허여부가 결정될 수 있으므로 예측 가능한 효과까지 모두 기재하는 것인 좋다.

【도면의 간단한 설명】 특허출원 시 특허명세서 외에 '발명의 설명'만으로 발명의 내용을 충분히 설명하지 못하는 도면을 선택적으로 제출할 수 있으며 도면의 간단한 설명은 도면을 첨부하는 경우에만 작성한다. 이에 【부호의 설명】에는 도면의 주요 부분을 나타내는 부호들에 대한 설명을 적는 것으로 해당 부호들은 발명의 설명 및 도면에 같이 적어야 하며, 청구범위를 적을 경우에도 가급적 해당 부호를 병기하는 것이 좋다. 따라서 명세서에 도면 부호를 적을 때에는 반드시 해당 도면의 부호를 도면에도 같이 적어야 하며, 그 도면 부호는 명세서(청구범위에 도면의 부호를 적을 경우에는 청구범위를 포함함) 및 도면 전체에 걸쳐 통일되게 사용되어야 한다.

【발명(고안)을 실시하기 위한 구체적인 내용】 발명의 목적을 달성하기 위한 개개의 수단 및 그 내용을 구체적으로 작성하며 발명의 구성인 기술적 수단의 역할, 즉 구성요소 상호간에 명확히 기재한다. 이는 그 발명(고안)이 속하는 기술 분야에서 통상의 지식을 가진 자가 그 발명(고안)이 어떻게 실시되는지를 쉽게 알 수 있도록 그 발명(고안)의 실시를 위한 구체적인 내용을 적어도 하나 이상, 가급적 여러 형태로 적어야 한다. 필요한 경우에는 【실시예】를 만들어 발명의 구체적인 실시예들을 적고, 도면이 있으면 그 도면을 인용하여 작성한다.

【산업상 이용가능성】 특허(실용신안등록)를 받으려는 발명(고안)이 산업상 이용가능한 것인지 여부가 불분명할 때 그 발명(고안)의 산업상 이용방법, 생산방법 또는 사용방법 등을 작성하나 대부분의 경우 산업상 이용가능성은 명세서의 다른 기재 사항으로부터 충분히 유추가 가능하므로 별도의 기재는 필요하지는 않고 【수탁번호】는 명세서에 적혀 있는 미생물들의 수탁번호들을 별도로 정리하려는 경우에 작성하며 【서열목록】은 핵산염기 서열 또는 아미노산 서열을 포함하는 특허(실용신안등록)출원인 경우에 10개 미만의 핵산염기 서열 또는 4개 미만의 아미노산 서열을 특허청장이 고시하는 「핵산염기 서열목록 또는 아미노산 서열목록 작성기준」에 따라 작성한다.

3) 특허청구범위

특허청구범위는 출원 시와 등록 시로 구분하여 살펴볼 수 있다. 먼저 출원 시 특허청구범위는 특허요건을 판단하는 심사대상으로 다만, 출원 중 특허청구범위의 내용은 심사관의 실체심사에 의해 거절되어 보정될 수 있으므로 그 권리범위가 아직 확정된 것은 아니다. 따라서 특허청구범위에 기재된 발명은 특허청 심사관의 해당 특허출원 심사 시 그 대상이 된다.

등록 후의 특허청구범위는 특허권의 보호범위를 결정하는 역할을 하게 되므로 특허발명의 보호범위는 특허청구범위에 기재된 사항에 의해 정해지게 된다(특허법 제97조). 따라서 특허권의 보호범위는 특허청구범위에 기초해서 정해지는 것이며 발명의 설명이나 도면에 기재된 내용에 의해 결정되는 것이 아니다.[77]

특허청구범위의 작성에 있어 '발명의 설명에 의하며 뒷받침될 것', '발명이 명확하고 간결하게 기재될 것'이 원칙이며 기재요건이다.

따라서 '청구항에 기재된 사항과 대응되는 사항이 발명의 설명에 직접적으로 기재되어 있지도 않고, 암시도 되어 있지 않은 경우', '발명의 설명과 청구항에 기재된 발명 상호간에 용어가 통일되어 있지 않아서 양자의 대응관계가 불명료한 경우', '청구항에 기재된 사항이 특정기능을 수행하기 위한 수단 또는 공정으로 기재되어 있으나 이들 수단 또는 공정에 대응하는 구체적인 구성이 발명의 설명에 기재되어 있지 않는 경우' 등은 발명의 설명에 의하며 뒷받침되지 않는 것으로 보며, '청구항의 기재내용이 불명료한 경우', '청구항에 각 구성요소가 단순하게 나열되어 있을 뿐, 그 결합관계가 기재되어 있지 않아서 발명이 불명확한 경우',

---

77) 특허발명의 보호범위(대법원 91후1908 판결) : 특허권의 권리범위 내지 실질적 보호범위는 청구범위에 기재된 사항에 의하여 정하여 지는 것이 원칙이고, 다만 그 기재만으로 특허의 기술적 구성을 알 수 없거나 알 수는 있더라도 기술적 범위를 확정할 수 없는 경우에는 명세서의 다른 기재에 의한 보충을 할 수는 있으나 그 경우에도 명세서의 다른 기재에 의하여 특허범위의 확장해석은 허용되지 아니함은 물론 청구범위의 기재만으로 기술적 범위가 명백한 경우에 명세서의 다른 기재에 의하여 청구범위의 기재를 제한적으로 해석할 수 없다.

‘청구항에 기재된 발명의 카테고리가 불명확한 경우’, ‘청구항의 기재가 너무 장황하여 보호를 받고자 하는 발명의 구성이 불명확한 경우’, ‘청구항에 발명의 구성을 불명확하게 하는 표현이 기재되어 있는 경우’ 등은 발명이 명확하고 간결하게 기재되지 않은 것으로 본다.

청구범위의 기재형태는 청구범위에 2 이상의 항을 기재할 수 있는 다항제(단항식 : 청구항을 1개로 기재, 다항식 : 청구항을 여러 개로 기재)를 채택하고 있으며 독립항과 종속항으로 기재형태가 있다. 독립항은 특허발명으로써 보호되어야 할 범위를 넓게 포섭하기 위하여 발명의 구성을 광범위하게 기재하는 것이며, 종속항은 독립항의 구성을 더욱 한정하거나 추가적인 특징을 부가함으로써 독립항의 범위 내에서 발명의 구체화된 태양을 제시하는 것으로 독립항과 발명의 카테고리가 동일해야 한다. 이런 독립항과 종속항을 이용한 기재는 불필요한 기재의 반복을 방지하고 다수 청구항이 일목요연하게 구분·정리될 수 있으며 심사·심판 시 진보성 인정 여부 판단에 있어 편의성이 있다.

12

지식재산 창업

국제특허출원

12 국제특허출원

1. 국제특허출원의 필요성

특허권은 특허독립의 원칙 상, 즉 속지주의에 의해 각국의 특허는 서로 독립적으로 반드시 특허권 등을 획득하고자 하는 나라에 출원을 하여 그 나라의 특허권 등을 취득하여야만 해당국에서 독점 배타적 권리를 확보할 수 있다. 이는 한국에서 특허권 등의 권리를 취득하였더라도 다른 나라에서 권리를 취득하지 못하면 그 나라에서는 독점 배타적인 권리를 행사할 수가 없게 됨을 의미한다. 따라서 어떤 회사의 제품이 국내에서만 판매되는 경우에는 국내에서만 특허를 받는 것으로 충분할지 모르지만 국외에 수출하는 경우에는 국내뿐만 아니라 수출국마다 특허를 취득하는 것이 바람직하다 할 수 있다. 그러나 다른 나라에서 특허를 취득하기 위해서는 많은 비용이 들기 때문에 비즈니스 전략에 따라 특허를 취득할 국가와 특허출원방식을 적절히 선택할 필요가 있게 된다.

이러한 1국 1특허의 원칙 때문에 해외에서의 특허권 획득을 위해서는 별도의 해외출원이 필요하며, 해외출원을 하는 방법에는 파리조약에 의한 개별국마다 개별별적으로 출원하는 전통적인 출원방법과 특허협력조약에 따른 PCT 국제출원방법으로 구분된다.

2. 국제출원의 방법

1) 전통적인 출원방법(Traditional Patent System) – 파리조약에 기초한 개별국 출원

공업소유권 보호를 위한 파리 협약[78]에 의해 특허획득을 원하는 모든 나라에 각각 개별적으로 특허출원하는 방법으로 Paris루트를 통한 출원이라고도 한다. 전통적인 출원방법은 선(先) 출원에 대한 우선권을 주장하여 출원하는 경우 선출원의 출원일로부터 12개월 이내에 해당 국가에 출원하여야 우선권을 인정받을 수 있다.

이 방법은 국내출원일로부터 1년 이내에 각국 언어로 특허명세서를 작성하고 각국의 방식요건에 맞게 출원서를 작성하여 제출해야 함에 따라 출원의 특허성 여부·선행기술조사·시장성 조사를 위한 시간이 부족하며 확신이 부족한 상태에서 단기간 내에 해외 각국의 비용을 지불해야 하므로 초기 비용 부담이 크다. 또한 각국 특허청마다 개별적인 방식심사 및 출원 처리·출원공개·실체심사 등의 업무를 중복 수행하게 된다. 그러나 개별국가마다 출원을 하였을 경우에는 각국마다 심사관이 제시하는 선행기술을 고려하여 권리범위를 보정함으로써 국가에 따라서는 의외로 큰 권리를 얻을 가능성이 있다.

---

78) 공업소유권 보호를 위한 파리 협약(Paris Convention for the Protection of Industrial Property) : 1883년 파리에서 서명된 협정으로서 특허, 실용신안, 디자인, 상표 및 상호, 산지 표시 및 원산지 명칭 등 지식재산권의 보호를 목적으로 하고 있으며 불공정 경쟁의 억제를 추구한다. 3대 원칙은 내국민 대우의 원칙, 우선권제도, 각국 산업재산권 독립의 원칙이 있으며 현재 세계 대부분의 국가들은 파리협약에 가입했고, 우리나라는 1980년에 가입했다.

2) PCT에 의한 출원방법(PCT System) – 특허협력조약에 기초한 국제특허출원

특허협렵조약[79]에 의해 국적국 또는 거주국의 특허청(수리관청)에 하나의 PCT출원서를 제출하고, 그로부터 정해진 기간 이내에 특허획득을 원하는 국가(지정(선택)국가)로의 국내단계에 진입할 수 있는 제도로 PCT국제출원의 출원일이 지정국가에서 출원일로 인정받을 수 있다. PCT에 의한 국제특허출원도 선(先) 출원에 대한 우선권을 주장하여 출원하는 경우 선출원의 출원일로부터 12개월 이내에 PCT국제출원을 하여야 우선권주장을 인정받을 수 있다.

이 방법은 PCT에서 규정한 서류를 특허청에 제출하면서 특허출원을 원하는 나라를 단순히 지정하기만 하면 지정된 국가에서도 특허출원이 인정되지만 PCT출원을 했다고 세계적으로 효력을 발생시키는 국제특허를 받을 수 있는 것은 아니며 특허를 받기 위해서는 소정의 기간 내에 각국마다 진행해야 한다.

---

79) 특허협력조약(Patent Cooperation Treaty, PCT) : 1970년에 체결된 국제적 특허법 조약으로서 지식재산 분야에서의 세계적 규범이다. 이는 하나의 발명을 다수국에 출원하는데 있어서 국가간의 편의를 도모하기 위한 조처로 하나의 발명이 다수국에 출원될 경우 거액의 비용과 각국의 방식에 따라 다수의 출원서가 작성되고 각국에서는 별개로 선행기술을 제각기 조사하게 되는 중복이 생기게 되는데, 이 폐단을 방지하려고 한 것이 이 조약의 목적이다. 우리나라는 1984년에 가입했고 1999. 12.부터 세계 10번째의 PCT 국제조사기관 및 세계 9번째의 국제예비심사기관으로 지정되어 업무를 수행 하고 있다.

PCT국제출원은 한번의 PCT국제출원으로 다수의 가입국에 직접 출원한 효과를 얻을 수 있기 때문에 개별 나라마다 일일이 출원해야 하는 번거로움을 덜어주고 특허를 받고자 하는 나라의 특허청의 심사에 앞서 국제조사기관의 선행기술조사 및 특허성에 대한 견해와 국제예비심사기관의 특허성 유무에 대한 예비심사를 거침으로써 특허획득 가능성을 미리 알 수 있을 뿐만 아니라 평가·보완의 기회도 가질 수 있어 특허획득에 유리하고 한국 특허청을 통한 출원언어는 한국어, 영어, 일어이므로 다수 국가를 지정하여 PCT국제출원을 하는 경우 초기에 개별국가 언어로 된 번역문을 일일이 준비하지 않아도 되는 용이함이 있다. 또한 발명 또는 고안을 PCT국제출원을 통하여 각 지정국 특허청에 직접 출원한 것과 같은 효력을 확보한 다음, 그 지정국의 국내단계 진입기한[80] 까지 국제조사 및 예비심사보고서를 토대로 특허획득 가능성을 면밀히 검토함과 동시에 각 지정국의 시장성을 조사한 다음에 국내절차 이행여부를 결정함으로써 불필요한 비용지출 및 무모한 해외출원을 방지할 수 있다.

그러나 PCT국제출원 비용이 별도로 소요되고 지정국의 국내단계에 진입하는 경우에는 개별국 출원 시와 동일한 비용이 추가로 필요하므로 비용부담이 가중될 수 있으며 국제예비심사를 받았음에도 불구하고 국내단계 진입 시 각국마다 새로운 심사를 받게 되므로, 심사절차가 이중적으로 진행될 가능성이 있다.

---

80) 우선일로부터 30개월 이내에 진입하는 것이 원칙이지만 다만 룩셈부르크 및 탄자니아는 우선일로부터 19개월 이내에 국제예비심사를 청구한 경우에만 30개월 이내이고 국가에 따라서는 그 기간이 연장되는 경우도 있다.

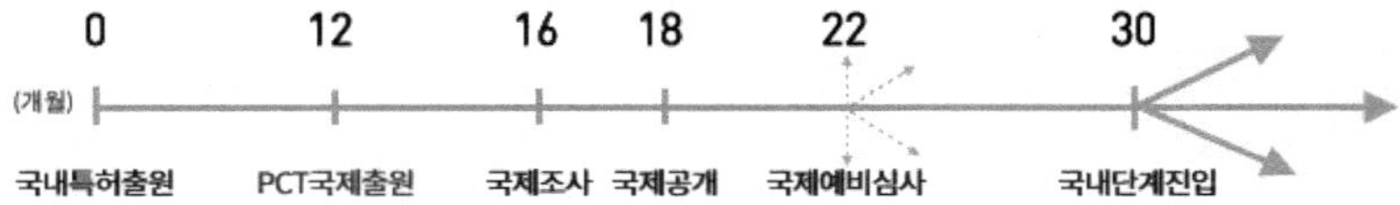

3) PCT 국제출원절차와 개별국 출원(일반 해외출원)절차 비교

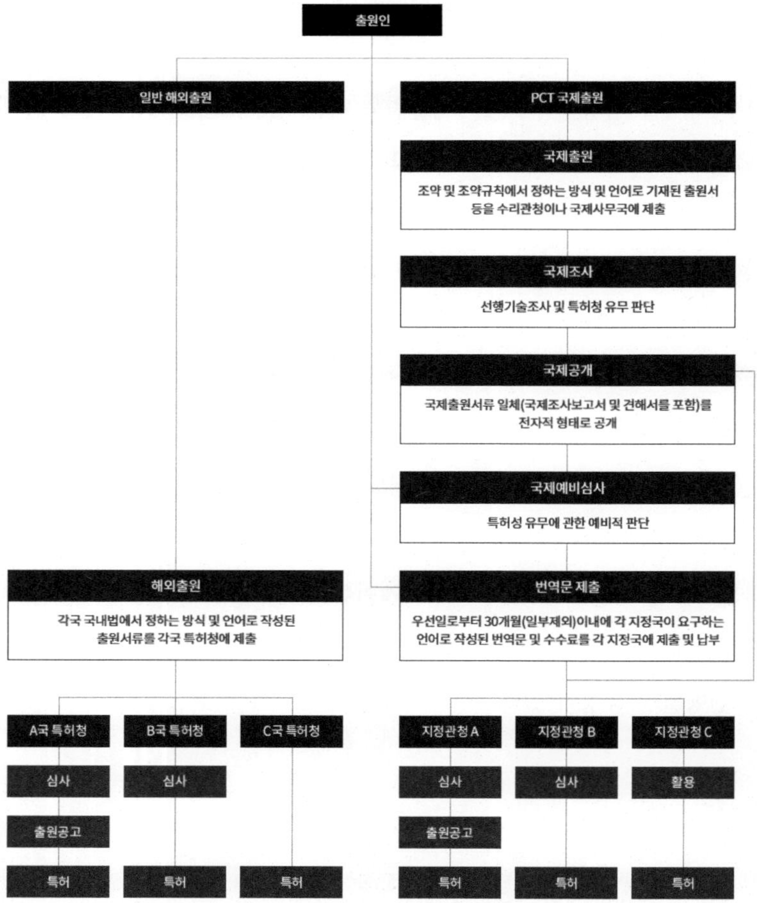

3. 국제출원 관련 고려사항

해외에서 특허를 취득하는 것은 중요하지만 특허를 획득하기까지는 상당한 시간과 비용이 들기 때문에 비즈니스 전략에 따라 특허를 취득할 국가를 결정하는 것은 중요하며 특허권의 효력은 일반적으로 제조·판매·사용 등에 많은 영향을 미치므로 특허제품을 판매할 국가를 고려해야 하고 경쟁 제품을 생산할 수 있는 기업이 있는 국가를 고려해야 함은 물론 상품의 라이프 타임과 특허를 받기까지의 시간과 특허출원 및 특허획득까지의 비용 및 특허획득으로 얻을 수 있는 경제적 이익을 고려한다. 또한 특허성의 판단기준이 국가별로 다르므로 자신의 기술이 어느 국가에서 특허를 받을 수 있는지를 판단해서 출원국가를 결정하고 등록된 경우 자신의 특허권을 제대로 보호받을 수 있는 국가인지 여부도 고려해야 한다.

4. PCT 국제출원

PCT 국제출원절차는 출원인이 국제출원서를 수리관청에 제출하면서 시작되고, 각 지정국에서 특허권을 획득하거나 거절됨으로써 끝난다. 이러한 국제출원절차의 흐름 속에서 하나의 분기점이 되는 것이 각 지정국에 대한 번역문제출절차이다. 이 절차 이전까지는 국제출원에 대한 모든 절차가 PCT에 따라 동시에 일률적으로 진행되다가, 이 절차 이후에는 각 지정국의 국내법에 따라 독립적으로 진행된다. 이런 점에 착안하여, 번역문 제출시점을 기준으로 번역문제출 이전 단계의 절차를 '국제단계(international phase)의 절차'라 하고, 그 이후의 절차를 '국내단계

(national phase)의 절차'라 한다.[81)]

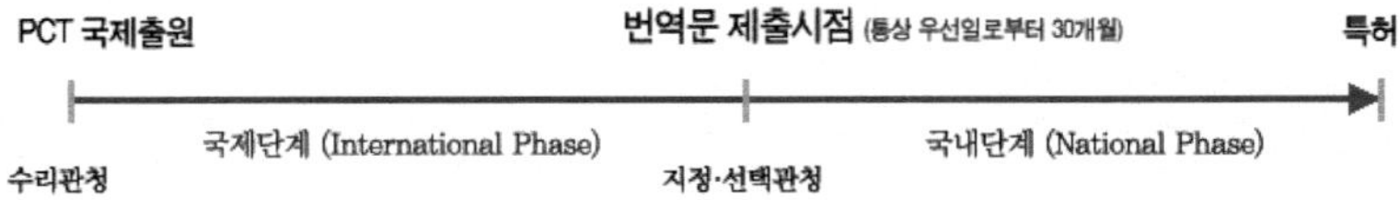

먼저 국제단계는 출원인에 의한 국제출원, 그 출원에 대한 수리관청의 방식심사 및 처리, 국제조사기관에 의한 국제조사보고서 및 견해서의 작성, 국제사무국에 의한 국제공개, 국제예비심사기관에 의한 국제예비심사보고서의 작성, 출원인의 보정 등이 행해진다. 이 단계에서는 모든 처리가 PCT 및 PCT규칙 등에 의거하여 일률적으로 진행된다는 특징이 있다.

국제출원절차는 출원인이 국어, 일어 또는 영어로 작성한 국제출원서류[82)]를 3부 작성하여 수리관청에 제출함으로써 시작되고 출원서의 제출로써 국제출원일에 조약에 구속되는 모든 체약국의 지정을 구성하는 효과가 있으며, 조약에 의하여 출원인이 자국특허청(수리관청)에 국제출원을 한 날에 이들 지정국특허청(지정관청)에 대해서도 동일한 특허출원을 한 것으로 인정된다.

국제출원의 방식심사는 출원의 주체, 법령이 정한 방식상의 요건 등 절차의 흠결 유무를 점검하는 것을 말하며 수리관청은 방식심사결과 이상이 없으면 국제출원일을 인정하고, 하자가 있으면 보정 또는 보완할 것을 출원인에게 통지하게 되는데 수리관청의 국제출원일 인정은 모든 지정국에 정규의 국내출원이 제출된 것과 동일한 효과가 발생한다.

---

81) 국제단계와 국내단계의 구별은 PCT 용어는 아니나 간결하고 유용한 표현으로 관용적으로 사용되고 있다.

82) 국제출원서는 출원서, 명세서, 청구의 범위, 필요한 도면 및 요약서로 구성되며 반드시 지정국을 1개국 이상 지정해야 한다.

국제조사는 출원된 발명에 관련된 선행기술을 조사하는 것으로 그 결과는 국제조사보고서로 작성되어 출원인 및 국제사무국에 송부되며[83] 이 국제조사보고서는 출원인이나 지정관청을 구속하는 효과는 없으나 각 지정국에 대한 본격적인 출원절차를 개시하기 전에 출원인에게 자신의 출원과 관련된 관련 선행기술의 존재 여부를 미리 알려주어 절차진행의 계속 여부를 결정하는데 참고자료로 활용할 수 있다. 국제조사기관은 선행기술조사와 더불어 신규성, 진보성 및 산업상 이용가능성의 특허성에 대한 판단을 행하고 이를 견해서로 작성하여 출원인으로 하여금 이후의 절차진행에 대한 판단자료를 제공한다.

국제공개제도는 출원단계가 어디까지 진행되었는지에 관계없이 출원 후 일정시점에 이르면[84] 모든 출원에 대하여 그 내용을 강제적으로 공개하고 여기에 일정한 법률적 보호를 부여하는 제도로 국제사무국은 수리관청이 송부한 국제출원서류(출원서, 발명의 설명, 청구범위, 도면(필요한 경우), 요약서)와 국제조사기관이 보내온 국제조사보고서 및 국제조사기관의 견해서를 합하여 전자적 형태로 국제공개를 하고 이를 출원인에게 통보하는 안내문이 발송된다.

국제예비심사는 출원인의 임의 선택적 절차로서 국제출원의 청구범위에 기재된 발명의 특허성(patentability), 즉 신규성(novelty), 진보성

---

83) 국제조사기관은 조사용 사본의 송부일로부터 3개월 또는 우선일로부터 9개월 중 늦게 만료되는 날까지 국제조사보고서 및 국제조사기관의 견해서를 작성하여 출원인 및 국제사무국에 송부한다.

84) 국제공개는 원칙적으로 우선일로부터 18개월이 경과한 후에 국제사무국에 의하여 행해지나 국제사무국은 우선일로부터 18개월 전이라도 출원인이 조기공개신청을 하면 즉시 공개를 행하여야 한다. 다만, 아직 국제조사보고서 등을 활용할 수 없는 상황인 경우에는 국제사무국은 조기공개신청료를 청구할 수 있으며 수수료가 납부된 직후 국제공개를 행한다.

(inventive step) 및 산업상 이용가능성(industrial applicability)에 관하여 심사한 후, 그에 대한 예비적이고 비구속적인 판단(preliminary and non-binding opinion)을 내리고, 이를 국제예비심사보고서로 작성하여 출원인 및 국제사무국에 송부한다.

여기까지가 국제단계이고 각 지정국의 국내단계로 진입하기 위해서는 해당 국가가 요구하는 언어로 작성된 번역문의 제출과 국내단계 진입 의사 표시를 위한 서면을 제출하여야 하며 일률적으로 진행되는 국제단계와 달리 국내단계인 지정관청에서의 사무처리 및 심사과정은 각 지정관청의 국내법에 따라 독립적으로 진행된다.

5. 국제출원의 우선권

예를 들어 체약국 A에 특허출원을 한 자가 그 출원발명과 동일한 발명을 1년 이내에 체약국 B에 특허출원 시 우선권주장을 하면, B국 특허청은 신규성, 진보성, 선원 등을 판단함에 있어 A국에 출원한 날을 출원일로 인정하여 주는 제도로 파리협약, WTO당사국에서 행하여진 선출원 및 자국내에 한 선출원을 기초로 하여 우선권주장을 할 수 있고 당연히 PCT 국제출원도 포함되며 이러한 출원들이 정규출원으로 인정된 후에는 그 출원이 무효, 취하, 포기 또는 거절되더라도 우선권주장을 하는 것에는 아무런 영향을 미치지 못한다. 우선권주장의 기초가 되는 출원의 출원인과 우선권주장을 하는 출원의 출원인은 동일인이거나 그 승계인이어야 하며 양 출원간에는 발명의 동일성을 요하고 우선권을 인정받기 위해서는 통상 선출원일로부터 12개월 이내에 우선권주장을 하여 후출원을 하여야 한다.

13

지식재산 창업

실용신안

13 실용신안

1. 실용신안의 의의

실용신안은 그 기술적 사상의 수준이 특허의 보호대상인 발명에 미치지 못하는 소발명이라고도 일컫는 고안에 대해서 특허와는 분리하여 실용신안법에 의해서 보호되는 것을 말하는 것으로 '고안'이라는 기술적 사상의 창작을 보호하여 산업을 진흥시키기 위한 지식재산보호제도이다.

미국 등의 영미법계 국가에서는 실용신안도 특허제도로 보호하고 있으나 한국 등 대륙법계국가(일본, 독일 등)는 '발명' 수준에 이르지 못한 '고안(소발명)'을 법으로 보호해 산업발전에 기여토록 독립된 실용신안법을 제정 및 시행하고 있다.[85] 우리나라의 경우 실용신안법은 1946년 특허법에 규정을 두어 보호를 시작했으며 단행법으로 제정된 우리나라 최초의 실용신안법은 1961년 12월 31일 법률 제952호로 공포하고 그 날부터 시행되었다.

---

85) 1843년 영국의 조례 제65호 제2조에 최초로 고안을 보호하는 규정을 둠으로써 실용신안의 대상인 고안을 보호하고자 최초로 시도한 국가는 영국이라 볼 수 있으나 이는 의장의 보호에 가까운 규정으로서 제조품의 형상 및 모양뿐만 아니라 그 기술적 사상까지를 보호하기에는 충분치 못한 규정이었다. 한편, 독일에서도 초기에는 영국의 규정과 유사한 범주의 고안의 보호에 관한 법률을 제정한 바 있으나 소발명의 보호에 불충분한 점을 감안하여 발명과 의장의 중간 영역에 해당되는 고안을 적극적으로 보호하기 위해서 1891년에 「실용신안보호에 관한 법」을 제정함으로써 이 법이 실용신안만을 독립하여 보호할 수 있도록 한 세계 최초의 실용신안법으로 인정되고 있다.

실용신안제도는 고도한 기술사상만을 발명으로써 보호하는 특허법제도에서는 소발명 수준 정도의 기술이 경시될 우려가 있음에 따라 고도한 발명수준에 이르지는 못한다 하더라도 그 실용성을 무시할 수가 없는 소발명을 보호하여 산업발전에 이바지하고자 하는 것을 목적으로 하고 있다.

'고안'은 이미 발명된 것을 개량해 보다 편리·유용하게 쓸 수 있도록 한 물품에 대한 고안 그 자체를 의미하며 소발명 또는 개량발명이라 부르는 것으로 실용신안법은 자연법칙을을 이용한 기술적 사상의 창작으로서 '물품의 형상·구조·조합에 관한 고안'에 한정해서 보호하고 있어 고도의 기술성 부족으로 사장될 수 있는 실용적 기술사상인 '고안(소발명)'을 보호하고 있다.

2. 실용신안권을 획득하기 위한 요건

먼저 실용신안등록을 받을 수 없는 고안으로서는 특허법에서의 불특허 대상 발명과 같은 취지의 "공공의 질서 또는 선량한 풍속을 문란하게 하거나 공공의 위생을 해할 염려가 있는 고안" 외에 "국기 또는 훈장과 동일하거나 유사한 고안"을 규정하고 있다. 특히 실용신안의 보호대상인 고안은 일반적으로 제품의 형상과 모양에 특징이 있는 것이 많음에 따라서 국기나 훈장과 같은 국가를 상징하는 것을 이용한 고안이 있을 수 있다. 이는 국기나 훈장과 동일하거나 유사한 형상과 모양을 갖는 것에 일반인에게 실용신안으로서 독점권을 인정한다면 국가의 권위와 명예가 손상될 수 있으므로 이를 부등록 대상으로 하고 있다.

실용신안권을 획득하기 위한 요건은 크게 "실용신안법상 고안에 해당

할 것", "물품의 형상, 구조, 또는 조합에 관한 것일 것", "산업상 이용가능성, 신규성, 및 진보성"으로 나누어 살펴볼 수 있다.

첫째, "실용신안법상 고안에 해당할 것"에 있어 고안이란 자연법칙을 이용한 기술적 사상의 창작을 의미하는 것으로서, 특허법상 발명의 정의와 유사하나 발명은 그 창작이 고도할 것을 요구하는 반면, 실용신안은 그 창작에 있어 고도성이 요구되지 않는 점에서 차이가 있다.

둘째, "물품의 형상, 구조, 또는 조합에 관한 것일 것"에 있어 실용신안은 물품의 형상, 구조 또는 조합에 관한 것에 대해서만 인정된다. 예컨대, 가구, 자전거, 안경과 같은 물건 자체의 형상, 구조 또는 이들의 조합이 실용신안의 대상이 될 수 있다. 따라서 제조방법, 사용방법, 신약·합금과 같이 물건 자체가 아닌 것은 실용신안의 대상이 될 수 없으며, 이들은 특허로 출원해야만 한다.

셋째, "산업상 이용가능성, 신규성, 및 진보성"에 있어 실용신안권은 특허와 마찬가지로 새로운 기술을 개발한 사람에게 부여되는 것이므로 특허권 획득을 위한 요건들은 실용신안권을 획득하기 위해서도 동일하게 적용된다. 다만 실용신안은 특허와 달리 낮은 수준의 기술을 보호하기 위한 제도이므로, 진보성에 관한 요건에 있어 특허권의 경우보다 그 요건이 완화되어 출원된 고안이 속하는 기술 분야에서 보통 정도의 지식을 가진 사람이 실용신안 출원 전에 국내 또는 국외에서 공개된 기술로부터 "극히" 쉽게 창작할 수 있는 것만 아니면 진보성의 요건을 만족시키게 된다.

3. 특허와 실용신안의 비교

자연법칙을 이용한 기술적 사상을 보호하는 특허와 실용신안은 다음과 같이 3가지로 크게 구별되는 특성이 있다.

첫째, 특허는 "자연법칙을 이용한 고도의 기술적 사상의 창작인 발명"을 보호대상으로 하고 실용신안은 "자연법칙을 이용한 기술적 사상의 창작인 고안"을 보호대상으로 하고 있어 '고도성'의 존재로 구분된다.

둘째, 특허는 물건의 발명과 방법의 발명 모두 보호하고 있으나 실용신안은 물건의 발명만을 보호하고 있다.

셋째, 특허권 존속기간은 설정등록 후 출원일로부터 20년으로 하고 있으나 실용신안권은 설정등록 후 출원일로부터 10년으로 하고 있다. 참고로 미국 등은 실용신안특허 또는 소특허라 부르며 특허권처럼 20년간 보호하고 있으나 대륙법계 대부분의 국가는 10년간만을 보호하고 있다.

〈특허법과 실용신안법에 따른 실용신안제도 비교〉

특허법에 대한 실용신안법의 특징	
보호대상	방법 또는 화학물질에 대한 고안은 제외하고 물품의 형상, 구조 또는 조합에 관한 고안만을 대상으로 함
등록요건	자연법칙을 이용한 기술적 사상의 창작으로서 고도성을 요구하지 않음
존속기간	특허는 20년이지만 실용신안은 10년
출원 및 심사절차	- 실용신안은 도면 첨부가 필수 - 출원료·등록료가 특허에 비해 저렴함 - 특허 및 실용신안의 심사청구기간은 출원일로부터 3년
실시요건	물품을 생산·사용·양도·수입 또는 그 물품의 양도 또는 대여의 청약행위

4. 실용신안 흐름도(특허청에 명시된 등록절차)

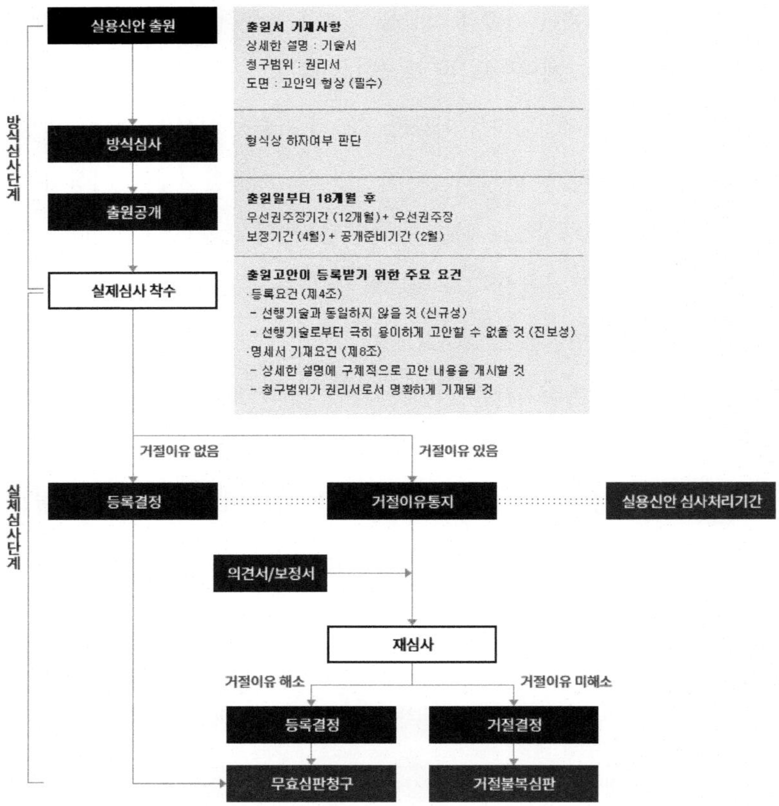

출처 : 특허청

5. 심사 후 등록제도와 선등록제도

실체심사를 하지 않고 방식 및 기초적 요건만을 심사한 후 조기에 권리를 부여하는 실용신안 선등록제도는 제품의 라이프사이클이 짧고 모방이 용이한 실용신안기술을 조기에 보호하고 중소벤처기업의 사업화 및 기술 개발 의욕을 증진시키기 위하여 1997년 7월 1일부터 도입하여 2006년 9월 30일까지 적용하였다

그러나 특허출원에 대한 심사처리기간의 단축이 전망됨에 따라 신속한 권리설정을 목적으로 도입된 심사전 등록제도인 실용신안 선등록제도의 장점이 감소되고 심사 없이 등록된 권리의 오·남용, 복잡한 심사절차로 인한 출원인의 부담 증가 및 심사업무의 효율성 저하 등 심사전 등록제도의 문제점이 상대적으로 부각된 점을 감안하여 실용신안제도를 2006년 10월 1일 이후로 심사 후 등록제도로 전환하게 되었다.

심후 후 등록제도의 주요 내용은 형식적인 요건만을 심사하여 등록하던 실용신안 선등록제도를 폐지하는 대신 실체심사를 거쳐 실용신안등록 여부를 결정하도록 하는 심사후 등록제도를 도입하였으며 실용신안 심사전 등록제도의 운영을 위해 도입되었던 기초적 요건 심사제도, 등록 후 기술평가제도 및 정정청구제도 등을 폐지하고 특허제도와 마찬가지로 심사청구제도, 거절이유통지제도 및 보정제도 등의 심사절차를 도입하였다.

1999년부터 2006년까지는 선등록제도였으며 2006년 10월부터는 심사 후 등록제도로 바뀜에 따라 대한민국 특허청이 제시한 이전과의 등록절차 차이점은 아래와 같다.

〈실용신안 선등록제도와 심사 후 등록제도 절차 비교〉

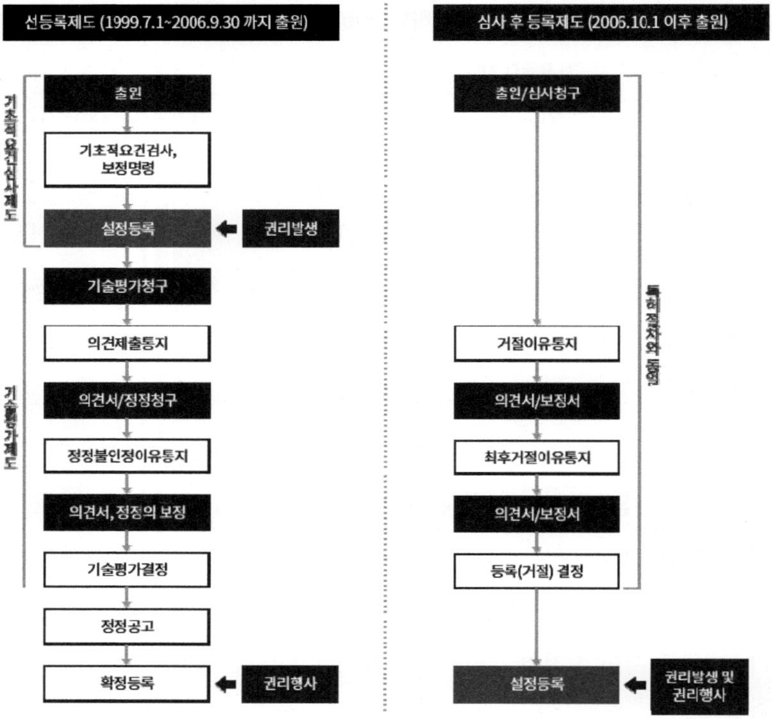

출처 : 특허청

14

지식재산 창업

영업비밀

14 영업비밀

1. 영업비밀보호제도

막대한 시간과 비용을 투자하여 개발한 기술과 정보를 제대로 보호받지 못하면 기업들 간에는 새로운 기술을 개발하지 않고 타인의 노력과 성과에 편승하여 부당한 이익을 취득하려는 풍조가 만연하게 될 것이고 이는 건전한 경쟁질서 형성을 방해하여 장기적으로 기업은 물론 국가 경쟁력을 떨어트리는 원인이 되므로 이를 방지하기 위해 '부정경쟁방지 및 영업비밀보호에 관한 법률'을 제정하여 영업비밀보호제도를 도입하였다.

따라서 영업비밀보호제도는 타인의 노력과 성과에 편승하여 부당한 이익을 취득하려는 행위를 금지하는 '부정경쟁 금지의 법리'를 실현하여 건전한 경쟁질서를 형성하기 위해 만들어진 제도이며 새로운 기술 및 경영 정보의 개발의욕을 고취시켜 기업의 연구·개발활동을 촉진하고 기술이전에 발생할 수 있는 비밀누출 가능성을 예방하여 국내 기업 간 또는 국가 간 기술이전을 순조롭게 하여 기술이전시장 형성 및 해당 기술의 효율적 이용을 촉진하는 것을 목적으로 하는 제도라고 할 수 있다.

이와 같은 영업보호제도가 여타의 지식재산제도와 다른 점은 특허, 실용신안제도는 기본적으로 자신의 기술을 공개한 대가로 일정 기간 독점·배타권을 부여하는데 반해 영업비밀보호제도는 정보를 공개하지 않고 비밀로 관리하는 경우에 보호하는 것으로 영업비밀은 하나의 권리라기보다는 사실상의 재산에 가깝다고 할 수 있다.

따라서 영업비밀보호제도는 특허권처럼 정보에 대한 독점·배타권을 부여하는 것이 아니라 '정보를 비밀로 유지하는 상태'를 보호하고, 이를 침해하는 행위를 금지함으로써 영업비밀을 보호하는 방식을 취고 있기 때문에 영업비밀로 유지되는 동안에는 계속 보호가 가능하며, 독점·배타적 권리가 아니기 때문에 제3자가 동일한 영업비밀을 독자적으로 가지고 있거나 사용하는 경우 본인의 영업비밀을 침해한 것이 아니라면 침해금지나 손해배상을 청구할 수 없다.

또한 영업비밀은 특허권 등과 달리 독점·배타적 권리가 아니므로 등록을 할 수 없으나[86] 양도하거나 이에 대한 실시계약을 체결할 수는 있다.

2. 영업비밀의 개념

'비밀'이라는 용어는 형법이나 민법 등 여러 법률에서 사용되고 있지만 통일적으로 규정된 정의는 없다. 그러나 '우주의 비밀'은 '아무도 알지 못하는 사실'을 의미하는 것으로 법적 의미의 비밀과는 거리가 있다. 따라서 '우주의 비밀'과 같은 비밀을 절대적 의미의 비밀이라고 한다면 법률상 비밀은 상대적 의미의 비밀이라고 할 수 있다.

86) 이러한 단점을 보완하기 위해 특허청은 "영업비밀 원본증명서비스"를 도입하였으며 이 서비스는 영업비밀이 담긴 전자문서는 개인이나 기업이 자체적으로 보관하면서 정보를 외부로 공개하지 않고 해당 전자문서로부터 추출된 고유의 식별값, 즉 전자지문의 등록을 통해 영업비밀의 보유 사실을 증명해 준다. 이 서비스는 특허청 산하 한국지식재산보호원의 영업비밀보호센터(www.tradesecret.or.kr)에서 운영하고 있다.

영업비밀도 법률상 비밀이기 때문에 상대적 의미의 비밀로 몇몇 사람이 정보의 내용을 알고 있는 경우라도 이를 알고 있는 구성원 전원이 비밀유지 서약을 한 경우는 정보를 영업비밀로 공유하는 것으로 볼 수 있다.[87]

'부정경쟁방지 및 영업비밀보호에 관한 법률'은 '영업비밀'에 관하여 '공공연히 알려져 있지 아니하고 독립된 경제적 가치를 가지는 것으로서, 비밀로 관리된 생산방법, 판매방법, 그 밖에 영업활동에 유용한 기술상 또는 경영상의 정보를 말한다.'고 정의하고 있다.

영업비밀과 유사개념으로 기업비밀, 산업기술, 국가핵심기술, 방위산업기술을 등을 살펴보면 먼저 영업비밀과 기업비밀을 구분짓는 경우 기업비밀은 넓은 의미로는 산업비밀을 의미하며, 좁은 의미로는 영업비밀을 뜻하는 것으로 영업비밀은 일종의 기업비밀이며, 기업비밀의 일부를 구성하고 있는 정보라고 할 수 있다. 하지만 영업비밀이 영업비밀보호법상의 소정의 요건을 구비하는 정보인데 반하여 기업비밀은 요건의 충족과는 상관없이 기업의 비밀에 속하는 것은 무엇이든지 포함된다는 점에서 다르다고 할 수 있다.

산업기술은 '산업기술의 유출방지 및 보호에 관한 법률' 제2조의 규정에 의해 제품 또는 용역의 개발·생산·보급 및 사용에 필요한 제반 방법 내지 기술상의 정보 중에서 관계중앙행정기관의 장이 소관 분야의 산업 경쟁력 제고 등을 위하여 법률 또는 해당 법률에서 위임한 명령에 따라

87) '비공지성'의 상대성에 관한 판결(2001노868 판결) : 영업비밀의 비공지성은 절대적인 비공지성을 의미하는 것이 아니라 상대적인 것으로서 비밀을 지킬 의무가 있는 사람들로서 제한 상태가 유지되고 있는 한 비공지성이 있다고 보아야 하고, 다른 사람들이 그 정보의 대체적인 윤곽을 알고 있더라도 구체적인 상세 정보를 갖지 못했다면 역시 비공지성이 있다.

지정·고시·공고·인증하는 "①「산업기술보호법」 제9조에 따라 고시된 국가핵심기술, ②「산업발전법」 제5조에 따라 고시된 첨단기술의 범위에 속하는 기술, ③「산업기술혁신 촉진법」 제15조의2에 따라 인증된 신기술, ④「전력기술관리법」 제6조의2에 따라 지정·고시된 새로운 전력기술, ⑤「환경기술 및 환경산업 지원법」 제7조에 따라 인증된 신기술, ⑥「건설기술 진흥법」 제14조에 따라 지정·고시된 새로운 건설기술, ⑦「보건의료기술 진흥법」 제8조에 따라 인증된 보건신기술, ⑧「뿌리산업 진흥과 첨단화에 관한 법률」 제14조에 따라 지정된 핵심 뿌리기술, ⑨ 그 밖의 법률 또는 해당 법률에서 위임한 명령에 따라 지정·고시·공고·인증하는 기술 중 산업통상자원부장관이 관보에 고시하는 기술" 등의 어느 하나에 해당하는 기술을 말하는 것으로 영업비밀보호법은 기술뿐만 아니라 경영상 정보도 보호대상으로 하고 있으며 비공지성, 경제적 유용성, 비밀관리성을 성립 요건으로 하는데 반하여, 산업기술보호법 상의 산업기술은 이러한 요건을 두지 않는다. 또한 산업기술은 대학이나 공공연구기관 등 다양한 범위까지 보호범위로 하며, 위와 같은 세 가지 요건을 구비한 경우 영업비밀로 보호받을 수도 있다.

국가핵심기술은 산업기술보호법에 의해 '산업기술'이라는 개념 외에 별도로 정의하여 국내외 시장에서 차지하는 기술적·경제적 가치가 높거나 관련 산업의 성장잠재력이 높아 해외로 유출될 경우에 국가의 안전보장 및 국민경제의 발전에 중대한 악영향을 줄 우려가 있는 기술로, 산업기술보호법 제9조에 의해 지정된 산업기술을 뜻한다.[88]

---

88) 2021.7.14. 시행된 국가핵심기술 지정 등에 관한 고시에 따르면 국가핵심기술로 반도체 분야 11개, 디스플레이 2개, 전기전자 4개, 자동차·철도 9개, 철강 9개, 조선 8개, 원자력 5개, 정보통신 7개, 우주 4개, 생명공학 4개, 기계 7개, 로봇

방위산업기술은 방위산업과 관련한 국방과학기술 중 국가안보 등을 위하여 보호되어야 하는 기술로서 방위사업청장이 「방위산업기술 보호법」 제7조에 따라 지정하고 고시한 것을 말하며 「방위산업기술 보호법」은 방위산업기술을 체계적으로 보호하고 관련 기관을 지원함으로써 국가의 안전을 보장하고 방위산업기술의 보호와 관련된 국제조약 등의 의무를 이행하여 국가신뢰도를 제고하는 것을 목적으로 하여 2015년 12월 29일 제정되어 2016년 6월 30일 시행되었다.

3. 영업비밀의 유형

영업비밀의 유형은 크게 기술상의 영업비밀과 경영상의 영업비밀로 나눌 수 있는데 기술상의 영업비밀로 "① 공장의 설계도면, 기계장치의 배치도, 제품 생산라인의 설계도, 공정 설계도 등과 같은 시설 및 제품 설계도, ② 제품의 생산, 가공, 조립 또는 제조 방법으로 비법이거나 미공개된 것, ③ 물질의 배합방법으로 물질을 생성하는 반응 순서, 원료의 배합순서, 배합비율, 시차 등으로서 공개되지 않고, 역설계로 알아낼 수 없는 것, ④ 연구 개발 보고서 및 데이터 연구로 개발 과정, 결과 보고서 및 연구에 사용된 데이터, ⑤ 개발 중인 시제품 또는 시제품의 성능 실험, 의약품의 효능, 기계장치의 시운전 데이터 등과 같은 실험 데이터, ⑥ 기업이나 개인이 독자적으로 개발하여 보유하고 있는 시설, 특수장비와 설비 등과 같은 시설, 기계설비 및 장비" 등이 있다. 이와 같은 기술적 정보인 경우에는 신규하고 진보한 기술인 경우에는 자신의 기술을 공개

3개 등의 기술이 지정되어 있다.

하고 특허법을 통해 독점배타적 권리인 특허권을 받아 일정기간 동안 보호받을 수 있고, 위에 해당하지 않거나 기술을 공개하고 싶지 않은 경우에는 이를 영업비밀로 관리하며 자신만 활용할 수도 있다.

그리고 경영상의 영업비밀로는 "① 경영 전략, 신규 투자 계획, 신제품 개발·생산 계획, 마케팅·판매 계획, 인력 수급계획 등의 각종 주요계획, ② 고객 명부로 지역별 고객 리스트, 연령별 또는 직업별 분류표 및 대리점·영업점의 제반 영업자료, ③ 관리 정보로 원가 분석, 마진율, 거래처 정보, 인사·재무관리 및 경영 분석 정보 등, ④ 매뉴얼 등 중요 자료로 그 기업의 기술과 경험을 바탕으로 한 방법 기술 서류, 그 회사만의 특유한 방법이나 기법을 담고 있는 매뉴얼 등"이 있다. 이와 같이 기술적 정보가 아니라 고객 명부나 관리 정보 등 경영상 정보인 경우에는 특허법의 보호는 받지 못하고 영업비밀로서 보호받을 수 있다

4. 영업비밀의 요건

기업의 정보를 영업비밀로 보호받기 위해서는 일정한 요건을 갖추어야 한다, 이와 관련해 영업비밀보호법 제2조 제2호에 영업비밀을 공공연히 알려져 있지 않고 독립된 경제적 가치를 가지는 것으로서 비밀로 관리된 생산방법, 판매방법, 그 밖에 영업활동에 유용한 기술상 또는 경영상의 정보로 정의하고 있으며 이에 따라 영업비밀의 세 가지 성립요건은 "비공지성", "경제적 유용성", "비밀관리성"이다.

먼저 비공지성은 영업비밀보호법상 영업비밀은 '공연히 알려지지 않은'상태로 이미 해당 산업 내에서 공연히 알려져 있거나 누구나 제한 없

이 입수할 수 있다면 그 정보는 영업비밀로서 자격을 상실한 것이 되고 비공지성의 입증은 침해를 주장하는 자, 즉 영업비밀 보유자가 증명하여야 한다. 이때 '공연히 알려져 있지 않은' 상태란 불특정 다수가 그 정보를 알고 있거나 알 수 있는 상태에 있지 않은 것으로서 정보의 내용이 공개된 간행물 등에 게재되지 않고 비밀상태인 것을 의미하며 정보의 보유자는 정보가 비밀상태(비공지성)에 있기 때문에 경제적 이익과 시장에서 경쟁상의 우위를 가질 수 있는 상태를 의미하며, 비공지성은 절대적 개념이 아니라 상대적 개념으로 누구도 알 수 없는 우주의 비밀과 같은 절대적 비밀이 아니라 일정한 범위를 한정하여 비밀이 유지된다면 충분하다. 따라서 일정 범위의 사람들이 알고 있더라도 그 사람들 간에 정보가 비밀로 유지되거나, 타인이 정보의 대체적인 윤곽을 알고 있더라도 구체적인 상세정보를 갖지 못한다면 비공지성이 인정된다.[89)]

비공지성과 관련한 문제로는 역설계와 조합방법이 외부에 알려지지 않은 경우, 국외 공지 등이 있는데 영업비밀의 보유자인 회사가 직원들에게 비밀유지의 의무를 부과하는 등 기술정보를 엄격하게 관리하는 이상 역설계가 가능하고 그에 의하여 기술정보의 획득이 가능하더라도 그러한

---

89) 회로도 또는 회로도 파일, 레이아웃 도면 파일, 공정관련 설계자료집 파일 및 양산관련 '조립규격' 파일 등은 비메모리 반도체집적회로의 설계 및 판매 전문회사인 공소외 주식회사가 상당한 시간과 비용을 들여 연구 개발한 것으로서 공소외 주식회사의 영업에 있어 핵심적인 요소 중의 하나일 뿐만 아니라, 외부로 유출될 경우 경쟁사, 특히 후발경쟁업체가 동종 제품을 개발함에 있어 기간 단축의 효과를 가져올 수 있고, 그 내용이 일반적으로 알려지지 아니함은 물론 공소외 주식회사가 이를 비밀로 관리해왔으므로, 위 기술정보들은 모두 공소외 주식회사의 영업비밀에 해당하고, 위 회로도에 표시된 소자의 선택과 배열 및 소자값 등에 관한 세부적인 내용이 공연히 알려져 있지 아니한 이상, 다른 업체들이 공소외 주식회사 제품과 기능이 유사한 제품들을 생산하고 있다거나 타 회사 제품의 데이터시트(datasheet) 등에 그 제품의 극히 개략적인 회로도가 공개되어 있다는 등의 사정만으로 이와 달리 볼 수 없다(대법원 2009.10.29. 선고 2007도6772 판결).

사정만으로 그 기술정보를 영업비밀로 보는 데에 지장이 있다고 볼 수 없으며,[90] 공연히 알려진 정보의 조합일지라도 그 조합방법이 외부에 알려져 있지 않아서 한 쪽 업체의 정보가 다른 경쟁사의 정보에 대하여 우위성을 유지하고 있는 경우에는 비공지성이 인정되고,[91] 아이디어 등이 국내에서 사용된 바는 없다 할지라도 국외에서 이미 공개나 사용됨으로써 그 아이디어의 경제적 가치를 얻을 수 있는 자에게 알려져 있는 상태에 있는 경우에는 영업비밀로 볼 수 없게 된다.[92]

다음으로 경제적 유용성은 비밀이라도 경제적 관점에서 의미가 없다면 영업비밀에 해당하지 않는 것으로 영업비밀은 독립된 경제적 가치를 가지고 있어야 한다. 예컨대 종교적인 교의를 담은 비밀문서는 순전히 영적인 가치에 관한 것으로 영업비밀로 보호받지 못하며 전혀 실현가능성이 없는 정보 또한 마찬가지이다. 이때 독립된 경제적 가치란 정보의 보유자가 정보를 사용하여 경쟁자에 대하여 경쟁상의 이익을 얻을 수 있거나[93] 정보의 취득이나 개발을 위해 상당한 비용이나 노력이 필요하다는 것을 의미하고 소극적인 정보라도 사업활동의 효율을 높일 수 있다면 영업비밀에 해당한고 볼 수 있어 많은 비용이 소요된 연구나 실험결과를 통하여 어떤 공정이 유용하지 않다는 정보 역시 실패를 반복하지 않고 그 실험을 생략하여 연구개발비를 절약할 수 있기 때문에 영업비밀에 해당

---

90) 대법원 1999. 3. 12. 선고 98도4704 판결.

91) 이미 알려진 정보라도 어떻게 조합하는지에 따라서 그 가치가 완전히 다르기 때문이다.

92) 서울지법 96가합7170 판결.

93) 영업비밀의 보유자가 정보를 사용함으로써 생산비를 절감하거나 판매를 보다 효율적으로 수행하는 등의 경제적인 이익을 얻거나 혹은 경쟁자에 대하여 자신의 경쟁력을 향상시키는 데 도움이 될 때 독립된 경제적 가치가 인정된다.

한다.[94] 물론 기업이 어떤 정보의 개발을 위하여 비용이나 시간을 투자했다는 사실은 그 정보가 경제적인 가치를 지닌다는 증거가 되는 동시에 그 정보와 관련한 침해 발생 시 손해배상을 위한 기초가 될 수도 있다. 그러나 위법한 정보는 보호되지 않음에 따라 뇌물 정보나 스캔들 사실과 같은 정보는 영업비밀로 보호되지 않는다.

마지막으로 비밀관리성은 '비밀로 관리된' 정보로 종래 부정경쟁방지 및 영업비밀보호에 관한 법률에 영업비밀 보호에 관한 규정이 신설될 당시(일부개정 1991.12.31., 시행 1992.12.15.)에는 '상당한 노력'에 의하여 비밀로 유지된 정보일 것을 필요로 하다가 2015년 개정법은 영업비밀로 보호되기 위해 필요한 비밀유지 관리 수준을 '상당한 노력'[95]에서 '합리적인 노력'으로 완화하였고(일부개정 2015.1.28., 시행 2015.7.29.) 2019년 개정법은 '합리적인 노력'을 삭제하고 '비밀로 관리된'으로 개정하여 합리적인 노력이 없더라도 비밀로 유지되었다면 영업비밀로 인정받을 수 있도록 영업비밀의 인정요건을 한층 더 완화하였다(일부개정 2019.1.8., 시행 2019.7.9.).[96]

---

94) 소극적인 정보, 즉 장기간에 많은 비용이 소요된 연구 및 실험결과를 통하여 어떤 공정이 유용하지 않다는 정보 역시 실패를 반복하지 않고, 그 실험을 생략하여 연구개발비를 절약하는 등으로 사업활동의 효율을 높일 수 있으므로 영업비밀에 해당한다(서울중앙지방법원 2000가합54005판결).

95) 법 개정 전의 내용으로 정보가 영업비밀임을 표시하거나 고지한 경우, 정보에 접근할 수 있는 대상이나 접근 방법을 제한한 경우, 정보에 접근한 자에게 비밀준수의무를 부과한 경우에는 상당한 노력이 인정되는 경우로 보았다.

96) 개정 전에는 영업비밀로 보호받기 위해서 '상당한 노력'으로 비밀을 유지해야 하는데, 자금 사정이 좋지 않은 중소기업은 영업비밀 보호를 위한 충분한 시스템을 구비하지 못하여 영업비밀로 보호받지 못하는 사례가 발생함에 따라 비밀유지에 필요한 '상당한 노력'을 '합리적인 노력'으로 완화하여 중소기업의 영업비밀보호를 강화하였고 현재는 '합리적인 노력'을 삭제하고 '비밀로 관리된'으로 더욱 완화하였다.

5. 영업비밀의 침해행위 유형

영업비밀보호법 제2조 제3호는 6가지 유형의 영업비밀 침해행위를 규정하고 있으며 이 6가지 침해 유형은 부정취득과 관련된 것과 비밀유지 의무자의 부정공개와 관련된 것 두 가지로 나누어 볼 수 있다.

먼저 부정취득과 관련된 침해행위 유형은 "① 절취(竊取), 기망(欺罔), 협박, 그 밖의 부정한 수단으로 영업비밀을 취득하는 행위 또는 그 취득한 영업비밀을 사용하거나 공개하는 행위, ② 영업비밀에 대하여 부정취득행위가 개입된 사실을 알거나 중대한 과실로 알지 못하고 그 영업비밀을 취득하는 행위 또는 그 취득한 영업비밀을 사용하거나 공개하는 행위, ③ 영업비밀을 취득한 후에 그 영업비밀에 대하여 부정취득행위가 개입된 사실을 알거나 중대한 과실로 알지 못하고 그 영업비밀을 사용하거나 공개하는 행위" 등이 있다.

그리고 비밀유지 의무자의 부정공개와 관련된 유형은 "① 계약관계 등에 따라 영업비밀을 비밀로서 유지하여야 할 의무가 있는 자가 부정한 이익을 얻거나 그 영업비밀의 보유자에게 손해를 입힐 목적으로 그 영업비밀을 사용하거나 공개하는 행위, ② 영업비밀이 ①에 따라 공개된 사실 또는 그러한 공개행위가 개입된 사실을 알거나 중대한 과실로 알지 못하고 그 영업비밀을 취득하는 행위 또는 그 취득한 영업비밀을 사용하거나 공개하는 행위, ③ 영업비밀을 취득한 후에 그 영업비밀이 ①에 따라 공개된 사실 또는 그러한 공개행위가 개입된 사실을 알거나 중대한 과실로 알지 못하고 그 영업비밀을 사용하거나 공개하는 행위" 등이 있다.

참고로 산업기술유출방지법 제14조에 따른 산업기술의 유출 및 침해행위 금지사항은 "1. 절취·기망·협박 그 밖의 부정한 방법으로 대상기관의 산업기술을 취득하는 행위 또는 그 취득한 산업기술을 사용하거나 공개하는 행위, 2. 규정 또는 계약 등에 따라 산업기술에 대한 비밀유지의무가 있는 자가 부정한 이익을 얻거나 그 대상기관에게 손해를 가할 목적으로 유출하거나 그 유출한 산업기술을 사용 또는 공개하거나 제3자가 사용하게 하는 행위, 3. 부정행위 등이 개입된 사실을 알고 그 산업기술을 취득·사용 및 공개하거나 산업기술 취득 후에 그 산업기술에 대하여 부정행위 등이 개입된 사실을 알고 그 산업기술을 사용하거나 공개하는 행위, 4. 부정행위 등이 개입된 사실을 중대한 과실로 알지 못하고 그 산업기술을 취득·사용 및 공개하거나 산업기술을 취득 후에 그 산업기술에 대하여 부정행위 등이 개입된 사실을 중대한 과실로 알지 못하고 그 산업기술을 사용하거나 공개하는 행위, 5. 산업통상자원부 장관의 승인을 얻지 아니하거나 부정한 방법으로 승인을 얻어 국가핵심기술을 수출하는 행위, 6. 국가핵심기술을 외국에서 사용하거나 사용되게 할 목적으로 산업통상자원부 장관 승인을 받지 아니하거나 거짓이나 그 밖의 부정한 방법으로 승인을 받아 해외인수·합병 등을 하는 행위, 6의2. 국가핵심기술을 외국에서 사용하거나 사용되게 할 목적으로 산업통상자원부 장관에 신고하지 않거나 거짓이나 그 밖의 부정한 방법으로 신고를 하고서 해외인수·합병 등을 하는 행위, 6의3. 규정이나 계약 등에 따라 산업기술에 대한 비밀유지의무가 있는 자가 산업기술에 대한 보유 또는 사용 권한이 소멸됨에 따라 대상기관으로부터 산업기술에 관한 문서·도화(圖畵)·전자기록 등 특수매체기록의 반환이나 산업기술의 삭제를 요구받고도 부정한 이익을 얻거나 그 대상기관에 손해를 가할 목적으로 이를 거부 또는 기피하거나 그 사본을 보유하는 행위, 7. 산업통상자원부장관의 명령을 이행하지 아니하는 행위, 8. 산업기술 관련 소송 등 대통령령으로 정하는 적법한 경로를 통하여 산업기술이 포함된 정보를 제공받은 자가 정보를 제공받은 목적 외의 다른 용도로 그 정보를 사용하거나 공개하는 행위" 등이 있다.

6. 침해에 대한 민사적 구제 및 형사처벌

영업비밀을 침해당한 경우 취할 수 있는 민사적 구제 방법은 금지 및 예방청구권, 전직금지(경업금지)청구권, 폐지·제거 등 청구권, 손해배상청구권, 신용회복청구권 등이 있다.

금지 및 예방청구권은 영업비밀의 보유자는 영업비밀 침해행위를 하거나 하려는 자에 대하여 그 행위에 의하여 영업상의 이익이 침해되거나 침해될 우려가 있는 경우에 법원에 그 행위의 금지 또는 예방을 청구할 수 있는 것으로 금지 및 예방청구권은 침해행위를 즉시 중지시키거나 예방할 수 있는 가장 직접적이고 효과적인 방법이라고 할 수 있다.

전직금지(경업금지)청구권의 경우 영업비밀 침해의 대다수 사건들은 퇴직 근로자들이 전 고용자의 정보를 임의로 새 직장에서 사용하는 경우인데, 이처럼 기술을 개발하는 데 많은 시간과 자원을 투자하였지만 퇴직 근로자들이 영업비밀을 지키지 않는다면 기업은 더 이상 연구 개발에 투자를 하지 않을 것이므로 따라서 근로자의 직업 선택 자유를 최대한 보장하면서 한편으로는 이전 직장의 영업비밀을 적절히 보호하기 위해서 전직금지약정이 필요하다.

폐지·제거 등 청구권은 영업비밀 보유자가 금지 및 예방청구를 할 때에는 침해행위를 조성한 물건의 폐기, 침해행위에 제공된 설비의 제거, 그 밖에 침해행위의 금지 또는 예방을 위하여 필요한 조치를 함께 청구할 수 있는 것으로 영업비밀을 침해한 자의 수중에 침해행위를 조성한 물건이나 침해행위에 제공된 설비를 그대로 둔다면 또 다시 침해행위를 할 우려가 있으므로 장래의 침해행위를 금하는 것만으로는 영업비밀 보유자의 이익을 충분히 보호할 수가 없으므로 이에 영업비밀보호법은 금지 및 예방청구와 함께 폐기·제거청구를 인정하고 있다.

또한 손해배상청구권으로 고의 또는 과실에 의한 영업비밀 침해행위에 영업비밀 보유자의 영업상 이익을 침해하여 손해를 입힌 자는 그 손해를 배상할 책임을 지도록 하고 있으며 물론 영업상 신용이 실추된 경우에는 손해배상청구에 갈음하거나 손해배상과 함께 영업상의 신용을 회복하는 데 필요한 조치를 청구할 수 있도록 신용회복청구권을 두고 있다.

영업비밀에 대한 형사적 대응은 영업비밀보호법에 의한 대응과 절도죄나 배임죄 등 일반 형법에 의한 대응으로 나뉠 수 있는데 이는 침해 대상 기술이 영업비밀에 해당하는 경우 일정 행위에 대해 영업비밀보호법 위반죄로 처벌함에 따라 영업비밀보호법 제18조 벌칙 규정에 의해 징역이나 벌금형에 처할 수 있고 일반 형법에 의해서는 영업비밀이 기록되어 있는 저장매체 등의 절취행위는 절도죄로, 영업비밀 유지의무를 부담하는 자의 배신행위는 배임죄로 처벌이 가능함은 물론 재물손괴죄, 비밀침해죄, 업무방해죄 등으로 처벌 가능하다.

참고로 산업기술보호법상의 산업기술에 대해서도 영업비밀보호법의 침해행위에 대한 금지청구권과 같이 산업기술 침해행위에 대한 금지청구권을 도입하여 이에 대상 기관은 산업기술 침해행위를 하거나 하려는 자에 대하여 그 행위에 의하여 영업상의 이익이 침해되거나 침해될 우려가 있는 경우에는 법원에 그 행위의 금지 또는 예방을 청구할 수 있으며, 이때 침해행위를 조성한 물건의 폐기, 침해행위에 제공된 설비의 제거, 그 밖에 침해행위의 금지 또는 예방을 위하여 필요한 조치를 함께 청구할 수 있음은 물론 산업기술 침해행위로 인한 손해배상 규정을 마련하여 산업기술 침해행위가 고의적인 것으로 인정되는 경우 법원이 손해로 인정되는 금액의 3배의 범위에서 배상액을 정할 수 있도륵 하는 제도를 신설하여 두고 있다.

15

지식재산 창업

저작권

15 저작권

1. 서

1) 개　요

산업재산권은 고도의 기술적 사상에 의한 창작물에 대한 배타적 권리이지만 반면에 저작권은 창작물을 만든 이, 즉 저작자가 자기 저작물에 대해 가지는 배타적인 법적 권리로 기술적 사상이 가미되지 않은 정신적인 노동에 의한 창작물에 대한 배타적 권리이고 이처럼 권리를 부여함에 따라 창작활동이 활성화되어 궁극적으로 사회적 이익을 얻을 수 있는 제도가 저작권제도라고 할 수 있다.

저작권제도에서 저작권이 발생하는 저작물은 창작적 표현물, 즉 표현 형식이며, 사상·감정·아이디어·사실·방법·주제와 같은 저작물에 담긴 내용 자체를 보호하는 것이 아니라 표현 형식을 보호하고 있다.

이처럼 생각이 아니라 표현을 보호하는 것이 저적권제도이지만 저작물의 종류에 따라 생각도 보호하는 경향으로 발전하였고 특히 정보통신기술의 발달과 함께 저작물도 다양화되고 있어서 저작권제도도 불가피하게 변화에 맞춰 진화하고 있다.

이에 따라 소프트웨어를 기반으로 하고 있는 4차 산업혁명의 핵심요소인 빅데이터, 사물인터넷, 인공지능 등은 현행법 체계상 저작권으로 보호하는 것이 일반적이다.

2) 저작권의 역사

15세기에 이르러 독일에서 구텐베르크가 활판인쇄술을 발명하여 저작물의 대량 복제와 광범위한 유통이 가능해졌고 이에 세속적인 통치자들과 성직자들이 그들의 권위에 반대하는 내용의 저작물에 관심을 갖기 시작하였다. 이처럼 저작물 권리의식은 15세기경 출판기술이 발달하여 책이나 문서 등의 대량 인쇄가 가능해지면서 원작자의 권리에 대한 중요성이 높아졌고 서서히 저작권에 대한 의식이 생겨났으나 당시에는 저작권이라는 권리 개념이 생긴 것은 아니었다. 그 후 1684년 독일 황제의 칙령으로 저작권이 처음 인정되었으며 최초로 법령으로 저작권을 보호하기 시작한 것은 1709년 영국의 '앤여왕법'이며 오늘날은 문학적·예술적 저작물의 보호를 위한 베른협약이나 무역관련 지적소유권협정(TRIPs협정) 등을 통한 국제적 보호에까지 이르게 되었다.

저작권제도의 역사는 새로운 정보기술의 발전에 따라 저작물의 범위와 저작권의 종류 등이 변화되어 왔다. 즉 카메라가 등장하면서 사진을 저작물로서 보하는 입법, 영상기술이 등장하면서 영상저작물의 저작권법적 보호를 명문화하는 입법, 음반과 방송의 등장으로 음반제작자 및 방송사업자에게 저작권자와 유사한 보호를 하는 입법, 컴퓨터가 등장하면서 컴퓨터프로그램저작물에 관한 입법 등이 있으며 인터넷 등 디지털기술이 대중화됨에 따라 정보공유의 필요성도 제기되었다.

또한 저작권은 4차 산업혁명시대를 맞이해 빅데이터, 데이터베이스, 소프트웨어 등의 활용과 함께 그 중요성이 증가하고 있으며 빅데이터와 데이터베이스, 소프트웨어 등이 특허로 보호되는지, 아니면 저작권 또는 영업비밀로 보호될지는 IT기술의 발전의 정도로 따라 달라 질 수 있다.

3) 저작권의 의의

저작권은 시, 소설, 음악, 미술, 영화, 연극, 컴퓨터프로그램 등과 같은 저작물에 대하여 창작자가 가지는 권리, 즉 저작자 본인이 창작한 저작물에 대해 갖는 권리로 저작권제도는 종이 발명, 인쇄술 발전 및 컴퓨터 기술 발전에 의거 창작을 촉진하고, 대중이 이를 이용해 새로운 문화 창조해 내는 데 기여 목적이 있다.

예컨대 작가가 작품을 창작한 경우에는 그 작품을 그대로 출판·배포할 수 있는 복제·배포권과 더불어 그 작품을 영화나 번역물 등과 같은 다른 형태로 저작할 수 있는 2차적저작물 작성권, 연극 등으로 공연할 수 있는 공연권, 방송물로 만들어 방송할 있는 방송권 등 여러 형태의 권리를 가지게 된다.

이와 같은 여러 형태의 권리 전체를 저작권이라 하는데 저작인격권과 저작재산권으로 나뉘게 되며, 넓은 의미에서는 저작권에 인접한 권리인 저작인접권도 포함한다.

저작인격권은 저작자의 인격을 보호하고자 하는 측면에서 주어진 권리로 저작물에 대한 제목이나 내용 등이 바뀌지 않도록 하는 동일성유지권, 저작물에 대한 저작자의 성명을 표시할 수 있는 성명표시권, 출판 등 공표여부를 결정할 수 있는 공표권이 있으며 저작재산권과 달리 양도나 상속을 할 수 없다.

반면 저작재산권은 저작물을 배타적으로 이용가능한 재산적 권리로

부동산처럼 매매하거나 상속할 수 있고 다른 사람에게 빌려 줄 수도 있으며 이와 함께 허락을 받지 않고 저작물을 사용하는 경우에는 자작권자는 민사상의 손해배상을 청구할 있음은 물론 침해자에 대하여 형사상의 처벌을 요구할 수도 있다. 이처럼 저작권을 양도하거나 다른 사람의 사용을 허락함으로써 경제적 대가를 받을 수 있는데 이러한 저작권의 경제적 측면을 저작재산권이라고 한다.

넓은 의미에서 저작권에 포함되는 저작인접권은 실연자, 음반제작자 및 방송사업자에 부여되는 저작권과 유사한 권리로 직접적 창작자는 아니지만 저작물 해설자 또는 전달자로 자작물의 가치를 증대시키므로 저작권에 준하는 권리를 부여하고 있다.

따라서 저작권이 있기 때문에 저작자는 저작물의 사용에 대한 경제적 대가를 받을 수 있고 이와 함께 그 저작물이 사용되는 과정에서 저작자가 저작물 속에 표현하고자 하는 창작의도를 유지시킬 수 있게 된다.

하지만 부동산도 공익적 목적 등을 위해서는 일정한 범위 내에서 권리의 행사가 제한되듯이 저작재산권도 일정한 범위 내에서는, 즉 비영리 목적의 개인적인 이용의 경우나 교육 목적을 위한 경우, 시사보도를 위한 경우 등에 대해서 저작재산권 행사에 있어 일부가 제한될 수 있다.

4) 저작물

저작물은 저작권법 제2조에 "저작물은 인간의 사상 또는 감정을 표현한 창작물"이라고 정의되어 있으며 법 적용상의 혼란을 예방하는 취지에서 제4조에서 저작물을 예시하여 열거하고 있다.

따라서 창작물을 만들었다고 해서 모두 저작권법에 따라 보호되는 것은 아니며 인간의 사상이나 감정을 표현한 것으로 창작성이 있어야 한다. 이에 창작성은 단순히 남의 것을 베끼거나 모방하지 않는 정도면 충분하고[97] 또한 표현된 것을 보호는 것으로 아이디어 자체를 보호하는 것은 아니다.[98]

저작권법에 예시되어 있는 저작물은 ① 소설·시·논문·강연·연설·각본 그 밖의 어문저작물, ② 음악저작물, ③ 연극 및 무용·무언극 그 밖의 연극저작물, ④ 회화·서예·조각·판화·공예·응용미술저작물 그 밖의 미술저작물, ⑤ 건축물·건축 위한 모형 및 설계도서 그 밖의 건축저작물, ⑥ 사진저작물(유사한 방법으로 제작된 것 포함), ⑦ 영상저작물, ⑧ 지도·도표·설계도·약도·모형 그 밖의 도형저작물, ⑨ 컴퓨터프로그램저작물 등이 있다. 이와 함께 기존의 원저작물을 번역·편곡·변형·각색·영상제작, 그 밖의 방법으로 작성한 창작물인 2차적 저작물과 편집물로서 그 소재나 구성 부분의 저작물성 여부와 관계 없이 소재의 선택 또는 배열에 창작성이 있는 저작물인 편집저작물도 규정되어 있다.

한편 저작권법에서 그 저작물성은 인정하면서 공중의 자유이용에 제공한다는 취지에 저작권법상 보호를 받지 못하는 저작물로 ① 헌법·법률·조약·명령·조례 및 규칙, ② 국가나 지방자치단체의 고시·훈령·공고 등, ③ 법원의 판결·결정·명령 및 심판이나 행정심판절차, 그 밖의 이와 유사한 절차에 의한 의결·결정 등, ④ 국가 또는 지방자치단체가 작성한 것으로서 상기의 편집물 또는 번역물, ⑤ 사실의 전달에 불과한 시사보도 등을 열거하여 일반국민의 공유물로 하고 있다.[99]

---

97) 이에 전문 작가가의 작품이건 초등학생의 작품이건 모두 법적 보호를 받을 수 있다.
98) 예컨대 요리책을 그대로 복사하는 행위는 저작권법에 따라 저작권 침해가 되지만 요리책 속에 쓰여진 방법대로 요리를 한 경우는 저작권침해와 관계가 없다.

5) 저작자

저작자는 저작물을 창작한 자를 말하지만 실제로 저작물을 창작한 사람이 누구인지를 알기 어려운 경우가 있기 때문에 저작권법 제8조에 저작자 추정 규정을 두어 법 적용상의 혼란을 예방하고 있다. 이에 따라 ① 저작물의 원본이나 그 복제물에 저작자로서의 실명 또는 이명(예명·아명·약칭 등을 말함)으로서 널리 알려진 것이 일반적인 방법으로 표시된 자, ② 저작물 공연 또는 공중송신하는 경우 저작자로서의 실명 또는 저작자의 널리 알려진 이명으로서 표시된 자는 저작자로서 그 저작물에 대한 저작권을 가지는 것으로 추정하게 되며 이와 같은 저작자의 표시가 없는 경우에는 발행자·공연자 또는 공표자로 표시된 자가 저작권을 가지는 것으로 추정하게 된다.

한편 창작자와 저작자가 다른 경우로 회사 등에서 법인 등의 명의로 공표되는 업무상 만들어낸 저작물, 즉 업무상 저작물에 대해서 저작자는 계약 또는 근무규칙 등에 다른 정함이 없는 때에는 저작자는 그 법인 등이 되며 컴퓨터프로그램저작물(프로그램)의 경우 공표될 것을 요하지 않는다. 또한 영상저작물은 원작자, 시나리오작가, 감독, 배우, 촬영자, 작곡가, 미술사 등 많은 사람들이 공동작업으로 만드는 종합예술작품이므로 이 모든 창작자가 저작자로서 권리를 행사하면 영상저작물의 유통에 어려움이 있어 이 경우 원칙적으로 영상제작자가 영상저작물의 이용에

---

99) 그러나 보호받지 못하는 저작물의 편집일지라도 이들의 선택·배열 등에 창작성이 인정될 수 있는 경우에는 따로 편집저작물로서 보호된다. 한편 사실의 전달에 불과한 시사보도란 시사성을 띤 소재를 기자 등이 주관적인 비평이나 논평 없이 그대로 전달하는 것을 말하는데 단순한 시사보도에 함께 게재되어 있는 사진이 학술·예술적 창작성을 인정할 수 있는 경우에는 그 사진만 따로 보호의 대상이 된다.

필요한 권리를 행사하게 된다.

저작자가 저작권자가 되는 것이 원칙이지만 저작권을 양도하거나 상속하는 경우에는 저작자와 저작권은 분리되며[100] 저작물에 대한 소유권과 저작권은 구별되는 개념으로 소유권을 갖게 된다고 자동적으로 저작권까지 갖게 되는 것은 아니다.[101]

이러한 저작의 권리는 저작한 때부터 발생하며, 저작권 등록이나 납본 등과 같은 어떠한 절차나 형식의 이행을 필요로 하지 않는다.

2. 저작인격권

저작인격권은 저작자의 지위에서 발생하는 인격적·정신적 권리로 저작자의 인격을 보호하고자 하는 측면에서 주어진 권리이다. 이는 저작재산권과 다르게 양도나 상속되지 않으며 이에는 공표권, 성명표시권, 동일성유지권이 있다.

공표권은 저작자가 저작물을 공표하거나 공표하지 아니할 것을 결정하는 권리로 저작자가 공표되지 않은 저작물의 저작재산권을 양도하거나 이용 허락을 한 경우에는 그 상대방에게 저작물의 공표를 동의한 것으로 추정하며 특약이 없으면 2차적 저작물의 구성 및 공표를 허락한 것으로 보지 않으나 원저작자의 동의를 얻어 작성된 2차적 저작물 또는 편집저

100) 저작자가 저작권을 양도한다고 해도 저작인격권은 저작자에게 남아 있으며 이에 통상적으로 저작권자라고 할 때에는 저작재산권자를 의미한다.

101) 인터넷을 통해 합법적인 유료사이트에서 영화를 구입하여 파일을 다운받았다가 카페 등에 다시 업로드하거나 서점에서 책을 구입하여 카페나 블로거 등에 구입한 자료의 내용을 다시 올리는 경우 영화 파일이나 책을 판매한 사람은 디지털 방식이나 책이라는 매체로 소장을 허락한 것으로 소유권과 저작권은 구별되는 개념이다.

작물이 공표된 경우에는 원저작물도 공표된 것으로 본다. 또한 공표권은 공표하지 아니할 권리를 포함하기 때문에 저작가가 공표를 원하지 않은 경우 의사에 반하여 타인 그 저작물을 공표하는 것은 저작인격권의 침해에 해당한다.

성명표시권은 저작자가 저작물의 원본이나 그 복제물 또는 저작물의 공표 매체에 저작자의 실명 또는 이명을 표시할 권리이며 이때 성명은 실명이건 예명이나 이명이건 저작자의 자유의사에 따라 표시할 수 있다.

동일성유지권은 저작자가 자기 저작물의 내용·형식 및 제호를 원래의 상태로 유지할 권리를 말하는 것으로 다른 사람이 임으로 저작물의 내용이나, 형식, 제호를 변경하는 것은 동일성유지권의 침해에 해당한다. 다만, 저자권법 제25조에 의하여 ① 학교교육 목적을 위해 저작물을 이용하는 경우에 학교교육 목적상 부득이하다고 인정되는 범위 안에서의 표현의 변경, ② 건축물의 증축·개축 그 밖의 변형, ③ 특정한 컴퓨터 외에는 이용불가한 프로그램을 다른 컴퓨터에 이용가능하도록 하기 위해 필요한 범위 내의 변경, ④ 프로그램을 특정 컴퓨터에 보다 효과적으로 이용가능하도록 하기 위해 필요한 범위 내의 변경, ⑤ 그 밖에 저작물의 성질이나 이용목적 및 형태 등에 비춰 부득이한 범위 내의 변경 중 하나에 해당하는 변경은 동일설유지권 침해에 해당하지 않는다.

저작인격권은 저작자의 일신에 전속하는 일신전속성을 가지고 있으며 존속기간에 대해서는 아무런 규정을 두고 있지 않으나 저작자의 사망 이후에도 명예훼손에 해당되는 저작인격권의 침해로 될 행위를 금지하고 있고 다만, 행위의 성질 및 정도에 비추어 사회통념상 저작자의 명예를 훼손하는 것이 아니면 침해로 보지 않는다.

3. 저작재산권

1) 저작재산권 의의 및 종류

저작재산권은 저작자가 저작물을 스스로 이용하거나 다른 사람이 이용할 수 있도록 허락함으로써 경제적 이익을 득할 수 있는 재산권으로 소유권과 같이 배타적인 권리이므로 누구라도 저작권자의 허락 없이는 저작물을 이용할 수 없게 하는 효력을 가진다. 이러한 저작재산권에는 저작권법 제16조 내지 제22조에 따라 복제권, 공연권, 공중송신권, 전시권, 배포권, 대여권, 2차적 저작물작성권이 있다. 그러나 이런 권리들도 저작권법의 저작재산권의 제한 규정에 따른 그 행사가 제한되기도 한다.

복제권은 저작권 가운데서도 가장 기본적인 권리로 복제의 개념은 단순한 복사라는 의미를 넘어서 인쇄, 사진, 녹음, 녹화 등의 방법으로 유형물로 다시 제작하는 것으로 예컨대 소설 원고의 출판, 논문의 복사, 강연을 녹음테이프에 수록하는 것, 음악을 음반에 수록하는 것 등이 모두 복제에 해당한다. 건축물의 경우에는 그 건축을 위한 모형 또는 설계도서에 따라 시공하는 것도 복제의 개념 속에 포함되며, 공연, 방송 또는 실연을 녹음하거나 녹화하는 것도 복제에 포함됨은 물론 컴퓨터 장치를 이용하여 저장매체에 저장하거나 인터넷에서 저작물을 내려받는 것도 복제에 포함된다.

공연권은 저작물을 일반공중이 직접 보거나 듣게 할 수 있는 권리로 공연은 저작물을 상연, 연주, 가창, 상영, 그 밖의 방법으로 일반공중에게 공개하는 것을 말하며, 공연, 방송, 실연의 녹음·녹화물을 재생하여 일반공중에게 공개하는 것도 포함한다. 예컨대, 영화관에서의 영화 상영, 무대에서의 연극이나 무용, 청중을 상대로 한 강연이나 유세 등이 공연에 해당함은 물론 녹음하거나 녹화한 복제물(음악 CD, 비디오 테이프 등)을 재생하여 공개하는 것도 공연에 해당한다.

공중송신권은 저작물, 실연·음반·방송 또는 데이터베이스를 공중이 수신하거나 접근하게 할 목적으로 무선 또는 유선통신의 방법에 의해 송신하거나 이용에 제공할 권리로 공중송신권에는 방송권, 전송권 및 디지털음성송신권이 있다. 방송권은 공중송신 중 공중이 동시에 수신하게 할 목적으로 음·영상 또는 음과 영상 등을 송신할 수 있는 권리로 지상파 방송, 유선방송, 위성방송 등이 방송에 해당하고, 전송권은 공중송신 중 공중의 구성원이 개별적으로 선택한 시간과 장소에서 접근할 수 있도록 저작물을 무선 또는 유선통신의 방법에 의해 이용에 제공할 수 있는 권리로 저작물을 인터넷사이트에 올리거나 올려진 저작물을 이용자가 클릭할 때 이용자에게 자동으로 송신되도록 하는 것이 전송에 해당하며, 디지털음성송신권은 공중송신 중 공중이 동시에 수신하게 할 목적으로 공중 구성원의 요청에 따라 디지털방식의 음을 송신(전송은 제외)할 수 있는 권리로 웹캐스팅 같은 인터넷방송의 방식으로 음악을 송신하는 것이 디지털음성송신에 해당한다.

전시권은 미술저작물·건축저작물 또는 사진저작물의 원본이나 그 복제물을 전시할 수 있는 권리로 전시권은 공중이 직접 접근하여 보거나 만져볼 수 있는 상태에 두는 권리로서 미술저작물이나 사진저작물, 건축저작물에 대해서만 인정된다.

배포권은 저작물, 실연·음반·방송 또는 데이터베이스의 원본 또는 그 복제물을 대가를 받거나 받지 않고 공중에 양도하거나 대여할 수 있는 권리로 배포권은 기본적으로 복제권에서 유래된 권리로 이해되며 저작권자가 일단 어느 원작품 또는 그의 복제물을 공중에게 배포한 때에는 그 배포권이 소멸하게 된다는 최초 판매의 원칙 또는 권리소진 이론에 따라 누구든 정당하게 취득한 저작물의 원작품 또는 복제물을 저작권자의 허락 없이 다른 사람에게 판매, 대여 기타의 방법으로 양도할 수 있다.

반면에 대여권은 상업적 목적으로 공표된 음반이나 상업적 목적으로 공표된 프로그램을 영리 목적으로 대여되는 경우에 저작자에게 인정되는 권리를 말함에 따라 음반과 컴퓨터프로그램에 대해서만 대여권을 인정하고 있다.

2차적 저작물작성권은 원저작물을 번역·편곡·변형·각색·영상제작 등의 방법으로 2차적 저작물을 작성하여 이용할 수 있는 권리로 저작자는 저작물을 원저작물로 하는 2차적 저작물 또는 저작물을 구성 부분으로 하는 편집저작물을 작성할 권리를 가지게 된다.

2) 저작재산권의 제한

저작권법 제1조는 "이 법은 저작자의 권리와 이에 인접하는 권리를 보호하고, 저작물의 공정한 이용을 도모함으로써 문화 및 관련 산업의 향상발전에 이바지함을 목적으로 한다."고 하여, '저작자의 권리 보호'와 '저작물의 공정한 이용'이라는 2가지 축의 형평을 기할 것을 밝히고 있으며 저작물의 공정한 이용은 저작자의 권리를 본질적으로 침해하지 않는 범위에서 저작자의 권리의 제한이라는 형태를 취하게 된다. 이에 저작재산권의 제한, 강제허락, 보호기간의 한정 등의 규정으로 공정한 이용을 도모하고 있다.

저작재산권은 저작물을 배타적·독점적으로 이용할 수 있는 권리이지만, 직·간접적인 사회의 도움을 받아 저작물이 창작된다는 점을 고려할 때 권리자의 독점을 무제한 인정하는 것은 공공의 이익에 맞지 않으며 문화발전에 지장을 줄 수 있어 일정한 경우에는 저작재산권이 제한되는 경우를 아래와 같이 규정하고 있다.

① 재판절차, 입법, 행정 자료를 위한 저작물의 복제(제23조)
② 공개적으로 행한 정치적 연설, 법정·국회·지방의회에서의 진술 등의 이용(제24조)
③ 공공저작물의 자유이용(24조의 2)
④ 학교 교육 목적 등에의 이용(제25조)
⑤ 시사보도를 위한 이용(제26조)
⑥ 시사적인 기사 및 논설의 복제 등(제27조)
⑦ 공표된 저작물의 인용(제28조)
⑧ 영리를 목적으로 하지 아니하는 공연·방송(제29조)
⑨ 사적 이용을 위한 복제(제30조)
⑩ 도서관 등에 보관된 자료의 복제 등(제31조)
⑪ 시험문제로서의 복제(제32조)
⑫ 시각장애인 등을 위한 점자에 의한 복제 등(제33조)
⑬ 방송사업자의 자체방송을 위한 일시적 녹음·녹화(제34조)
⑭ 미술저작물 등의 일정한 장소에서의 전시 또는 복제(제35조)
⑮ 저작물 이용과정에서의 일시적 복제(제35조의2)
⑯ 저작물의 공정한 이용(제35조의3)
⑰ 컴퓨터프로그램저작물에 대한 특례(제101조의3부터 제101조의5까지) - 프로그램 기능의 조사·연구·시험 목적의 복제, 컴퓨터의 유지·보수를 위한 일시적 복제, 프로그램코드 역분석, 정당한 이용자에 의한 보존을 위한 복제 등

3) 저작재산권의 보호기간

저작재산권은 저작자의 생존기간과 사망 후 70년간 존속하는 것을

원칙으로 하고 있으며 공동저작물의 저작재산권은 맨 마지막으로 사망한 저작자가 사망한 후 70년간 존속한다. 저작자의 사망 시점을 알 수 없는 경우에는 이 원칙을 적용할 수 없음에 따라 무명 또는 널리 알려지지 않은 이명이 표시된 저작물의 저작재산권은 공표된 때부터 70년간 존속하며 이 기간 내에 저작자가 사망한 지 70년이 지났다고 인정될 만한 정당한 사유가 발생한 경우에는 저작재산권은 저작자가 사망한 후 70년이 지났다고 인정되는 때에 소멸한 것으로 본다. 다만 공표된 때부터 70년 이내에 저작자의 실명 또는 널리 알려진 이명이 밝혀지거나 저작자의 실명등록이 있는 경우에는 저작자가 생존하는 동안과 사망한 후 70년간 저작재산권이 존속한다. 그리고 업무상저작물과 영상저작물의 저작재산권은 공표한 때부터 70년간 존속하나 창작한 때부터 50년 이내에 공표되지 않은 경우에는 창작한 때부터 70년간 존속한다.

이러한 저작재산권의 보호기간의 계산은 저작자가 사망하거나 저작물을 창작 또는 공표한 다음 해부터 기산함에 따라 저작재산권 보호기간의 시작일은 저작자가 사망하거나 저작물을 창작 또는 공표한 다음 해 1월 1일이다. 또한 2013년 7월 1일부터 저작재산권의 보호기간이 저작자 사망 또는 공표일부터 50년에서 70년으로 상향조정되어 시행되고 있지만 2013년 7월 1일 이전에 저작권 보호기간이 소멸한 저작물에 대하여는 70년으로 연장된 보호기간 관련 규정이 적용되지 않는다.

4) 저작재산권의 양도·행사·소멸

저작재산권은 부동산과 같은 재산권처럼 양도하거나 상속할 수 있고, 저작재산권 위에 질권을 설정할 수도 있으며, 단순히 타인에게 이용을 허락해 주거나 저작물 위에 출판권을 설정하여 주고 그 대가를 받을 수도 있는데, 이러한 방법으로 저작자는 자기의 저작물로부터 경제적 이익을 얻게 된다.

구체적으로 살펴보면 저작재산권은 이를 전부 양도할수 있음은 물론 일부만을 분리하여 양도할 수 있는데 전부를 양도하는 경우에 특약이 없을 때에는 그 저작물의 복제권, 공연권, 공중송신권, 전시권, 배포권, 대여권만이 양도되고 2차적 저작물작성권은 양도되지 않은 것으로 추정되나 컴퓨터프로그램의 경우 특약이 없는 한 2차적 저작물작성권도 함께 양도된 것으로 추정한다. 또한 저작재산권의 일부 양도는 복제권 등 일부 재산권만을 분리하여 개별적으로 양도할 수 있고, 경우에 따라서는 지역을 지정하여 양도하거나 일정기한을 붙여 양도할 수도 있다. 이 밖에도, 저작재산권은 상속에 의하여 상속인에게 이전될 수 있으며, 질권의 목적이 되어 담보로 작용을 할 수도 있다.

그리고 저작재산권은 타인에게 이전하지 않고 저작자 자신이 직접 독점적으로 그 저작물을 이용하거나 타인에게 그 이용을 허락하고 이에 따라 그 대가를 받을 수도 있다. 이러한 이용허락은 통상 비독점적인 것인지 또는 독점적인 것인지로 구분되며, 독점적 이용허락인 경우에는 더 이상 다른 사람에게 동일한 내용의 허락을 할 수 없고 이용허락을 받은 자는 허락받은 이용방법과 조건의 범위 안에서 그 저작물을 이용할 수 있으며, 저작재산권자의 동의 없이는 그 이용권을 제3자에게 양도할 수 없다.

그러나 공동저작물의 저작재산권은 그 저작재산권자 전원의 합의에 의하지 않고는 이를 행사할 수 없으며, 다른 저작재산권자의 동의가 없으면 그 지분을 양도하거나 질권의 목적으로 할 수 없다. 다만, 이 경우 각

저작재산권자는 신의에 반하여 합의의 성립을 방해하거나 동의를 거부할 수는 없다.

이러한 저작재산권자가 상속인 없이 사망한 경우에 그 권리가 민법이나 그 밖의 법률의 규정에 따라 국가에 귀속되거나 저작재산권자인 법인 또는 단체가 해산되어 그 권리가 민법이나 그 밖의 법률의 규정에 따라 국가에 귀속되면 저작재산권은 소멸하게 된다.

또한 저작물을 발행하거나 복제·전송할 권리를 가진 자는 그 저작물을 발행 등에 이용하고자 하는 자에 대하여 배타적 권리를 설정할 수 있고, 저작물을 복제·배포할 권리를 가진 자는 그 저작물을 인쇄 그 밖에 이와 유사한 방법으로 문서 또는 도화로 발행하고자 하는 자에 대하여 이를 출판할 권리를 설정할 수도 있다.

4. 저작물 이용의 법정허락

저작재산권이 제한되는 경우를 제외하고는 저작자의 허락을 받아야만 저작물을 이용할 수 있다는 것이 원칙이지만, 저작권자를 알 수 없거나 공익상 그 저작물의 이용이 절대 필요한 경우 등에는 보상금을 공탁하거나 지급하고 저작물을 이용할 수도 있다. 이와 같은 저작물 이용의 법정허락이 되는 경우는 저작재산권자가 불명하거나 그의 거소를 알 수 없어 협의가 불가능한 경우의 이용, 저작물의 방송이 공익상 필요하나 저작재산권자와 협의가 성립하지 못한 경우, 판매용 음반의 국내 판매 3년 후 다른 판매용 음반에 수록하고자 하나 협의가 성립되지 아니하는 경우 등이 있다.

5. 저작권의 등록 및 인증

저작권 등록은 저작자의 성명 등 저작물에 관한 일정한 사실관계와 법률관계를 저작권 등록부라는 공적인 장부에 등록하여 일반국민에게 공시하는 제도로 원칙적으로 저작권은 창작과 동시에 발생하나 저작권 등록을 하면 등록한 연월일에 저작물을 창작, 공표한 것으로 추정을 받으며(다만, 창작한 때부터 1년이 경과 하기 전에 등록한 경우), 성명이 등록된 저작자가 진정한 저작자인 것으로 추정을 받는 효과가 발생된다. 또한 이렇게 등록되어 있는 저작권, 배타적 발행권, 출판권 또는 저작인접권을 침해한 자는 그 침해행위에 과실이 있는 것으로 추정받는다. 따라서 저작권을 등록함으로써 저작권에 대한 분쟁이 생길 때 그 입증 등이 용이하며, 저작자 사후에라도 저작권의 침해에 대하여 쉽게 대항할 수 있는 장점이 있다.

그리고 저작권의 변동, 즉 저작재산권 양도나 처분제한, 저작재산권을 목적으로 하는 질권의 설정, 이전, 변동, 소멸 또는 처분제한 등도 등록할 수 있으며 이를 등록하지 않으면 제3자에게 대항할 수 없다. 그러나 이 경우에도 등록은 권리변동의 성립요건이 아니므로, 저작재산권의 양도는 등록이 없어도 유효하다. 그러므로 양수인은 등록 없이도 그 권리를 취득하고 다른 사람이 이를 침해한 경우에는 정당한 권리자로서 권리를 행사할 수가 있으며 여기서 말하는 제3자는 저작권의 양도나 처분 제한 또는 질권의 설정 등에 관계한 당사자가 가지는 법률적인 지위와 양립할 수 없는 지위를 가지는 사람을 의미한다. 이는 저작권자가 이중으로 저작권 양도계약을 체결하였거나, 저작권을 양도한 후에도 이용허락을 한 경우에 그 당사자를 의미한다. 따라서 해당 저작재산권을 양도받은 사람은 이를 등록하지 않았다 하더라도 다른 사람이 저작재산권을 무단으로 침해한 경우에는 자신의 명의로 그를 고소할 수 있으나 저작권의 이중 양도와 같은 경우에는 나중에 양수받은 제2양수인이 먼저 등록하면 진정한 권리자로 먼저 양수받은 제1양수인에게 대항할 수 있고 이런 의미에서 권리 변동 등록은 강력한 효력을 가지므로 저작권 침해에 따른 법정손해배상을 청구하기 위해서라도 침해행위가 일어나기 전에 등록이 필요하다.

저작권 등록 사항은 저작자의 실명·이명·국적·주소 또는 거소, 저작물의 제호·종류·창작연월일, 공표의 여부 및 맨 처음 공표된 국가·공표연월일, 그 밖에 대통령령으로 정하는 사항 등이며 저작자나 상속인 등이 등록할 수 있다. 다만, 저작재산권의 양도 등 권리변동에 관한 등록은 양도인과 양수인이 공동으로 신청해야 하며, 양도인의 등록승낙서가 있으면 양수인이 혼자 등록할 수 있다.

저작권을 등록하고자 하면 저작권 등록 신청서, 저작물명세서, 복제물, 등록세 영수증, 등록사유를 증명할 수 있는 서류, 수수료를 준비하고 저작권 등록 신청서와 저작물 명세서는 저작권 등록업무를 담당하고 있는 한국저작권위원회에서 직접 교부받거나, 한국저작권위원회 저작권등록 사이트(http://www.cros.or.kr)를 이용하여 등록신청하면 된다.

저작권 인증은 저작물 등의 이용허락 등을 위하여 정당한 권리자임을 증명하는 것으로 문화체육관광부장관은 저작물 등의 거래의 안전과 신뢰를 보호하고자 인증기관을 지정할 수 있으며, 인증기관의 지정과 지정취소 및 인증절차 등에 대해서는 대통령령으로 정하도록 하고 있다. 이와 같은 저작권 인증은 크게 저작물에 대하여 권리가 있다는 것을 확인하는 권리인증과 저작물의 권리자로부터 이용허락을 받았다는 것을 확인하는 이용허락 인증으로 나뉠 수 있으며 문화체육관광부는 인증기관으로 한국저작권위원회를 지정하고 이곳에서 저작권인증업무를 수행하고 있다(cras.copyright.or.kr).

6. 배타적 발행권 및 출판에 관한 특례

전통적으로 출판사에서 책을 발행함에 있어 바탕이 되는 권리는 바로 '판권' 곧 출판권이었다. 이러한 출판권은 "저작물을 복제·배포할 권리를 가진 사람(복제권자)이 해당 저작물을 인쇄 그 밖의 이와 유사한 방법으로 문서 또는 도화(圖畵)로 발행(복제·배포)하고자 하는 사람에게 허락함으로써 생긴 권리"를 가리킨다. 반면에 '배타적 발행권'이란 기존의 발행(복제·배포)에 더하여 복제·전송할 권리를 포괄하여 설정할 수 있도록 한 것으로, 과거에는 컴퓨터프로그램저작물에만 적용되어 온 것을 전체 저작물로 확대한 권리로 2011년 12월 개정 저작권법에서 신설된 권리다. 과거에는 '출판권'과 '프로그램배타적 발행권'의 경우에만 인정되었던 배타적 권리를 모든 저작물 등의 발행 및 복제·전송에도 설정할 수 있도록 한 것이다. 또한, 배타적 발행권 설정에서 출판권 설정을 제외함으로써 배타적 발행권과 출판권의 관계를 명확히 구분했다.

이때 '설정(設定)'이란 쌍방 간의 계약에 따라 새로이 제한적인 물권 따위의 배타적 권리를 발생시키는 것을 말하며, '발행(發行)'이란 저작물 또는 음반을 공중의 수요를 충족시키기 위하여 복제·배포하는 것을 말한다.

따라서 출판권에 해당하는 복제란 "인쇄 또는 이와 유사한 방법"으로만 한정되며 녹음 또는 녹화에 의한 복제와 더불어 복제 기술의 발달에 힘입어 새로이 선보이고 있는 비종이책, 즉 오디오북 또는 비디오북이라고 일컬어지는 것들, 그리고 이른바 전자책(e-Book, u-Book, 모바일북) 등은 신설된 배타적 발행권의 대상이 된다.

배타적 발행권자는 그 설정행위에 특약이 없는 때에는 배타적 발행권의 목적인 저작물을 복제하기 위하여 필요한 원고 또는 이에 상응하는 물건을 받은 날부터 9개월 이내에 이를 발행 등의 방법으로 이용하여야 한다. 또한 그 설정행위에 특약이 없는 때에는 맨 처음 발행 등을 한 날로부터 3년간 존속하며 다만, 저작물의 영상화를 위하여 배타적 발행권을 설정하는 경우에는 5년간 존속한다. 이와 같은 의무와 존속기간은 출판권도 동일하다.

7. 저작인접권

1) 저작인접권의 의의

저작인접권은 저작물을 직접적으로 창작하는 것은 아니지만 저작물의 해설자, 매개자, 전달자로서 역할을 하는 자에게 부여되는 권리를 말하는 것으로,[102] 이러한 저작인접권의 보호를 받는 자는 실연자, 음반제작자, 방송사업자가 있으며 실연자, 음반제작자, 방송사업자는 저작물을 직접적으로 창작한 것은 아니지만 저작물의 해석자나 전달자로서 창작에 준하는 활동으로 저작물의 가치를 높여준다는 점에 저작권에 준하는 권

102) 저작권의 '이웃에 있다'라는 의미로 영어로는 'neighboring rights'라고 한다.

리를 부여한다.

저작인접권의 보호대상은 실연, 음반, 방송으로 저적권법에 구체적인 적용범위를 정하고 있다(저작권법 제64조). 이에 따라 실연은 우리나라 국민이 행하는 실연, 우리나라 법률에 의하여 설립된 법인이나 우리나라에 주된 사무소가 있는 외국 법인이 행하는 실연, 우리나라가 가입 또는 체결한 조약에 따라 보호되는 실연, 보호되는 음반에 고정된 실연, 보호되는 방송에 의하여 송신되는 실연이 보호대상이 되며, 음반은 우리나라 국민을 음반제작자로 하는 음반, 음이 맨처음 우리나라에서 고정된 음반, 우리나라가 가입 또는 체결한 조약에 따라 보호되는 음반으로서 그 조약에 가입한 나라 내에서 고정된 음반이 보호대상이 되고, 방송은 우리나라 국민인 방송사업자의 방송, 우리나라에 있는 방송설비로부터 행하여지는 방송, 우리나라가 가입 또는 체결한 조약에 따라 보호되는 방송으로서 그 조약에 가입한 나라의 국민인 방송사업자가 그 나라 내에 있는 방송설비로부터 행하는 방송이 보호대상이 된다.[103)]

2) 실연자의 권리

실연자는 저작물 등을 연기·무용·연주·가창·구연·낭독 그 밖의 예능적 방법으로 표현하는 자를 의미하며 실연을 지휘, 연출, 감독하는 자를 포함한다. 그러므로 가수, 배우, 무용수, 연주자, 지휘자, 영화감독 등이

---

103) 종전까지는 저작인접권과 관련하여 우리나라가 가입한 국제조약인 '음반의 무단복제로부터 음반제작자를 보호하기 위한 제네바음반협약'의 발효일인 1987년 10월 10일 이후의 협약 가입국의 음반만이 보호대상이 되었으나, TRIPs협정의 이행을 위해 개정된 저작권법의 발효에 따라 1996년 7월 1일 이후부터는 외국의 실연, 방송도 우리나라 저작권법의 보호대상이 되었다.

실연자로 보호대상이 된다.

실연자의 권리는 저작자의 저작인격권과 저작재산권처럼 비슷한 권리가 있다. 즉 자신의 실연에 대하여 성명표시권, 동일성유지권을 가지며, 재산권으로는 복제권, 배포권(실연의 복제물이 실연자의 허락을 받아 판매 등의 방법으로 거래에 제공되는 경우 제외), 대여권(그의 실연이 판매용 음반을 영리를 목적으로 대여 하는 경우), 공연권(그 실연이 방송되는 실연인 경우 제외), 방송권(실연자의 허락을 받아 녹음된 경우 제외), 전송권, 판매용 음반에 대한 방송보상청구권, 판매용 음반에 대한 디지털음성송신보상청구권, 판매용 음반에 대한 공연보상청구권을 가진다.

다만, 2인 이상이 공동으로 합창, 합주 또는 연극 등을 실연한 경우에 그 실연자의 권리는 공동으로 실연한 자가 선출하는 대표자가 이를 행사하며 대표자의 선출이 없는 경우에는 지휘자 또는 연출자 등이 이를 행사하나 독창 또는 독주가 함께 실연된 공동실연의 경우에는 반드시 독창자 또는 독주자의 동의가 필요하다.

3) 음반제작자의 권리

음반은 음이 유형물에 고정된 것으로 일반적으로 말하는 CD 등의 매체가 아니라 이에 수록된 콘텐츠로 디지털화된 파일들도 음반에 포함된다. 음반제작은 최초로 유형물에 음을 고정하는 것을 의미하며 음반제작자는 음반을 제작함에 있어 전체적으로 기획하고 책임을 지는 사람으로 음반사와 차이가 있다.

이런 음반제작자의 권리는 실연자의 권리처럼 음반의 복제권, 배포권(음반의 복제물이 음반제작자의 허락을 받아 판매 등의 방법으로 거래에 제공된 경우 제외), 대여권(판매용 음반을 영리를 목적으로 대여하는 경우), 전송권, 판매용 음반에 대한 방송보상청구권, 판매용 음반에 대한 디지털음성송신보상청구권, 판매용 음반에 대한 공연보상청구권을 가진다.

4) 방송사업자의 권리

방송사업자는 방송을 업으로 하는 자로 여기서 말하는 방송은 공중송신 중 공중이 동시에 수신하게 할 목적으로 음·영상 또는 음과 영상 등을 송신하는 것으로 이에는 무선방송뿐만 아니라 유선방송도 포함되고, 저작물의 방송에 한하지 않고 비저작물 즉, 뉴스, 스포츠 중계, 일기예보 등도 방송에 포함된다.

방송사업자는 방송을 복제할 권리와 동시중계방송할 권리를 가지며 공중의 접근이 가능한 장소에서 방송의 시청과 관련하여 입장료를 받는 경우에 그 방송에 대한 공연할 권리를 갖는다. 다만 방송사업자의 공연권과 관련하여 방송사업자의 공연권은 입장료를 받고 TV 방송을 시청하게 하는 경우에만 적용되므로 음식점이나 호프집과 같은 일반 영업장에서 TV를 시청할 수 있도록 하는 것에 대해서는 적용되지 않는다.

5) 보호기간 및 제한, 등록 등

저작인접권은 ① 실연의 경우에는 그 실연을 한 때, ② 음반의 경우에는 그 음을 맨 처음 음반에 고정한 때, ③ 방송의 경우에는 그 방송을 한 때 중 어느 하나에 해당하는 때부터 발생하며, 어떠한 절차나 형식의 이행을 필요로 하지 않는다(저작권법 제86조 제1항).

저작인접권의 보호기간은 ① 실연의 경우에는 그 실연을 한 때(다만,

실연을 한 때부터 50년 이내에 실연이 고정된 음반이 발행된 경우에는 음반을 발행한 때)의 다음 해부터 기산하여 70년간이며, ② 음반의 경우에는 그 음반을 발행한 때(다만, 음을 음반에 맨 처음 고정한 때의 다음 해부터 기산해 50년이 경과한 때까지 음반을 발행하지 아니한 경우에는 음을 음반에 맨 처음 고정한 때)의 다음 해부터 기산하여 70년간이지만, ③ 방송의 경우에는그 방송을 한 때의 다음 해부터 기산하여 50년간이다(저작권법 제86조 제2항).

그리고 저적인접권도 저작권과 마찬가지로 일정한 경우에는 그 권리의 행사가 제한되며 저작인접권의 등록 또한 저작권 등록 규정이 준용된다.

8. 데이터베이스제작자의 보호

1) 의 의

데이터베이스는 논리적으로 연관된 하나 이상의 자료 모음으로 그 내용을 고도로 구조화함으로써 검색과 갱신의 효율화를 꾀한 것이다. 이는 몇 개의 자료 파일을 조직적으로 통합하여 자료 항목의 중복을 없애고 자료를 구조화하여 기억시켜 놓은 자료의 집합체라고 할 수 있다.

자작권법 제2조 19호에서 "데이터베이스"는 소재를 체계적으로 배열 또는 구성한 편집물로서 개별적으로 그 소재에 접근하거나 그 소재를 검색할 수 있도록 한 것을 말하고 저작권법 제2조 20호에서 "데이터베이스제작자"는 데이터베이스의 제작 또는 그 소재의 갱신·검증 또는 보충에 인적 또는 물적으로 상당한 투자를 한 자라고 정의하고 있다.

2) 보호받을 수 있는 자와 보호의 적용제외

저작권법으로 보호를 받을 수 있는 자는 ① 대한민국 국민과 ② 데이터베이스의 보호와 관련하여 대한민국이 가입 또는 체결한 조약에 따라 보호되는 외국인으로 이에 해당하는 자의 데이터베이스는 저작권법에 의한 보호를 받는다고 규정하고 있다(저작권법 제91조). 다만 외국인의 데이터베이스에 대해서는 상호주의에 따라서 그 외국에서 우리 국민의 데이터베이스를 보호하지 않는 경우에는 그에 상응하게 조약 및 저작권법에 따른 보호를 제한할 수 있다.

또한 저작권법 제92조에서 ① 데이터베이스의 제작·갱신 등 또는 운영에 이용되는 컴퓨터프로그램과 ② 무선 또는 유선통신을 기술적으로 가능하게 하기 위하여 제작되거나 갱신 등이 되는 데이터베이스는 저작권법 제4장 데이터베이스제작자의 보호 규정을 적용하지 않는다.

3) 데이터베이스제작자의 권리 및 권리제한

데이터베이스제작자는 데이터베이스의 전부 또는 상당한 부분을 복제·배포·방송 또는 전송할 권리를 가지며, 데이터베이스제작자의 정당한 이익을 보호하고 정보의 원활한 유통을 저해하지 않도록 하기 위해 데이터베이스의 개별 소재는 보호대상이 되지 않고 데이터베이스의 구성부분이 되는 소재의 저작권이나 저작권법에 의하여 보호되는 권리에 영향을 미치지 않는다. 다만, 데이터베이스의 개별 소재 또는 그 상당한 부분에 이르지 못하는 부분의 복제 등이라 하더라도 반복적이거나 특정한 목적을 위하여 체계적으로 함으로써 해당 데이터베이스의 통상적인 이용과

충돌하거나 데이터베이스제작자의 이익을 부당하게 해치는 경우에는 해당 데이터베이스의 상당한 부분의 복제 등으로 본다(저작권법 제93조).

이와 같은 데이터베이스제작자의 권리에 있어 저작재산권의 제한규정, 양도·행사, 이용의 법정허락, 권리의 등록 등의 규정이 준용된다(저작권법 제96~98조). 보호기간은 데이터베이스의 제작을 완료한 때부터 발생하며 그 다음 해부터 기산하여 5년간 존속하고 데이터베이스의 갱신 등을 위하여 인적 또는 물적으로 상당한 투자가 이루어진 경우에 해당 부분에 대한 데이터베이스제작자의 권리는 그 갱신 등을 한 때부터 발생하며, 그 다음 해부터 기산하여 5년간 존속한다(저작권법 제95조).

9. 영상저작물에 대한 특례

1) 의 의

저작권법 제2조 제13호에 "영상저작물"은 음의 수반 여부는 가리지 않고 연속적인 영상이 수록된 창작물로서 그 영상을 기계 또는 전자장치에 의하여 재생하여 볼 수 있거나 보고 들을 수 있는 것으로 정의하고 있다. 이는 대체로 2차적 저작물이며 원작자, 시니리오작가, 감독·배우, 음악, 촬용기사, 필름현상자, 장치·의상담당자, 편집자 등 수많은 사람들이 참여하는 공동저작물로서 종합예술의 한 형태라 할 수 있다. 이와 함께 영상저작물의 제작에 있어 그 전체를 기획하고 책임을 지는 자인 영상제작자도 참여하게 된다. 이에 따라 영상제작자는 영상저작물을 원활히 유통시킬 수 있게 이들 사이의 이해관계를 명확히 하기 위해 저작권법에 영상저작물에 관한 특례 규정을 두고 있다.

2) 저작물의 영상화

저작재산권자가 저작물의 영상화를 다른 사람에게 허락한 경우에 특약이 없는 한 1. 영상저작물을 제작하기 위하여 저작물을 각색하는 것, 2. 공개상영을 목적으로 한 영상저작물을 공개상영하는 것, 3. 방송을 목적으로 한 영상저작물을 방송하는 것, 4. 전송을 목적으로 한 영상저작물을 전송하는 것 5. 영상저작물을 그 본래의 목적으로 복제·배포하는 것, 6. 영상저작물의 번역물을 그 영상저작물과 같은 방법으로 이용하는 것에 대한 권리를 포함하여 허락한 것으로 추정하며 이때 저작재산권자는 특약이 없는 때에는 허락한 날부터 5년이 경과한 때에 그 저작물을 다른 영상저작물로 영상화하는 것을 허락할 수 있다(저작권법 제99조).

3) 영상저작물에 대한 권리 및 영상제작자의 권리

영상제작자와 영상저작물의 제작에 협력할 것을 약정한 자가 그 영상저작물에 대하여 저작권을 취득한 경우 특약이 없는 한 그 영상저작물의 이용을 위하여 필요한 권리는 영상제작자가 이를 양도받은 것으로 추정하지만 영상저작물의 제작에 사용되는 소설·각본·미술저작물 또는 음악저작물 등의 원저작재산권은 영향을 받지 아니한다(저작권법 제100조 제1, 2항).

또한 영상제작자와 영상저작물의 제작에 협력할 것을 약정한 실연자의 그 영상저작물의 이용에 관한 복제권, 배포권, 방송권, 전송권은 특약이 없는 한 영상제작자가 이를 양도받은 것으로 추정한다(저작권법 제

100조 제3항).

이에 따라 영상제작물의 제작에 협력할 것을 약정한 자로부터 영상제작자가 양도받는 영상저작물의 이용을 위하여 필요한 권리는 영상저작물을 복제·배포·공개상영·방송·전송 그 밖의 방법으로 이용할 권리로 하며, 이를 양도하거나 질권의 목적으로 할 수 있고 실연자로부터 영상제작자가 양도받는 권리는 그 영상저작물을 복제·배포·방송 또는 전송할 권리로 하며, 이를 양도하거나 질권의 목적으로 할 수 있다(저작권법 제101조).

10. 프로그램에 관한 특례

1) 의 의

2009년 개정을 통해 컴퓨터프로그램 보호법을 폐지하고 컴퓨터프로그램에 대한 보호를 저작권법으로 통합하여 프로그램에 대한 특수성을 감안하고 기존 법에 의한 보호 수준을 유지하고자 저작권법 제5장의 2 프로그램에 관한 특례규정을 도입하게 되었다.

이에 저작권법 제2조 제16조에 컴퓨터프로그램저작물은 특정한 결과를 얻기 위하여 컴퓨터 등 정보처리능력을 가진 장치 내에서 직접 또는 간접으로 사용되는 일련의 지시·명령으로 표현된 창작물이라고 정의한다.

그러나 프로그램의 범용성과 표준화의 필요성으로 저작권법 제101조의 2에서 프로그램을 작성하기 위하여 사용하는 프로그램 언어,[104] 규약,[105] 해법[106]에 대해서는 저작권법을 적용하지 아니한다고 규정되어 있다.

---

104) 프로그램을 표현하는 수단으로서 문자·기호 및 그 체계
105) 특정한 프로그램에서 프로그램 언어의 용법에 관한 특별한 약속

2) 프로그램 저작재산권의 제한

저작권자의 권리만을 절대적으로 보호하면 일반인들이 프로그램에 접촉할 기회를 줄이게 됨은 물론 산업발전에 도움이 되지 않는 등 공익적인 목적에서 도움이 되지 않으므로 저작권법 제101조의3에 프로그램 저작재산권의 제한 규정을 두고 있으나 정당한 권리자의 피해를 최소화하기 위해 한정적으로 해석해야 한다.

제한사유를 살펴보면 1. 재판이나 수사, 감정을 위하여 복제하는 경우, 2. 「유아교육법」, 「초·중등교육법」, 「고등교육법」에 따른 학교 및 다른 법률에 따라 설립된 교육기관으로 학력이 인정되거나, 학위를 수여하는 교육기관에서 교육을 담당하는 자가 수업과정에 제공할 목적으로 복제 또는 배포하는 경우, 3. 「초·중등교육법」에 따른 학교 및 이에 준하는 학교의 교육목적을 위한 교과용 도서에 게재하기 위하여 복제하는 경우, 4. 가정과 같은 한정된 장소에서 개인적인 목적(영리를 목적으로 하는 경우를 제외)으로 복제하는 경우, 5. 「초·중등교육법」, 「고등교육법」에 따른 학교 및 이에 준하는 학교의 입학시험이나 그 밖의 학식 및 기능에 관한 시험 또는 검정을 목적(영리를 목적으로 하는 경우를 제외)으로 복제 또는 배포하는 경우, 6. 프로그램의 기초를 이루는 아이디어 및 원리를 확인하기 위하여 프로그램의 기능을 조사·연구·시험할 목적으로 복제하는 경우(정당한 권한에 따라 프로그램을 이용하는 자가 해당 프로그램을 이용 중인 경우로 한정한다)가 있으며, 7. 컴퓨터의 유지·보수를 위하여 그 컴퓨터를 이용하는 과정에서 프로그램(정당하게 취득한 경우로 한정

106) 프로그램에서 지시·명령의 조합방법

한다)을 일시적으로 복제할 수 있다(저작권법 제101조의3). 또한 프로그램코드역분석[107](저작권법 제101조의4)이나 정당한 이용자에 의한 보존을 위한 복제(저작권법 제101조의5) 등이 있다.

11. 온라인서비스제공자의 책임 제한

1) 의 의

온라인서비스제공자는 저작권법 제2조 제30호에서 온라인서비스제공자는 이용자가 선택한 저작물 등을 그 내용의 수정 없이 이용자가 지정한 지점 사이에서 정보통신망(「정보통신망 이용촉진 및 정보보호 등에 관한 법률」 제2조 제1항 제1호의 정보통신망을 말한다)을 통하여 전달하기 위하여 송신하거나 경로를 지정하거나 연결을 제공하는 자, 이용자들이 정보통신망에 접속하거나 정보통신망을 통하여 저작물 등을 복제·전송할 수 있도록 서비스를 제공하거나 그를 위한 설비를 제공 또는 운영하는 자를 말한다.

2) 온라인서비스제공자의 의무

온라인을 통하여 정당한 권원 없이 타인의 저작물을 전송한 자가 저작권 침해자이므로 직접적인 침해는 아닐지라도 저작권의 침해를 할 수 있게 한 온라인서비스제공업자에게도 일정한 의무를 부과하여 저작권 침

107) 독립적으로 창작된 컴퓨터프로그램저작물과 다른 컴퓨터프로그램과의 호환에 필요한 정보를 얻기 위하여 컴퓨터프로그램저작물코드를 복제 또는 변환하는 것을 말한다(저작권법 제2조 제34호).

해를 최소화하게 하고 의무를 이행한 온라인서비스제공자에게는 책임을 면책시켜 주고 있다(저작권법 제130조). 즉 온라인서비스제공자의 서비스를 이용한 저작물 등의 복제·전송에 따라 저작권, 그 밖에 저작권법에 따라 보호되는 자신의 권리가 침해됨을 주장하는 자가 그 사실을 소명하여 온라인서비스제공자에게 그 저작물 등의 복제·전송을 중단시킬 것을 요구할 경우 그 저작물 등의 복제·전송을 중단시킴은 물론 권리주장자에게 그 사실을 통보하고 복제·전송자에게 이를 통보해야 한다. 그러나 복제·전송이 정당한 권리에 의한 것임을 소명하여 복제·전송의 재개를 요구하는 경우에는 재개요구사실 및 재개예정일을 권리주장에게 지체없이 통보하고 예정일에 재개시켜한다. 이와 같은 내용은 온라인서비스제공자의 설비 또는 서비스를 이용하는 자들이 쉽게 알 수 있도록 공지해야 한다.

또한 권리주장자가 민사상의 소제기 및 형사상의 고소를 위하여 문화체육관광부장관에게 해당 온라인서비스제공자에 대하여 복제·전송자의 최소한의 정보 제공을 명령하여 줄 것을 청구할 수 있다. 제출할 것을 명령받은 경우 온라인서비스제공자는 최소한 정보를 문화체육관광부장관에게 제출해야 하고 문화체육관광부장관은 그 정보를 청구한 자에게 제공해야 한다.

특수한 유형의 온라인서비스제공자,[108] 즉 다른 사람들 상호간에 컴퓨터를 이용하여 저작물 등을 전송하도록 하는 것을 주된 목적으로 하는 온라인서비스제공자는 권리자의 요청이 있는 경우 해당 저작물 등의 불법적인 전송을 차단하는 기술적인 조치 등과 같은 필요한 조치를 하여야 한다(저작권법 제104조 제1항).

---

108) P2P나 웹하드 등의 서비스업자를 의미한다.

3) 온라인서비스제공자의 책임 제한

온라인서비스제공자는 일정한 책임 제한사유와 요건을 갖추는 경우에는 저작권이나 저작권법에 따라 보호되는 권리가 침해되더라도 그 침해에 대하여 책임을 지지 아니한다(저작권법 제102조). 즉 온라인서비스제공자는 법이 정한 3가지의 행위유형과 관련해 법상 보호되는 권리가 침해되더라도 법이 정한 요건을 모두 갖춘 경우 면책되며 그 내용을 살펴보면 1. 내용의 수정 없이 저작물 등을 송신하거나 경로를 지정하거나 연결을 제공하는 행위 또는 그 과정에서 저작물 등을 그 송신을 위하여 합리적으로 필요한 기간 내에서 자동적·중개적·일시적으로 저장하는 행위, 즉 인터넷 접속 서비스는 ㉠ 온라인서비스제공자가 저작물 등의 송신을 시작하지 아니한 경우, ㉡ 온라인서비스제공자가 저작물 등이나 그 수신자를 선택하지 아니한 경우, ㉢ 저작권, 그 밖에 이 법에 따라 보호되는 권리를 반복적으로 침해하는 자의 계정[109]을 해지하는 방침을 채택하고 이를 합리적으로 이행한 경우, ㉣ 저작물 등을 식별하고 보호하기 위한 기술조치로서 대통령령으로 정하는 조건을 충족하는 표준적인 기술조치를 권리자가 이용한 때에는 이를 수용하고 방해하지 아니한 경우가 있으며, 2. 서비스이용자의 요청에 따라 송신된 저작물 등을 후속 이용자들이 효율적으로 접근하거나 수신할 수 있게 할 목적으로 그 저작물 등을 자동적·중개적·일시적으로 저장하는 행위, 즉 캐싱(caching) 서비스는 ㉤ 1 행위의 ㉠, ㉡, ㉢, ㉣의 요건을 모두 갖춘 경우, ㉥ 온라인서비스제공자가 그 저작물 등을 수정하지 아니한 경우, ㉦ 제공되는 저작물 등에 접근

109) 온라인서비스제공자가 이용자를 식별·관리하기 위하여 사용하는 이용권한 계좌를 말한다.

하기 위한 조건이 있는 경우에는 그 조건을 지킨 이용자에게만 임시 저장된 저작물 등의 접근을 허용한 경우, ⓞ 저작물 등을 복제·전송하는 자가 명시한, 컴퓨터나 정보통신망에 대하여 그 업계에서 일반적으로 인정되는 데이터통신규약에 따른 저작물 등의 현행화에 관한 규칙을 지킨 경우(다만, 복제·전송자가 그러한 저장을 불합리하게 제한할 목적으로 현행화에 관한 규칙을 정한 경우에는 그러하지 아니함), ㉈ 저작물 등이 있는 본래의 사이트에서 그 저작물 등의 이용에 관한 정보를 얻기 위하여 적용한, 그 업계에서 일반적으로 인정되는 기술의 사용을 방해하지 아니한 경우, ㉉ 복제·전송의 중단요구를 받은 경우, 본래의 사이트에서 그 저작물 등이 삭제되었거나 접근할 수 없게 된 경우, 또는 법원, 관계 중앙행정기관의 장이 그 저작물 등을 삭제하거나 접근할 수 없게 하도록 명령을 내린 사실을 실제로 알게 된 경우에 그 저작물 등을 즉시 삭제하거나 접근할 수 없게 한 경우가 있다. 마지막으로 복제·전송자의 요청에 따라 저작물 등을 온라인서비스제공자의 컴퓨터에 저장하는 행위 즉 호스트(저장) 서비스나 정보검색도구를 통하여 이용자에게 정보통신망상 저작물 등의 위치를 알 수 있게 하거나 연결하는 행위는 ㉊ 1 행위의 ㉠, ㉡, ㉢, ㉣의 요건을 모두 갖춘 경우, ㉋ 온라인서비스제공자가 침해행위를 통제할 권한과 능력이 있을 때에는 그 침해행위로부터 직접적인 금전적 이익을 얻지 아니한 경우, ㉌ 온라인서비스제공자가 침해를 실제로 알게 되거나 복제·전송의 중단요구 등을 통하여 침해가 명백하다는 사실 또는 정황을 알게 된 때에 즉시 그 저작물 등의 복제·전송을 중단시킨 경우, ㉍ 복제·전송의 중단요구 등을 받을 자를 지정하여 공지한 경우가 있다.

이와 더불어 온라인서비스제공자가 위의 조치를 취하는 것이 기술적으로 불가능한 경우 다른 사람에 의한 저작물 등의 복제·전송으로 인한 저작권, 저작권법에 따라 보호되는 권리의 침해에 대하여 책임을 지지 않고 온라인서비스제공자는 자신의 서비스 안에서 침해행위 발생 여부를 모니터링 또는 침해행위를 적극적으로 조사할 의무는 없다.

12. 기술적 보호조치의 무력화 금지

저작권법은 기술보호조치를 무력화시키는 해킹 등의 행위를 방지하고 동시에 기술보호조치를 무력화시키는 행위의 결과물을 서비스로 제공하는 것을 금지하고 있어 누구든지 정당한 권한 없이 고의 또는 과실로 기술적 보호조치를 제거·변경하거나 우회하는 등의 방법으로 무력화 행위를 할 수 없다. 다만 예외를 두고 있어 ① 암호 분야 연구 종사자가 저작물 등의 복제물을 정당하게 취득하여 저작물 등에 적용된 암호 기술의 결함이나 취약점을 연구하기 위해 필요한 범위에서 행하는 경우(권리자로부터 연구에 필요한 이용을 허락받기 위한 상당한 노력을 했음에도 허락받지 못한 경우로 한정), ② 미성년자에게 유해한 온라인상의 저작물 등에 미성년자가 접근하는 것을 방지하기 위하여 기술·제품·서비스 또는 장치에 기술적 보호조치를 무력화하는 구성요소나 부품을 포함하는 경우, ③ 개인의 온라인상의 행위를 파악할 수 있는 개인 식별 정보를 비공개적으로 수집·유포하는 기능을 확인하고, 이를 무력화하기 위하여 필요한 경우, ④ 국가의 법집행, 합법적인 정보수집 또는 안전보장 등을 위하여 필요한 경우, ⑤ 학교·교육기관 및 수업지원기관, 도서관 또는 기록물 관리기관이 저작물 등의 구입 여부를 결정하기 위하여 필요한 경우(기술적 보호조치의 무력화 없이는 접근 불가한 경우로 한정), ⑥ 정당한 권한을 가지고 프로그램을 사용하는 자가 다른 프로그램과의 호환을 위하여 필요한 범위에서 프로그램코드역분석을 하는 경우, ⑦ 정당한 권한을 가진 자가 오로지 컴퓨터 또는 정보통신망의 보안성을 검사·조사 또는 보정하기 위하여 필요한 경우, ⑧ 기술적 보호조치의 무력화 금지에 의하여 특정 종류의 저작물 등을 정당하게 이용하는 것이 불합리하게 영향을 받거나 받을 가능성이 있다고 인정되어 문화체육관광부장관이 정하여 고시하는 경우(이 경우 그 예외의 효력은 3년) 등과 같은 경우에는 허용을 하고 있다.

또한 누구든지 정당한 권한 없이 기술적 보호조치의 무력화를 목적으로 홍보·광고·판촉되는 것, 기술적 보호조치를 무력화하는 것 외에는 제한적으로 상업적인 목적 또는 용도만 있는 것, 기술적 보호조치를 무력화하는 것을 가능하게 하거나 용이하게 하는 것을 주된 목적으로 고안, 제작, 개조되거나 기능하는 것 등과 같은 것을 통해 장치, 제품 또는 부품을 제조, 수입, 배포, 전송, 판매, 대여, 공중에 대한 청약, 판매나 대여를 위한 광고, 또는 유통을 목적으로 보관 또는 소지하거나, 서비스를 제공하는 것 또한 금지하고 있다.

13. 권리의 침해에 대한 구제

저작권 침해란 법률상 저작권 행사가 제한되는 경우를 제외하고 "저작권자의 허락 없이 저작물을 이용하거나 저작자의 인격을 침해하는 방법으로 저작물을 이용하는 것"이라고 정의 할 수 있으며, 이를 저작권의 직접적인 침해라고 한다. 또한 저작권법에 의해 이와 같은 직접적인 침해가 아니더라도 침해로 간주되는 경우가 있는데 1. 수입 시에 대한민국 내에서 만들어졌더라면 저작권 그 밖에 이 법에 따라 보호되는 권리의 침해로 될 물건을 대한민국 내에서 배포할 목적으로 수입하는 행위, 2. 저작권 그 밖에 이 법에 따라 보호되는 권리를 침해하는 행위에 의하여 만들어진 물건(제1호의 수입물건을 포함한다)을 그 사실을 알고 배포할 목적으로 소지하는 행위, 3. 프로그램의 저작권을 침해하여 만들어진 프로그램의 복제물(제1호에 따른 수입 물건을 포함한다)을 그 사실을 알면서 취득한 자가 이를 업무상 이용하는 행위는 저작권의 침해 행위로 본다(저작권법 제124조).

그러나 이와 같은 직접적인 저작권 침해행위나 침해행위로 간주되는 경우가 아니더라도 기술적 보호조치를 무력화하는 행위(제104조의2), 권리관리정보를 제거하거나 변경하는 행위(제104조의3), 암호화된 방송신호를 무력화하는 행위(제104조의4), 저작물의 라벨을 위조하는 행위(제104조의5), 영화관에서 영화를 몰래 촬영하는 행위(제104조의6), 권한 없이 방송 전 신호를 제3자에게 송신하는 행위(제104조의7)는 저작권법에서 금지하고 있다.

저작권자는 그 권리를 침해하는 자에 대해서 침해가 현재 이루어지고 있는 경우 침해의 정지를 청구하거나, 침해가 예상되는 경우 침해의 예방 또는 손해배상의 담보 및 침해행위에 의하여 만들어진 물건의 폐기나 그 밖에 필요한 조치를 청구할 수 있으며(제123조 제1~3항) 고의 또는 과실로 저작재산권을 침해한 자에 대해서 저작재산권자는 손해배상을 청구할 수 있다(제125조). 이때 손해배상액은 침해자가 그 침해행위로 인하여 얻은 이익액 또는 저작재산권자가 권리행사로 통상 얻을 수 있는 금액 등이 기준이 되며(제125조 제1~3항) 손해액을 산정하기 어려운 때에는 변론의 취지 및 증거조사의 결과를 참작하여 상당한 손해액을 인정할 수 있고(제126조) 등록되어 있는 저작권, 배타적 발행권, 출판권, 저작인접권 또는 데이터베이스제작자의 권리를 침해한 자는 그 침해행위에 과실이 있는 것으로 추정한다(제125조 제4항).

그러나 침해가 없다는 내용의 판결이 확정된 때에는 신청자는 그 신청으로 인하여 발생한 손해를 배상하여야 한다(제123조 제4항).

한편 법정손해배상의 청구로 저작재산권자 등은 고의나 과실로 권리를 침해한 사람에 대하여 사실심의 변론이 종결되기 전에는 실제 손해액 또는 인정 손해액에 갈음하여 침해된 각 저작물마다 1천만 원 이하의 범위[110]에서 상당한 금액의 배상을 청구할 수 있다. 이러한 법정손해배상을 청구하기 위해서는 침해행위가 일어나기 전에 그 저작물 등이 등록되어 있어야 하며 법원은 이러한 청구가 있을 때에는 변론의 취지와 증거조사의 결과를 참작하여 위 범위 내에서 상당한 손해액을 인정할 수 있다(제125조의2).

또한 저작권자는 고의 또는 과실로 저작인격권을 침해한 자에 대해서도 손해배상을 청구하거나 손해배상과 함께 명예회복에 필요한 조치를 청구할 수 있다(제127조).

이와 같은 민사적인 구제와 함께 저작권의 침해에 대한 형사상의 벌칙으로 저작재산권 등의 권리를 침해한 경우에는 5년 이하의 징역 또는 5,000만 원 이하의 벌금에 처하거나 이를 병과할 수 있도록 규정되어 있

110) 영리를 목적으로 고의로 권리를 침해한 경우에는 5천만 원 이하의 범위

으며, 저작인격권을 침해하여 저작자의 명예를 훼손시키거나 허위등록을 한 경우에는 3년 이하의 징역 또는 3,000만 원 이하의 벌금에 처하며, 출처 명시를 위반한 경우에는 500만 원 이하의 벌금에 처할 수 있도록 규정하고 있다

저작권 침해와 관련된 형사 제재는 친고죄로서 저작권자로부터 고소가 있어야 하며 다만, 영리를 목적으로 또는 상습적으로 저작권을 침해한 자, 업으로 또는 영리 목적으로 기술적 보호조치의 무력화, 권리관리정보 제거 등을 한 자, 저작권 허위등록, 저작자가 아닌 자의 저작자 표시, 저작자 사후의 저작인격권 침해, 무허가 저작권위탁관리업 운영 등의 경우에는 비친고죄이고 프로그램의 저작권을 침해하여 만들어진 프로그램의 복제물을 그 사실을 알면서 취득한 자가 이를 업무상 이용하는 경우에는 피해자의 명시적 의사에 반하여 처벌하지 못하는 반의사불벌죄에 해당한다.

이 밖에도 저작권법상 권리를 침해하여 만들어진 복제물과 그 복제물의 제작에 주로 사용된 도구나 재료 중에 그 침해자, 인쇄자, 배포자 또는 공연자의 소유에 속하는 것은 몰수할 수 있도록 하고 있으며, 법인 등의 종사자가 저작권 침해죄를 범할 때에는 그 행위자를 벌하는 것 외에 그 법인 등에 대해서도 벌금형을 과하도록 하는 양벌규정을 두고 있다[111].

111) 법인 또는 개인이 그 위반행위를 방지하기 위하여 해당 업무에 관하여 상당한 주의와 감독을 게을리하지 아니한 경우 제외됨

16

지식재산 창업

상　표

16 상 표

1. 개 요

온라인을 기반으로 하는 4차 산업시대에 이미지를 비롯하여 모든 데이터들이 온라인상에 공개되고 있고 접근이 용이해져 상표도용행위가 증가하고 있다. 이는 소비자나 제3자들이 선택한 상품이나 서비스가 공급자의 상표도용으로 기망당하는 일이 빈번히 발생하고 공급자에 대한 사회적 신뢰를 오인케 하여 경제행위 자체에 대한 불신을 증가시켜 장기적으로는 산업발전에 저해를 초래할 수 있다. 따라서 각국은 상표법을 제정해 특정 사업자의 상표를 타인이 도용해 시장에서 상품 소비자나 서비스 이용자가 기망당하는 행위를 차단하고 있다.

또한 해외로 수출이 증가하였음에도 불구하고 특정 유명 상표를 미등록 국가에서 당해 상표가 선출원주의에 의거 타인이 선등록하면 특정유명상표 사업자는 해당 국가에서 전혀 그 상표를 사용할 수 없는 문제가 발생할 수 있다. 따라서 다른 국가에서 상표을 등록하지 않으면 해당 국가에서 서비스나 상품 판매가 불가능한 사태가 발생할 수 있으므로 상표등록이 사업성공의 열쇠가 될 수 있다.

물론 상표권 자체가 기술경쟁력 우위와 직접적인 연관성은 적으나 상표권은 기술력의 가치를 극대화할 수 있는 조력의 수단으로써 경영전략으로 이용할 수 있는 제도이기도 하다.

2. 상표의 의의

상표란 자기 상품과 타인 상품의 구분 가능한 표지로 사용되는 일체의 수단을 총칭하는 개념으로 개인이나 법인이 고객을 상대로 하여금 자기 제품 및 서비스를 다른 실체와 구별하여 알릴 수 있는 독창적 알림 수단, 즉 문자·기호·도형 또는 이들의 결합을 상표라고 한다.

상표는 상품이나 상품포장에 부착되며, 서비스의 경우 서비스를 제공하는 설비나 도구에 부착되어 수요자는 상표를 보고 상품이나 서비스를 구매 선택하게 된다. 따라서 상표는 수요자가 상품이나 서비스의 구매 여부 결정 시 중요한 판단기준인 만큼 독립적인 재산적 가치로 보유하고 있다.

상표법에서는 '상품을 생산·가공·증명 또는 판매하는 것을 업으로 영위하는 자가 자기의 업무 관련 상품을 타인 상품과 식별 위해 사용하는 표장'이라 규정(상표법 제2조)하고 있어 업과 관련이 없는 표장이거나 상품을 식별하기 위한 표장이 아니라면 상표법상의 상표로 인정되지 않는다. 이때 '업'이란 계속적이고 반복적으로 사업을 실시하는 것을 의미하며 영리목적의 업이어야 상표권이 인정되는지 여부는 상표법은 '상인적 방법'이라는 말을 사용하지 않고 있어 비영리 업의 경우도 상표권이 인정되는 것으로 본다.

그러나 상표법의 취지상 상표를 계속적·반복적으로 사용하지 않으면 상표의 업무상 신용이 축적되지 않으므로 굳이 보호의 필요는 없다고 보며, 영리나 비영리 목적이든 업과 관련 있는 표장이 상표로 취급되며 업과 관련 없으면 표장형태를 취해도 표장에 해당하지 않는다.

3. 상표권의 보호대상(표장)

상표는 자기의 상품과 타인의 상품을 식별하기 위해 사용하는 표장으로 따라서 성표권의 보호대상 즉, 상표권의 객체는 표장이며 표장은 기호, 문자, 도형, 소리, 냄새, 입체적 형상, 홀로그램·동작 또는 색채 등으로서 그 구성이나 표현방식에 상관없이 상품의 출처(出處)를 나타내기 위하여 사용하는 모든 표시를 의미한다(상표법 제2조 제1항 제2호).

그리고 2016년 개정 상표법에 의해 상품에는 지리적 표시로 사용되는 상품을 제외하고는 서비스 또는 서비스의 제공에 관련된 물건을 포함(제2조 제1항 제1호)하는 것으로 규정함에 따라서 서비스표를 상표에 통합하여 규정하고 있다.

이런 상표 즉, 표장의 종류에는 표장(상품 및 서비스표장), 단체표장, 지리적 표시, 동음이의어 지리적 표시, 지리적 표시 단체표장, 증명표장, 지리적 표시 증명표장, 업무표장 등이 있다.

구체적으로 살펴보면 단체표장이란 상품을 생산·제조·가공·판매하거나 서비스를 제공하는 자가 공동으로 설립한 법인이 직접 사용하거나 그 소속 단체원에게 사용하게 하기 위한 표장으로(3호) 2인 이상의 다수에 의해 사용되며, 상표권자인 단체와 그 구성원만이 사용가능하다. 이와 같은 단체표장은 사용자가 해당 단체 소속이라는 것을 말해 주는 '출처표시' 기능이 주된 기능이며 품질보증 기능은 부차적인 점에서 상표와 유사하고 증명표장과는 차이가 있다.

〈단체표장과 증명표장 비교〉

구분	단체표장	증명표장
기능	표장사용자가 단체의 소속 구성원이라는 출처 표시	품질 및 특징을 증명 · 보증
등록주체	법인만 가능	법인 및 개인도 가능
사용주체	- 단체의 구성원만 사용가능 - 표장권자인 단체도 사용가능	- 정관에서 정한 기준을 충족한 타인 - 증명표장권자는 사용불가 (호주 제외)
예시	사단법인 새마을금고연합회	미국면화협회 미국코튼마크(Cotton USA)

출처 : 디자인맵 ⓒKIPO

지리적 표시란 상품의 특정 품질·명성 또는 기타 특성이 본질적으로 특정지역에서 비롯된 경우 그 지역에서 생산·제조 또는 가공된 상품임을 나타내는 표시이며(4호) 동음이의어 지리적 표시란 같은 상품에 대한 지리적 표시가 타인의 지리적 표시와 발음은 같지만 해당 지역이 다른 지리적 표시고(5호) 지리적 표시 단체표장이란 지리적 표시를 사용 가능한 상품을 생산·제조·가공하는 자가 공동 설립한 법인이 직접 사용 또는 소속 단체원에게 사용케 하는 표장을 의미한다(6호).

증명표장이란 상품의 품질, 원산지, 생산방법 또는 그 밖의 특성을 증명하고 관리하는 것을 업(業)으로 하는 자가 타인의 상품에 대하여 그 상품이 품질, 원산지, 생산방법 또는 그 밖의 특성을 충족한다는 것을 증명하는 데 사용하는 표장을 의미한다(7호). 이는 표장이 사용되는 상품 또는 서비스업의 산지, 원재료, 제조방법, 수량, 정밀도 기타 특성을 증명, 보증하기 위해 사용하는 표시로서 증명표장권자로부터 사용 허락받은 자가 자신의 상품 및 서비스가 이에 준하는 조건을 갖추었다는 것을 나타내고자 사용하는 상표의 한 종류이며 2012년 한미 FTA가 발효된 후 양국 간의 자유로운 무역을 위해 상표법 내 증명표장 보호 규정을 신설하였다.

〈상표, 서비스표와 증명표장 비교〉

구분	상표 · 서비스표	증명표장
기능	상품 · 서비스 출처표시	품질 및 특징을 증명 · 보증
사용주체	소유자 본인	- 정관에서 정한 기준을 충족한 타인 - 증명표장권자는 사용불가 (호주 제외)
관리	관리 · 통제 필요성이 낮음 (본인에게 1차적 불이익)	관리 · 통제 필요성이 높음 (일반 공중의 이익 보호)
사용허락	상표권자의 권리 (타인에 대한 사용허락이 강제적이지 않음)	정관에서 정한 기준을 사용자가 충족하는 경우 차별 없이 사용을 허락하여야 함
예시	Woolrich WOOLRICH WOOLEN MILLS WOOLRICH, PA	국제양모사무국 울마크(Wool Mark)

출처 : 디자인맵 ⓒKIPO

지리적 표시 증명표장이란 지리적 표시를 증명하는 것을 업으로 하는 자가 타인의 상품에 대하여 그 상품이 정해진 지리적 특성을 충족한다는 것을 증명하는 데 사용하는 표장을 의미한다(8호).

마지막으로 업무표장이란 비영리 목적의 업무를 하는 자가 그 업무를 나타내기 위하여 사용하는 표장으로(9호) 대한적십자사나 유니세프 등의 표장이 이에 해당한다.

〈주요국가 단체표장 및 증명표장 운영 현황〉

구분	해당국가
단체표장만 운영	유럽연합, 독일, 일본, 스위스 등
증명표장만 운영	캐나다, 태국 등
단체표장 · 증명표장 모두운영	대한민국, 미국, 영국, 중국, 대만, 호주, 뉴질랜드, 싱가포르 등

출처 : 디자인맵 ⓒKIPO

4. 상표의 성립요건

국내에서 상표를 사용하는 자 또는 사용하려는 자는 자기의 상표를 등록받을 수 있다. 다만, 특허청 직원과 특허심판원 직원은 상속 또는 유증의 경우를 제외하고는 재직 중에 상표를 등록받을 수 없다(법 제3조 제1항).

그리고 상품을 생산·제조·가공·판매하거나 서비스를 제공하는 자가 공동으로 설립한 법인은 자기의 단체표장을 등록 가능하고 지리적 표시 단체표장의 경우에는 그 지리적 표시를 사용할 수 있는 상품을 생산·제조 또는 가공하는 자로 구성된 법인으로 하고 있다(법 제3조 제2항).

또한 상품의 품질, 원산지, 생산방법 또는 그 밖의 특성을 증명하고 관리하는 것을 업으로 할 수 있는 자는 타인의 상품에 대하여 그 상품이 정해진 품질, 원산지, 생산방법 또는 그 밖의 특성을 충족하는 것을 증명하는 데 사용하기 위한 증명표장을 등록 가능하고 자기의 영업에 관한 상품에 사용하려는 경우에는 증명표장의 등록이 불가능하다(법 제3조 제3항).

그러나 상표·단체표장 또는 업무표장을 출원(出願)하거나 등록받은 자는 그 상표 등과 동일·유사한 표장을 증명표장으로 등록받을 수 없으며(법 제3조 제4항) 증명표장을 출원하거나 등록을 받은 자는 그 증명표장과 동일·유사한 표장을 상표·단체표장 또는 업무표장으로 등록을 받을 수 없고(법 제3조 제5항), 국내에서 비영리를 목적으로 업무를 하는 자는 자기의 업무표장의 등록이 가능하다(법 제3조 제6항).

상표등록 능력과 관련해서 미성년자·피한정후견인 또는 피성년후견인은 법정대리인에 의해서만 상표등록에 관한 출원·청구 등 절차를 밟을 수 있고 단, 미성년자 또는 피한정후견인이 독립하여 법률행위 가능한 경우에는 등록절차 진행이 가능하며(법 제4조 제1항), 또한 법정대리인은 후견감독인 동의 없이 상대방이 청구한 상표등록 이의신청이나 심판 또는 재심에 대한 절차 진행이 가능하다(법 제4조 제2항).

법인 아닌 사단 또는 재단으로서 대표자 또는 관리인이 정해진 경우에는 그 사단이나 재단의 이름으로 상표등록의 이의신청인이나 심판 또는 재심의 당사자가 될 수 있고(법 제5조) 재외자의 경우 국내체류가 아니면 그 재외자의 상표에 관한 대리인으로서 국내에 주소나 영업소가 있는 상표관리인에 의해서만 상표에 관한 절차를 밟거나 이 법 또는 이 법에 따른 명령에 따라 행정청이 한 처분에 대하여 소(訴) 제기가 가능하다(법 제6조).

이와 함께 상표요건 규정을 종합적으로 분석해 보면 상표성립을 위해서는 4가지 요건을 모두 충족해야 한다. 첫째, 상표는 상품을 업으로 생산 등을 하는 자가 그 상품에 사용하는 것이어야 한다. 즉, 상품을 만드는 것을 업으로 하지 않는 자가 사용하는 상표는 상표법이 보호하지 않는다.

둘째, 상표는 표장이어야 한다. 이때 표장이란 기호·문자·도형 또는 이들의 결합 또는 이것의 각각에 색체를 가한 것을 의미한다.

셋째, 상표는 표장으로서 자타상품(自他商品)을 식별할 수 있는 것이어야 한다. 즉, 타상품과 구별할 수 없는 상표는 법적으로 보호받지 못한다.

넷째, 상표가 표장에 해당하는 것이어야 한다. 이때 해당하는 것이란 상표를 구성하는 표장이 명확한 일정윤곽을 가지는 것을 말하며, 이것은 시각을 통하여 식별작용을 수행하게 되는 것으로 일정한 윤곽을 나타내지 않으면 상표로 보호를 받지 못한다.

5. 상표등록 적극적 요건

상표법은 법에서 열거한 것을 제외하고는 상표를 등록할 수 있는 네거티브 법제를 채택하고 있음에 따라 상표법 제33조 제1항의 상표를 제외하고는 모든 상표를 등록할 수 있으며 그 제외 상표는 ① 상품의 보통명칭을 보통으로 사용하는 방법으로 표시한 표장만으로 된 상표, ② 그 상품에 대하여 관용(慣用)하는 상표, ③ 그 상품의 산지(産地)·품질·원재료·효능·용도·수량·형상·가격·생산방법·가공방법·사용방법 또는 시기를 보통으로 사용하는 방법으로 표시한 표장만으로 된 상표, ④ 현저한 지리적 명칭이나 그 약어(略語) 또는 지도만으로 된 상표, ⑤ 흔히 있는 성(姓) 또는 명칭을 보통으로 사용하는 방법으로 표시한 표장만으로 된 상표, ⑥ 간단하고 흔히 있는 표장만으로 된 상표, ⑦ 기타 수요자가 누구의 업무에 관련된 상품을 표시하는 것인가를 식별할 수 없는 상표 등이다.

단, ③, ④, ⑤, ⑥에 해당해도 상표등록출원 전부터 상표 사용 결과 수요자 간에 특정인의 상품에 관한 출처를 표시하는 것으로 식별가능한 경우에는 상표를 사용한 상품에 한정해 상표등록이 가능하며(법 제33조 제2항), ③(산지로 한정한다) 또는 ④에 해당하는 표장이라도 그 표장이 특정 상품에 대한 지리적 표시인 경우에 그 지리적 표시를 사용한 상품을 지정상품으로 하여 지리적 표시 단체표장등록을 받을 수 있다.

6. 상표등록 소극적 요건

상표법은 추가로 상표등록이 금지된 상표도 열거하여 규정하고 있다. 상표법 제34조 제1항에 21가지로 첫째, 상표는 국가의 국기(國旗) 및 국제기구의 기장(記章) 등으로서 특정상표[112]에 대해서는 상표등록을 받을 수 없다.

---

112) 가. 대한민국의 국기, 국장(國章), 군기(軍旗), 훈장, 포장(褒章), 기장, 대한민국이나 공공기관의 감독용 또는 증명용 인장(印章)·기호와 동일·유사한 상표
나. 「공업소유권의 보호를 위한 파리 협약」 동맹국, 세계무역기구 회원국 또는 「상표법조약」 체약국의 국기와 동일·유사한 상표
다. 국제적십자, 국제올림픽위원회 또는 저명(著名)한 국제기관의 명칭, 약칭, 표장과 동일·유사한 상표로 다만, 그 기관이 자기의 명칭, 약칭 또는 표장을 상표등록출원한 경우에는 상표등록을 받을 수 있다.
라. 파리협약 제6조의3에 따라 세계지식재산기구로부터 통지받아 특허청장이 지정한 동맹국 등의 문장(紋章), 기(旗), 훈장, 포장 또는 기장이나 동맹국 등이 가입한 정부 간 국제기구의 명칭, 약칭, 문장, 기, 훈장, 포장 또는 기장과 동일·유사한 상표로 다만, 그 동맹국 등이 가입한 정부 간 국제기구가 자기의 명칭·약칭, 표장을 상표등록출원한 경우에는 상표등록을 받을 수 있다.
마. 파리협약 제6조의3에 따라 세계지식재산기구로부터 통지받아 특허청장이 지정한 동맹국 등이나 그 공공기관의 감독용 또는 증명용 인장·기호와 동일·유사한 상표로서 그 인장 또는 기호가 사용되고 있는 상품과 동일·유사한 상품에 대하여 사용하는 상표

둘째, 국가·인종·민족·공공단체·종교 또는 저명한 고인(故人)과의 관계를 거짓 표시하거나 비방 또는 모욕하거나 평판을 나쁘게 할 우려가 있는 상표는 등록받을 수 없다.

셋째, 국가·공공단체 또는 이들의 기관과 공익법인의 비영리 업무나 공익사업을 표시하는 표장으로서 저명한 것과 동일·유사한 상표는 등록받을 수 없다. 다만, 그 국가 등이 자기의 표장을 상표등록출원한 경우에는 상표등록이 가능하다.

넷째, 상표 그 자체 또는 상표가 상품에 사용되는 경우 수요자에게 주는 의미와 내용 등이 일반인의 통상적인 도덕관념인 선량한 풍속에 어긋나는 등 공공의 질서를 해칠 우려가 있는 상표는 등록받을 수 없다.

다섯째, 정부가 개최하거나 정부의 승인을 받아 개최하는 박람회 또는 외국정부가 개최하거나 외국정부의 승인을 받아 개최하는 박람회의 상패·상장 또는 포장과 동일·유사한 표장이 있는 상표는 등록받을 수 없다. 다만, 그 박람회에서 수상한 자가 그 수상한 상품에 관하여 상표의 일부로서 그 표장을 사용하는 경우에는 상표등록을 받을 수 있다.

여섯째, 저명한 타인의 성명·명칭 또는 상호·초상·서명·인장·아호·예명·필명 또는 이들의 약칭을 포함하는 상표는 등록받을 수 없다. 다만, 그 타인의 승낙을 받은 경우에는 상표등록이 가능하다.

일곱째, 선출원에 의한 타인의 등록상표(등록된 지리적 표시 단체표장은 제외)와 동일·유사 상표로서 그 지정상품과 동일·유사 상품에 사용하는 상표는 등록받을 수 없다.

여덟째, 선출원에 의한 타인의 등록된 지리적 표시 단체표장과 동일·유사한 상표로서 그 지정상품과 동일하다고 인식되어 있는 상품에 사용하는 상표는 등록받을 수 없다.

아홉째, 타인의 상품을 표시하는 것이라고 수요자들에게 널리 인식되어 있는 상표(지리적 표시는 제외)와 동일·유사한 상표로서 그 타인의 상품과 동일·유사한 상품에 사용하는 상표는 등록받을 수 없다.

열번째, 특정 지역의 상품을 표시하는 것으로 수요자에게 널리 인식되어 있는 타인의 지리적 표시와 동일·유사한 상표로서 그 지리적 표시를 사용하는 상품과 동일하다고 인정되어 있는 상품에 사용하는 상표는 등록받을 수 없다.

열한번째, 수요자들에게 현저하게 인식되어 있는 타인의 상품이나 영업과 혼동을 일으키게 하거나 그 식별력 또는 명성을 손상시킬 염려가 있는 상표는 등록받을 수 없다.

열두번째, 상품의 품질을 오인하게 하거나 수요자를 기만할 염려가 있는 상표는 등록받을 수 없다.

열세번째, 국내 또는 외국의 수요자들에게 특정인의 상품을 표시하는 것이라고 인식되어 있는 상표(지리적 표시는 제외)와 동일·유사한 상표로서 부당한 이익을 얻으려 하거나 그 특정인에게 손해를 입히려고 하는 등 부정한 목적으로 사용하는 상표는 등록받을 수 없다.

열네번째, 국내 또는 외국의 수요자들에게 특정 지역의 상품을 표시하는 것이라고 인식되어 있는 지리적 표시와 동일·유사한 상표로서 부당한 이익을 얻으려 하거나 그 지리적 표시의 정당한 사용자에게 손해를 입히려고 하는 등 부정한 목적으로 사용하는 상표는 등록받을 수 없다.

열다섯번째, 상표등록을 받으려는 상품 또는 그 상품의 포장의 기능을 확보하는 데 꼭 필요한(서비스의 경우에는 그 이용과 목적에 꼭 필요한 경우를 말한다) 입체적 형상, 색채, 색채의 조합, 소리 또는 냄새만으로 된 상표는 등록받을 수 없다.

열여섯번째, 세계무역기구 회원국 내의 포도주 또는 증류주의 산지에 관한 지리적 표시로서 구성되거나 그 지리적 표시를 포함하는 상표로서 포도주 또는 증류주에 사용하려는 상표는 등록받을 수 없다. 다만, 지리적 표시의 정당한 사용자가 해당 상품을 지정상품으로 하여 제36조 제5항에 따른 지리적 표시 단체표장등록출원을 한 경우 상표등록이 가능하다.

열일곱번째, 「식물신품종 보호법」에 따라 등록된 품종명칭과 동일·유사한 상표로서 그 품종명칭과 동일·유사한 상품에 대하여 사용하는 상표는 등록받을 수 없다.

열여덟번째, 「농수산물 품질관리법」에 따라 등록된 타인의 지리적 표시와 동일·유사한 상표로서 그 지리적 표시를 사용하는 상품과 동일하다고 인정되는 상품에 사용하는 상표는 등록받을 수 없다.

열아홉번째, 대한민국이 외국과 양자간 또는 다자간으로 체결하여 발효된 자유무역협정에 따라 보호하는 타인의 지리적 표시와 동일·유사한 상표 또는 그 지리적 표시로 구성되거나 그 지리적 표시를 포함하는 상표로서 지리적 표시를 사용하는 상품과 동일하다고 인정되는 상품에 사용하는 상표는 등록받을 수 없다.

스무번째, 상표는 동업·고용 등 계약관계나 업무상 거래관계 또는 그 밖의 관계를 통하여 타인이 사용하거나 사용을 준비 중인 상표임을 알면서 그 상표와 동일·유사한 상표를 동일·유사한 상품에 등록출원한 상표는 등록받을 수 없다.

스물한번째, 조약당사국에 등록된 상표와 동일·유사한 상표로서 그 등록된 상표에 관한 권리를 가진 자와의 동업·고용 등 계약관계나 업무상 거래관계 또는 그 밖의 관계에 있거나 있었던 자가 그 상표에 관한 권리를 가진 자의 동의를 받지 아니하고 그 상표의 지정상품과 동일·유사한 상품을 지정상품으로 하여 등록출원한 상표는 등록받을 수 없다.

등록이 금지된 상표 및 상표등록출원인이 해당 규정의 타인에 해당하는지는 상표등록거절결정 및 상표등록결정 중 어느 하나에 해당하는 상표등록여부결정을 할 때를 기준으로 하여 결정한다(제34조 제2항).

상표권자 또는 그 상표권자의 상표를 사용하는 자는 상표등록의 취소심판이 청구되고 그 청구일 이후에 ① 존속기간이 만료되어 상표권이 소멸한 경우, ② 상표권자가 상표권 또는 지정상품의 일부를 포기한 경우, ③ 상표등록 취소의 심결(審決)이 확정된 경우 중 어느 하나에 해당하게 된 경우 그 상표와 동일·유사한 상표[동일·유사한 상품(지리적 표시 단체표장의 경우 동일하다고 인정되는 상품)을 지정상품으로 해서 재등록한 경우에 한정]에 대해서는 그 해당하게 된 날부터 3년이 지난 후에 출원해야만 상표등록이 가능하다(제34조 제3항).

동음이의어 지리적 표시 단체표장 상호간에는 위의 여덟째, 선출원된 지리적 표시 단체표장과 동일·유사한 상표로서 그 지정상품과 동일하다고 인식되어 있는 상품에 사용하는 상표, 열번째, 특정 지역의 상품을 표시하는 것이라고 수요자들에게 널리 인식되어 있는 타인의 지리적 표시와 동일·유사한 상표로서 그 지리적 표시를 사용하는 상품과 동일하다고 인정되어 있는 상품에 사용하는 상표도 상표등록을 받을 수 있다(제34조 제4항).

7. 상표 선출원

동일·유사 상품에 사용할 동일·유사상표가 다른 날 둘 이상 상표등록출원이 있는 경우 먼저 출원한 자만이 상표등록이 가능하고 동일·유사상품에 사용할 동일·유사 상표가 같은 날 둘 이상 상표등록출원 있는 경우 출원인 간 협의로 정한 하나의 출원인만 상표등록이 가능하나 협의 불성립 또는 협의 불가일 때는 특허청장의 추첨으로 결정된 하나의 출원인만 상표등록이 가능하다.

단, 동일하지 않은 상품에 동일·유사한 표장으로 둘 이상의 지리적 표시 단체표장등록출원 또는 지리적 표시 단체표장등록출원과 상표등록출원이 있는 경우나 서로 동음이의어 지리적 표시에 해당하는 표장으로 둘 이상의 지리적 표시 단체표장등록출원이 있는 경우 위와 같은 선출원 규정을 적용하지 않는다.

그리고 포기 또는 취하된 경우, 무효로 된 경우, 상표등록거절결정 또는 거절한다는 취지의 심결이 확정된 경우는 상표등록출원이 처음부터 없었던 것으로 의제되며 특허청장이 동일·유사 상표가 같은 날 둘 이상 출원된 경우 기간을 정해 협의결과의 신고를 명하고 신고가 없을 시에는 협의 불성립으로 의제된다. 또한 상표출원 시 상표등록출원을 하고자 하는 자는 상품류 구분에 따라 1류 이상의 상품을 지정하여 1상표마다 1출원을 해야 한다(1상표 1출원 원칙, 제38조).

8. 상표권

상표권은 설정등록에 의해 발생하며 상표권의 존속기간은 설정등록일로부터 10년이며 10년마다 갱신이 가능하여 반영구적인 지식재산권이다.

상표등록료 또는 상표등록료의 납부기간 연장에 따른 납부기간 내에 상표등록료를 내지 아니한 경우, 상표등록료의 보전 등에 따른 상표등록료의 보전을 명한 경우로서 그 보전기간 내에 보전하지 아니한 경우, 상표등록료 납부 또는 보전에 의한 상표등록출원의 회복 등에 따른 해당 기간 내에 상표등록료를 내지 아니하거나 보전하지 아니한 경우에는 설정등록일 또는 존속기간갱신등록일부터 5년 경과 시 상표권이 소멸한다.

상표권자 또는 출원인은 등록상표 또는 상표등록출원의 지정상품을 추가하여 상표등록이 가능하며 이 경우 추가등록된 지정상품에 대한 상표권의 존속기간 만료일은 등록상표권 존속기간 만료일이다.

상표권자는 지정상품에 관하여 그 등록상표를 사용할 권리를 독점하지만 전용사용권의 설정을 받은 전용사용권자는 그 설정행위로 정한 범위에서 지정상품에 관하여 등록상표를 사용할 권리를 독점하므로 전용사용권자가 등록상표의 사용 권리를 독점한 범위 내에서는 독점권이 제한된다.[113]

상표권(지리적 표시 단체표장권은 제외한다[114])은 「① 자기의 성명·

---

113) 다만 업무표장권, 단체표장권 또는 증명표장권에 관하여는 전용사용권을 설정할 수 없다

114) 지리적 표시 단체표장권은 「1. ①·②(산지에 해당하는 경우는 제외한다) 또는 ⑤에 해당하는 상표, 2. 지리적 표시 등록단체표장의 지정상품과 동일하다고 인정되어 있는 상품에 대하여 관용하는 상표, 3. 지리적 표시 등록단체표장의 지정상품과 동일하다고 인정되어 있는 상품에 사용하는 지리적 표시로서 해당 지역

명칭 또는 상호·초상·서명·인장 또는 저명한 아호·예명·필명과 이들의 저명한 약칭을 상거래 관행에 따라 사용하는 상표, ② 등록상표의 지정상품과 동일·유사한 상품의 보통명칭·산지·품질·원재료·효능·용도·수량·형상·가격 또는 생산방법·가공방법·사용방법 및 시기를 보통으로 사용하는 방법으로 표시하는 상표, ③ 입체적 형상으로 된 등록상표의 경우에는 그 입체적 형상이 누구의 업무에 관련된 상품을 표시하는 것인지 식별할 수 없는 경우에 등록상표의 지정상품과 동일·유사한 상품에 사용하는 등록상표의 입체적 형상과 동일·유사한 형상으로 된 상표 ④ 등록상표의 지정상품과 동일·유사한 상품에 대하여 관용하는 상표와 현저한 지리적 명칭 및 그 약어 또는 지도로 된 상표 ⑤ 등록상표의 지정상품 또는 그 지정상품 포장의 기능을 확보하는 데 불가결한 형상, 색채, 색채의 조합, 소리 또는 냄새로 된 상표」 등의 어느 하나에 해당하는 경우에는 그 효력이 미치지 않는다. 다만, 자기의 성명·명칭 또는 상호·초상·서명·인장 또는 저명한 아호·예명·필명과 이들의 저명한 약칭을 상거래 관행에 따라 사용하는 상표는 상표권의 설정등록이 있은 후에 부정경쟁의 목적으로 자기의 성명·명칭 또는 상호·초상·서명·인장 또는 저명한 아호·예명·필명과 이들의 저명한 약칭을 사용하는 경우에는 적용하지 아니하여 상표권의 효력이 미친다.

에서 그 상품을 생산·제조 또는 가공하는 것을 업으로 영위하는 자가 사용하는 지리적 표시 또는 동음이의어 지리적 표시, 4. 선출원에 의한 등록상표가 지리적 표시 등록단체표장과 동일·유사한 지리적 표시를 포함하고 있는 경우에 상표권자, 전용사용권자 또는 통상사용권자가 지정상품에 사용하는 등록상표」 등의 어느 하나에 해당하는 경우에는 그 효력이 미치지 아니한다.

9. 상표권자의 보호

상표법은 상표권자나 전용사용권자에게 권리침해에 대한 금지 및 예방청구권 등을 부여하고 있어 상표권자나 전용사용권자가 권리침해 금지청구 시 침해행위 조성 물건의 폐기, 침해행위에 제공 설비 제거나 기타 필요한 조치 청구가 가능하며 침해금지 또는 예방청구의 소가 제기된 경우 법원은 원고 또는 고소인의 신청에 의해 임시로 침해행위 금지, 침해행위에 사용한 물건 등을 압류나 그 밖에 필요한 조치를 명할 수 있고 이 경우 법원은 원고 또는 고소인에게 담보를 제공하게 할 수 있다.

상표법은 침해행위에 해당하는 의제 규정을 두어 이를 열거하고 있다. 즉, 「① 타인의 등록상표와 동일한 상표를 그 지정상품과 유사한 상품에 사용하거나 타인의 등록상표와 유사한 상표를 그 지정상품과 동일·유사한 상품에 사용하는 행위, ② 타인의 등록상표와 동일·유사한 상표를 그 지정상품과 동일·유사한 상품에 사용하거나 사용하게 할 목적으로 교부·판매·위조·모조 또는 소지하는 행위, ③ 타인의 등록상표를 위조 또는 모조하거나 위조 또는 모조하게 할 목적으로 그 용구를 제작·교부·판매 또는 소지하는 행위, ④ 타인의 등록상표 또는 이와 유사한 상표가 표시된 지정상품과 동일·유사한 상품을 양도 또는 인도하기 위하여 소지하는 행위」 등의 어느 하나에 해당하는 행위는 상표권(지리적 표시 단체표장권은 제외한다[115]) 또는 전용사용권을 침해한 것으로 본다.

---

115) 「1. 타인의 지리적 표시 등록단체표장과 유사한 상표(동음이의어 지리적 표시는 제외한다.)를 그 지정상품과 동일하다고 인정되는 상품에 사용하는 행위, 2. 타인의 지리적 표시 등록단체표장과 동일·유사한 상표를 그 지정상품과 동일하다고 인정되는 상품에 사용하거나 사용하게 할 목적으로 교부·판매·위조·모조 또는 소지하는 행위, 3. 타인의 지리적 표시 등록단체표장을 위조 또는 모조하거

상표법은 상표권자·전용사용권자에게 손해배상청구권을 부여하여 상표권 또는 전용사용권을 고의 또는 과실로 침해한 자에 대해 침해로 받은 손해에 배상청구가 가능(법 제109조)하며 손해배상청구 시 배상액 분쟁이 심화되는 것을 방지하기 위해 상표법은 손해액 추정 규정을 두고 있다. 이에 따르면 손해배상청구 시 권리 침해자가 침해행위를 유발한 상품을 양도한 때에는 ① 그 상품의 양도수량(상표권자 또는 전용사용권자가 그 침해행위 외의 사유로 판매할 수 없었던 사정이 있는 경우에는 그 침해행위 외의 사유로 판매할 수 없었던 수량을 뺀 수량) 중 상표권자 또는 전용사용권자가 생산할 수 있었던 상품의 수량에서 실제 판매한 상품의 수량을 뺀 수량을 넘지 아니하는 수량에 상표권자 또는 전용사용권자가 그 침해행위가 없었다면 판매할 수 있었던 상품의 단위수량당 이익액을 곱한 금액이나 ② 그 상품의 양도수량 중 상표권자 또는 전용사용권자가 생산할 수 있었던 상품의 수량에서 실제 판매한 상품의 수량을 뺀 수량을 넘는 수량 또는 그 침해행위 외의 사유로 판매할 수 없었던 수량이 있는 경우 이들 수량(상표권자 또는 전용사용권자가 그 상표권자의 상표권에 대한 전용사용권의 설정, 통상사용권의 허락 또는 그 전용사용권자의 전용사용권에 대한 통상사용권의 허락을 할 수 있었다고 인정되지 아니하는 경우에는 해당 수량을 뺀 수량)에 대해서는 상표등록을 받은 상표의 사용에 대하여 합리적으로 받을 수 있는 금액을 손해액으로 할 수 있다.

마지막으로 특정 사유[116] 존재 시 이해관계인·심사관은 상표등록 또

나 위조 또는 모조하게 할 목적으로 그 용구를 제작·교부·판매 또는 소지하는 행위, 4. 타인의 지리적 표시 등록단체표장과 동일·유사한 상표가 표시된 지정상품과 동일하다고 인정되는 상품을 양도 또는 인도하기 위하여 소지하는 행위」 등의 어느 하나에 해당하는 행위는 지리적 표시 단체표장권을 침해한 것으로 본다.

116) 무효심판 청구 가능한 특정한 사유에 해당하는 경우로 (법 제117조 제1항)

는 지정상품 추가등록에 대해 무효심판 청구가 가능하며 등록상표의 지정상품이 둘 이상인 경우 지정상품마다 청구할 수 있다.

10. 국제출원

상표권을 보호받고자 하는 대상국마다 개별적인 상표출원 절차를 밟아야 보호되는 것이 일반적이나 우리나라에서도 마드리드 협정[117]에 가입함에 따라 국제조약에 의해서 다수 국가에 동시에 등록이 가능하다. 이에 마드리드 의정서에 따른 국제등록을 받으려는 자는「본인의 상표등록출원, 본인의 상표등록, 본인의 상표등록출원 및 본인의 상표등록」중 어느 하나에 해당하는 상표등록출원 또는 상표등록을 기초로 하여 특허청

1. 법상 상표등록요건 충족 못했음에도 상표등록 또는 지정상품의 추가등록된 경우
2. 상표등록 또는 지정상품의 추가등록이 상표등록출원에 의해 발생한 권리를 승계하지 아니한 자가 한 경우
3. 지정상품의 추가등록이 상표권의 소멸, 상표등록출원의 포기, 취하 또는 무효, 상표등록거절결정이 확정된 경우
4. 상표등록 또는 지정상품의 추가등록이 조약에 위반된 경우
5. 상표등록된 후 그 상표권자가 상표권을 누릴 수 없는 자로 되거나 그 등록상표가 조약에 위반된 경우
6. 상표등록된 후 그 등록상표가 상표등록요건을 결한 경우
7. 지리적 표시 단체표장등록이 된 후 그 등록단체표장을 구성하는 지리적 표시가 원산지 국가에서 보호가 중단되거나 사용되지 아니하게 된 경우

117) 마드리드 협정의 공식명칭은 표장의 국제등록에 관한 마드리드 협정(Madrid Agreement Concerning the International Registration of Marks)으로, "산업재산권 보호를 위한 파리협약"이 성립된 지 8년 후 파리협약 제19조에 근거한 특별협정으로 1891년 마드리드에서 채택되었다. 마드리드 의정서의 공식명칭은 "표장의 국제등록에 관한 마드리드 협정에 대한 의정서"(Protocol relating to the Madrid Agreement Concerning the International Registration of Marks)로서, 1989년 6월 27일에 채택되고 1995년 12월 1일에 발효되었으며, 동 의정서를 시행하기 위한 하위규정인 공통규칙이 제정됨에 따라 1996년 4월 1일부터 시행되었다.

장에게 국제출원을 하여야 하며(법 제167조) 이때에 국제출원서 및 국제출원에 필요한 서류를 특허청장에게 제출해야 한다(법 제169조). 국제등록기초상표권의 존속기간은 제197조에 따른 상표권의 설정등록이 있은 날부터 국제등록일 후 10년이 되는 날까지이며 국제출원에 의한 국제등록명의인은 국제등록의 존속기간도 10년씩 갱신이 가능하다(법 제173조).

국제출원으로서 대한민국을 지정국으로 지정(사후지정을 포함)한 국제출원은 상표법상 상표등록출원으로 보며 국제상표등록출원에 대해서는 업무표장에 관한 규정을 적용하지 않는다.

17 디자인

17 디자인

1. 디자인의 의의

2011년 애플이 삼성전자에 갤럭시 폰이 아이폰의 모서리 곡선 디자인을 침해했단 이유로 미국 법원에 10억불 상당 손해배상 청구소송과 같이 기업들간의 디자인 침해관련 분쟁이 빈번히 발생하고 있으며 디자인 관련 분쟁은 IT기술 발전과 함께 어떤 새로운 형태로 전개될지 예측이 어려운 상황이다.

디자인(design)이란 주어진 목적을 조형적으로 실체화한 의장(意匠)이나 도안을 말하는 것으로 공업디자인 또는 산업디자인이라고 부르기도 한다. 이런 디자인을 보호하는 법률을 과거에는 의장법이라고 불렀으나 현재는 디자인보호법으로 개정하였고 일반적으로 디자인이란 주어진 목적을 달성하기 위하여 여러 조형요소(造形要素) 가운데 의도적으로 선택한 것들로 구성되고 합리적·유기적인 통일을 얻기 위한 창조적 활동이며 그 결과의 실현으로 이해할 수 있다.

이와 같은 디자인을 보호하는 디자인권은 물품 외관의 심미감을 보호하는 권리로 등록된 디자인은 동일·유사 범위까지 독점사용권이 인정되며 디자인권 존속기간은 특허권과 동일한 20년이다. 반면 특허는 눈에 보이지 않는 것을, 디자인은 눈에 보이는 것을 보호한다. 즉 특허권은 기술적 발명에 대해 보호해 주는 권리이며, 디자인권은 물품 외관에 대해 보호해 주는 권리로서 보호대상에 차이가 있다.

애플-삼성 간 특허 분쟁에서 애플의 승소에 가장 큰 역할을 한 것이 디자인권인데, 특허와 상표는 자기 권리의 동일성 범위까지 독점권이 인정되는 반면에 디자인은 자기 권리의 동일·유사범위까지 권리범위가 인정됨에 따라 권리범위 측면에서 디자인권이 특허권과 상표권에 비해 가장 광범위하다고 할 수 있다.

2. 디자인보호법상 개념

디자인보호법상 디자인이란 '물품의 형상·모양이나 색채 또는 이들을 결합한 것으로서 시각을 통해 미감(美感)을 일으키게 하는 것'이라고 정의하고 있다(제2조 제1호). 이때 물품은 거래의 대상으로서 운반이 가능한 것으로 물건의 일부도 이에 해당하므로 물품의 부분, 글자체 및 화상(畫像)을 포함하며 형상(形狀)은 외관적 형태를 말하는 것으로 평면적인 것과 입체적인 것 모두를 포함하는 개념이다. 모양은 장식용의 형상을 말하는 것으로 평면적으로 표시된 점, 선 또는 상(像) 등의 집합으로 모양은 때로는 색채를 수반하는 것이 많고, 부조모양과 같이 요철의 형태로 이뤄지기도 한다. 색채는 1종 또는 2종 이상의 배합을 말하고 결합은 형상, 모양, 색채의 전부 또는 2 이상이 동일물품에 대하여 동시에 표현되는 경우를 의미한다.

디자인의 영역은 광의로는 모든 조형 활동에 대한 계획, 설계나 드로잉(drawing)까지 포함하지만 협의로는 도안, 장식 등의 의미로 사용된다. 따라서 디자인보호법으로 보호대는 디자인은 협의의 영역에 속한 디자인만 보호는 것으로 산업디자인은 인간의 문화적 필요를 충족시켜주기 위해 조성하는 산업제품과 생산시스템을 발전시키는 창조적 활동이기 때문에 권리로 인정하여 보호될 필요가 있다.

3. 디자인등록권자

디자인 창작자 또는 그 승계인은 디자인등록의 권리능력을 가지게 되며 특허청 또는 특허심판원 직원은 상속 또는 유증(遺贈)의 경우를 제외하고는 재직 중 디자인등록을 받을 수 없고 2명 이상이 공동으로 디자인 창작한 경우 디자인등록 받을 수 있는 권리를 공유(共有)하게 된다.

반면 미성년자·피한정후견인 또는 피성년후견인은 디자인등록에 있어 행위능력에 제한을 받으므로 법정대리인에 의하지 아니하면 디자인등록에 관한 출원·청구, 그 밖의 디자인에 관한 절차를 밟을 수 없으며 다만, 미성년자와 피한정후견인이 독립하여 법률행위가 가능한 경우에는 예외가 적용된다.

또한 디자인보호법상 재외자인 외국인은 원칙적으로 디자인권 또는 디자인에 관한 권리를 향유하지 못하나 「① 그 외국인이 속하는 국가에서 대한민국 국민에 대하여 그 국민과 같은 조건으로 디자인권 또는 디자인에 관한 권리를 인정하는 경우, ② 대한민국이 그 외국인에 대하여 디자인권 또는 디자인에 관한 권리를 인정하는 경우에는 그 외국인이 속하는 국가에서 대한민국 국민에 대하여 그 국민과 같은 조건으로 디자인권 또는 디자인에 관한 권리를 인정하는 경우, ③ 조약에 따라 디자인권 또는 디자인에 관한 권리가 인정되는 경우(법 제27조)」에는 재외자인 외국인도 디자인에 관한 권리를 누릴 수 있다.

4. 디자인등록요건

디자인으로 등록을 받기 위해서는 디자인의 성립요건인 신규성, 창작성(비주지성, 창작비용이성), 공업상 이용가능성을 충족해야 한다.

먼저 신규성과 관련해서 「① 디자인등록출원 전에 국내 또는 국외에서 공지(公知)되었거나 공연(公然)히 실시된 디자인, ② 디자인등록출원 전에 국내 또는 국외에서 반포된 간행물에 게재되었거나 전기통신회선을 통하여 공중(公衆)이 이용할 수 있게 된 디자인, ③ 앞의 디자인과 유사한 디자인」 등과 같은 경우에는 신규성을 상실한 것으로 본다. 다만 디자인등록을 받을 수 있는 권리를 가진 자의 디자인이 공개되어 신규성을 상실한 경우 그 디자인은 그날부터 12개월 이내에 그 자가 디자인등록출원한 디자인에 대해 신규성 상실의 예외를 주장할 수 있다.[118] 즉, 디자인을 출원하기 전, 그 디자인이 공개되었다면 원칙적으로 디자인등록을 받을 수 없지만 그 디자인을 처음 공개(논문발표 등을 통해 인터넷, 언론매체로 디자인이 공개 등)한 날로부터 12개월 이내에 출원하여 신규성 상실 예외 주장이 인정된 경우에는 디자인 등록을 받을 수 있다.

다음으로 창작성(비주지성, 창작비용이성)의 요건에 따라 공지된 디자인 또는 이들의 결합이나, 국내 또는 국외에서 널리 알려진 형상·모양·

118) 다만, 그 디자인이 조약이나 법률에 따라 국내 또는 극외에서 출원공개 또는 등록공고된 경우에는 그러하지 아니하다.

색채 또는 이들의 결합에 의하여 쉽게 창작할 수 있는 디자인은 창작성이 없는 것으로 보아 비주지성이나 창작비용이성이 성립되지 않는다.

마지막으로 공업상 이용가능성은 공업적 생산방법에 의해 동일물품이 양산될 수 있는 것을 말하는 것으로 기계에 의한 생산과 수공업적 생산이 포함되는 개념이며 공업적 방법이란 원자재에 물리적, 화학적 변화를 가하여 유용한 물품을 제조하는 것을 말하고, 양산이라 함은 동일한 형태의 물품을 반복적으로 계속해서 생산하는 것을 의미한다.

그러나 디자인등록출원한 디자인이 그 출원을 한 후에 디자인공보에 게재된 다른 디자인등록출원의 출원서의 기재사항 및 출원서에 첨부된 도면·사진 또는 견본에 표현된 디자인의 일부와 동일하거나 유사한 경우에는 디자인등록을 받을 수 없다.[119]

이외에도 디자인보호법에 디자인등록을 받을 수 없는 디자인으로 「① 국기, 국장(國章), 군기(軍旗), 훈장, 포장, 기장(記章), 그 밖의 공공기관 등의 표장과 외국의 국기, 국장 또는 국제기관 등의 문자나 표지와 동일하거나 유사한 디자인, ② 디자인이 주는 의미나 내용 등이 일반인의 통상적인 도덕관념이나 선량한 풍속에 어긋나거나 공공질서를 해칠 우려가 있는 디자인, ③ 타인의 업무와 관련된 물품과 혼동을 가져올 우려가 있는 디자인, ④ 물품의 기능을 확보하는 데에 불가결한 형상만으로 된 디자인」 등을 열거하고 있다(법 제34조).

---

119) 다만, 그 디자인등록출원의 출원인과 다른 디자인등록출원의 출원인이 같은 경우에는 등록이 가능하다.

5. 관련디자인제도

디자인은 물품의 형상, 모양, 색채 또는 이들을 결합한 것으로서 시각을 통하여 미감을 일으키게 하는 것으로 이는 다른 사람으로부터 모방이나 도용이 쉽고 그 유사범위가 추상적이며 불명확하므로 미리 유사범위 내의 다자인을 관련디자인으로 등록받아 침해나 모방을 방지할 필요가 있다.

따라서 관련디자인제도는 자기의 등록디자인이나 디자인등록출원한 디자인, 즉 기본디자인에 관한 물품의 형상, 색채, 모양 등에 변경을 한 디자인을 관련디자인으로 등록 공개하여 기본디자인의 침해나 모방 등을 사전에 방지할 수 있는 제도로 기본디자인을 만든 이후라도 기존의 디자인을 기초로 한 변형된 디자인이 계속 창작되는 경우가 많으므로 관련디자인제도를 통해 기본디자인도 보호하고 변형된 새로운 디자인도 등록을 하여 보호받을 수 있다.

디자인보호법상 자기의 기본디자인과 유사한 관련디자인에 대하여는 그 기본디자인의 디자인등록출원일부터 1년 이내에 디자인등록출원된 경우에 한하여 관련디자인으로 디자인등록이 가능하고 이에 따라 디자인등록된 관련디자인 또는 등록출원된 관련디자인과 유사한 디자인은 디자인등록을 받을 수 없으며 기본디자인의 디자인권에 전용실시권이 설정된 경우에도 기본디자인에 관한 관련디자인은 디자인등록을 받을 수 없다(디자인보호법 제35조).

6. 디자인등록출원

디자인등록을 받으려는 자는 「㉠ 디자인등록출원인의 성명 및 주소(법인인 경우에는 그 명칭 및 영업소의 소재지), ㉡ 디자인등록출원인의 대리인이 있는 경우에는 그 대리인의 성명 및 주소나 영업소의 소재지(대리인이 특허법인·특허법인(유한)인 경우에는 그 명칭, 사무소의 소재지 및 지정된 변리사의 성명), ㉢ 디자인의 대상이 되는 물품 및 물품류, ㉣ 단독의 디자인등록출원 또는 관련디자인의 디자인등록출원 여부, ㉤ 기본디자인의 디자인등록번호 또는 디자인등록출원번호(관련디자인으로 디자인등록을 받으려는 경우만 해당),㉥ 디자인을 창작한 사람의 성명 및 주소, ㉦ 제41조에 따른 복수디자인등록출원 여부, ㉧ 디자인의 수 및 각 디자인의 일련번호(복수디자인등록출원을 하는 경우에만 해당), ㉨ 제51조 제3항에 규정된 사항(우선권 주장을 하는 경우만 해당)」 등을 적은 디자인등록출원서를 특허청장에게 제출하여야 한다. 이때 디자인등록출원서에는 각 디자인에 관한 「㉠ 디자인의 대상이 되는 물품 및 물품류, ㉡ 디자인의 설명 및 창작내용의 요점, ㉢ 디자인의 일련번호(복수디자인등록출원을 하는 경우에만 해당)」 등을 적은 도면을 첨부해야 하나 디자인등록출원인은 도면을 갈음하여 디자인의 사진 또는 견본을 제출할 수 있고 또한 디자인일부심사등록출원을 할 수 있는 디자인은 물품류 구분 중 산업통상자원부령으로 정하는 물품으로 한정하고 있으며 이 경우 해당 물품에 대하여는 디자인일부심사등록출원으로만 출원할 수 있다(법 제37조).

우리나라는 디자인출원에 대하여 형식적 요건뿐만 아니라 신규성 등 실체적 요건에 대하여 심사하여 디자인권을 부여하는 심사주의를 원칙으로 하고 있으나 디자인일부심사등록제도는 디자인 창작이 활성화되고 출원량이 증가함에 따라 창작된 디자인이 신속히 권리화되지 못하는 문제가 있어서 유행성이 강하고 Life cycle이 짧은 일부 물품에 대하여 1998년 3월 1일자로 무심사등록제도를 도입하였고 2014년 7월 1일자로 명칭을 일부심사로 변경된 제도이며 산업통상자원부령으로 정하고 있는 일부심사출원 물품은 로카르노 기준 7개 분류로 1류(식품), 2류(의류 및 패션잡화용품), 3류(가방 등 신변품), 5류(섬유제품, 인조 및 천연 시트직물류), 9류(포장용기), 11류(보석·장신구), 19류(문방구, 사무용품, 미술재료, 교재)이다.

〈출원에서 등록까지 흐름도〉

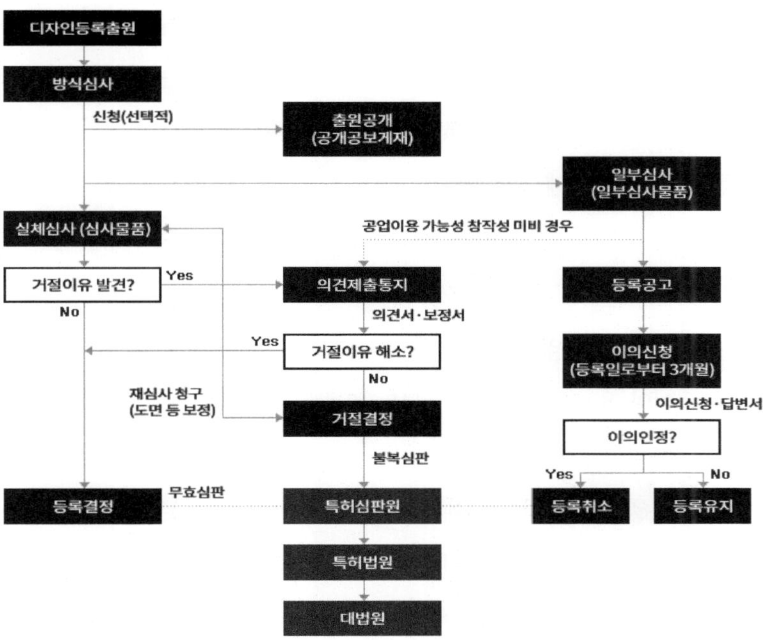

출처 : 특허청

7. 디자인권

디자인권은 디자인을 보호하기 위해 인정되는 산업재산권의 하나이며 이는 무체재산권으로 특허청에 설정 등록된 디자인에 대해서 부여되는 권리이다. 디자인권은 설정등록에 의해 발생하며(제90조) 디자인등록출원일 후 20년이 되는 날까지 존속되고, 다만 관련디자인으로 등록된 디자인권의 존속기간 만료일은 그 기본디자인의 디자인권 존속기간 만료일과 같다(법 제90조, 91조).

이에 따라 디자인권자는 업으로서 등록디자인 또는 이와 유사한 디자인을 실시할 권리를 독점하며 디자인권에 관하여 타인에게 전용실시권을 설정하였을 때에는 디자인권자는 전용실시권자가 그 등록디자인 또는 이와 유사한 디자인을 실시할 권리를 독점하는 범위에서는 실시할 권리를 독점하지 못하게 된다(법 제92조). 이때 등록디자인의 보호범위는 디자인등록출원서의 기재사항 및 그 출원서에 첨부된 도면·사진 또는 견본과 도면에 적힌 디자인의 설명에 따라 표현된 디자인에 의하여 정해진다(법 제93조).

다만, 다자인권의 효력은「① 연구 또는 시험을 하기 위한 등록디자인 또는 이와 유사한 디자인의 실시, ② 국내를 통과하는 데에 불과한 선박·항공기·차량 또는 이에 사용되는 기계·기구·장치, 그 밖의 물건, ③ 디자인등록출원 시부터 국내에 있던 물건」 등에 있어서는 미치지 않으며 글자체가 디자인권으로 설정된 경우는「① 타자·조판 또는 인쇄 등의 통상적인 과정에서 글자체를 사용하는 경우, ② 타자·조판 또는 인쇄 등의 통상적인 과정에서 글자체의 사용으로 생산된 결과물인 경우」 등에 있어 그 효력이 미치지 않는다(제94조).

8. 디자인권자의 보호

디자인권자의 보호를 위해 디자인권자 또는 전용실시권자는 자기의 권리를 침해한 자 또는 침해할 우려가 있는 자에 대하여 그 침해의 금지 또는 예방을 청구할 수 있으며 이와 함께 디자인권자 또는 전용실시권자는 침해금지 및 예방청구 시 침해행위를 조성한 물품의 폐기, 침해행위에 제공된 설비의 제거, 그 밖에 침해의 예방에 필요한 행위를 청구할 수 있다. 다만, 디자인에 관해 비밀로 할 것을 청구한 디자인권자 또는 전용실시권자는 「① 디자인권자 및 전용실시권자(전용실시권자가 청구하는 경우만 해당)의 성명 및 주소, ② 디자인등록출원번호 및 출원일, ③ 디자인등록번호 및 등록일, ④ 디자인등록출원서에 첨부한 도면·사진 또는 견본의 내용」 등의 사항에 대하여 특허청장으로부터 증명을 받은 서면을 제시하여 경고한 후가 아니면 해당 디자인에 관하여 침해금지 및 예방청구를 하지 못한다(법 제113조).

이때 등록디자인이나 이와 유사한 디자인에 관한 물품의 생산에만 사용하는 물품을 업으로서 생산·양도·대여·수출 또는 수입하거나 업으로서 그 물품의 양도 또는 대여의 청약을 하는 행위는 그 디자인권 또는 전용실시권을 침해한 것으로 본다(법 제114조).

또한 침해의 금지 또는 예방을 청구와 함께 디자인권자 또는 전용실시권자는 고의나 과실로 인하여 자기의 디자인권 또는 전용실시권을 침해한 자에 대하여 그 침해에 의하여 자기가 입은 손해의 배상을 청구할 수 있다. 이 경우 그 권리를 침해한 자가 그 침해행위를 하게 한 물건을 양도하였을 때에는 그 물건의 양도수량에 디자인권자 또는 전용실시권자가 그 침해행위가 없었다면 판매할 수 있었던 물건의 단위수량당 이익액을 곱한 금액을 디자인권자 또는 전용실시권자가 입은 손해액으로 할 수 있고, 권리를 침해한 자가 그 침해행위로 이익을 얻었을 때에는 그 이익액을 디자인권자 또는 전용실시권자가 받은 손해액으로 추정하며, 그 등록디자인의 실시에 대하여 통상적으로 받을 수 있는 금액을 디자인권자 또는 전용실시권자가 입은 손해액으로 하여 손해배상을 청구할 수 있다(법 제115조).

9. 국제출원

지식재산권은 원칙적으로 속지주의를 택하고 있으므로 한 나라에서 획득한 권리는 해당 국가에서만 독점적이고 배타적으로 행사할 수 있으므로 우리나라에 디자인을 출원하여 등록되었다고 해도 외국에서도 보호를 받을 수 있는 것은 아니다. 따라서 외국에서 디자인권을 획득하고 행사하기를 원하는 사람은 해당 국가에 디자인 출원을 하고 디자인 등록을 받아야 권리를 행사할 수 있다.

이에 따라 외국에서 디자인을 출원하는 방법은 크게 두 가지로 첫째는 디자인 등록을 받기를 원하는 국가에 직접 출원하는 방법으로 일반적으로 파리협약에 의한 우선권을 주장하면서 출원하므로 "파리루트에 의한 디자인 출원"이라고 한다. 이는 출원하는 국가의 법과 절차에 따라야 하며 다만, 우선권을 주장하기 위해서는 선출원의 출원일로부터 6개월 이내에 해당 국가에 출원해야 한다.

둘째는 헤이그협정에 따라 헤이그시스템을 이용하여 하나의 출원서로 협정 가입 국가 중 하나 또는 여러 국가에 동시에 디자인 출원을 할 수 있는데 이를 헤이그시스템이라고 하며 헤이그시스템의 특징은 정부간 기구인 유럽연합(EU)과 아프리카지식재산기구(OAPI)도 헤이그협정의 당사자라는 점이다.

〈개별국 직접출원과 헤이그시스템에 의한 출원〉

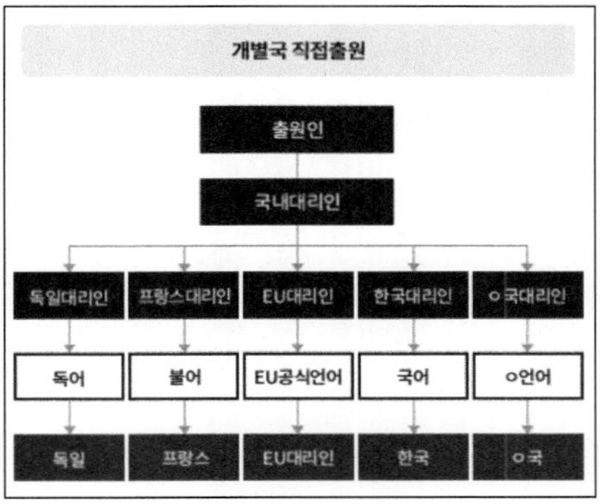

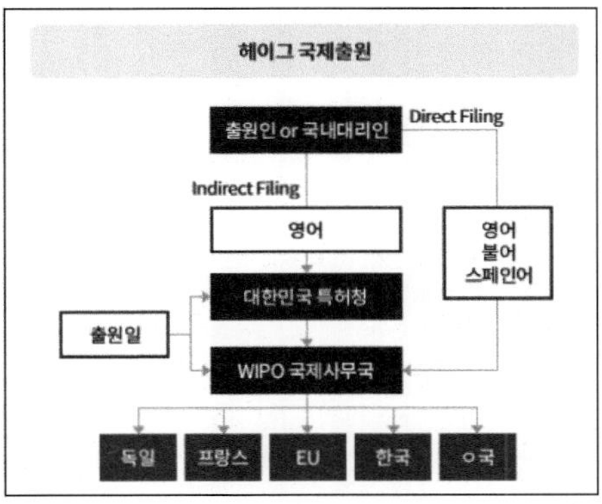

출처 : 특허청

18

지식재산 창업

생명공학 등 신지식재산

18 생명공학 등 신지식재산

1. 신지식재산의 의의

경제·사회·문화의 변화와 과학기술 발전과 함께 독립된 경제적 가치를 지닌 새로운 영역의 지식재산이 등장하였고 이를 신지식재산이라 한다. 즉, 과학기술의 급속한 발전과 사회여건의 변화에 따라 종래의 지식재산법규의 보호범주에 포함되지 않으나 경제적 가치를 지닌 지적창작물이라 할 수 있다.

이와 같이 전통적인 지식재산권제도 생성 당시 존재하지 않았던 형태의 지식재산이 등장함에 따라 기존의 지식재산권제도로는 보호의 공백문제나 중복보호문제가 발생하고 있으며 이로 인해 반도체배치설계나 컴퓨터프로그램의 경우는 저작권 또는 산업재산권 중 어느 제도로 보호할지 논란이 되어왔다.

신지식재산의 유형은 컴퓨터프로그램, 데이터베이스, 디지털콘텐츠와 같은 산업저작권,[120] 반도체집적회로 배치설계, 유전자 조작과 세포융합에 의한 동·식물 신품종이나 생명공학의 산업응용에 의한 첨단산업재산권,[121] 영업비밀, 멀티미디어 등과 같은 정보산업재산권,[122] 이러한

120) 기존보다 더 넓은 범위의 새로운 보호 객체의 제작이나 투자 노력을 보호하기 위한 신지식재산권으로 예술적 측면이 아닌 산업적 측면의 저작물에 관한 권리를 말함

121) 첨단산업에 의해 개발된 새로운 대상의 가치를 보호하기 위한 재산권을 말함

유형에 속하는 것으로 보기 어려운 기타 유형으로 캐릭터, 트레이드 드레스(trade dress), 프랜차이징, 퍼블리시티권(publicity), 지리적 표시, 인터넷 도메인 네임, 새로운 상표 등이 있다.

〈신지식재산권의 유형〉

신지식 재산권

신지식재산권	
산업저작권	컴퓨터 프로그램, 데이터베이스, 디지털콘텐츠
첨단산업 재산권	반도체 배치설계, 생명공학, 인공지능 인터넷 사업방법
정보 재산권	영업비밀, 멀티미디어
기타	캐릭터, 트레이드 드레스(Trade dress), 프랜차이징, 퍼블리시티권(Publicity) 지리적 표시, 인터넷 도메인 네임, 새로운 상표 (색채상표, 입체상표, 소리, 냄새상표 등)

2. 반도체배치설계

배치설계를 무단복제와 같은 침해로부터 보호하고, 배치설계 창작자의 권리를 보호하기 위한 신지식재산권의 일종으로 반도체배치설계권은 "반도체집적회로의 배치설계에 관한 법률(반도체설계법)"에 의거 배치설계를 특허청에 설정등록하면 발생하는 신지식재산권이며 동시에 첨단산업재산권에 속하는 권리이다.

배치설계권의 보호대상은 배치설계라는 추상물로 배치설계권은 설정등록일부터 10년간 보호받으며 단, 배치설계의 최초 상업적 이용일로부터 10년, 또는 배치설계의 창작일로부터 15년을 초과하지 못한다. 이에

122) 정보산업발전에 새롭게 대두되고 있는 재산권을 말함

따라 배치설계권을 설정등록한 배치설계권자 또는 권리 승계자는 설정등록된 배치설계에 대해 영리목적을 위해 배치설계권 이용권을 독점하게 된다. 다만 이러한 독점권은 「① 배치설계권자가 타인에게 그 배치설계를 독점적으로 이용할 수 있는 권리를 설정한 경우, 그 설정된 범위 내에서 전용이용권자가 영리를 목적으로 그 배치설계를 이용하는 권리를 독점하는 때, ② 교육·연구·분석 또는 평가 등의 목적이나, 개인이 비영리적으로 사용 하기 위한 배치설계의 복제 또는 그 복제의 대행의 경우, ③ 적법한 반도체집적회로 등을 인도받은 자가 영리를 목적으로 양도·대여를 하거나 양도·대여를 위한 전시·수입하는 경우, ④ 불법복제하여 제조된 반도체집적회로 등에 대해 선의이며 과실없이 인도받은 자(선의자)가 영리 목적으로 한 양도·대여나 양도·대여 위해 전시·수입하는 경우」 등에 해당할 때에는 제한이 있다. 즉, 배치설계권의 효력이 미치지 않는다.

이러한 배치설계권의 침해에 대한 구제로 민사상으로는 배치설계권자나 전용이용권자는 그의 배치설계권 또는 전용이용권을 침해하거나 침해할 우려가 있는 자에게 그 침해의 정지 또는 예방을 청구할 수 있고, 고의 또는 과실로 그 권리를 침해한 자에게 손해배상을 청구할 수 있다. 또한 형사상으로는 침해죄로서 배치설계권이나 전용이용권을 침해한 자는 3년 이하의 징역 또는 3천만원 이하의 벌금에 처하거나 이를 병과(倂科)할 수 있다.

3. 생명공학발명

생명공학의 응용기술을 바탕으로 21세기에 꽃을 피우게 될 생명공학

산업화의 주도권은 원천기술을 바탕으로 하는 지식재산권 확보에 의존하므로, 지식재산권 보호의 중요성에 대한 국제적 인식은 나날이 증대되어 왔으며, 이에 따라 관련제도 구축 및 적정 보호를 위한 국제적인 노력이 끊임없이 계속되고 있다. 특허로 보호 받는 생명공학 분야의 대표적인 발명은 미생물발명, 동물발명, 유전자발명이 있으며 우리나라는 1998년에 국제적 추세에 부합하는 생명공학분야 특허심사기준을 제정하고, 급증하는 특허출원에 부응하여 유전자 서열 전자출원제도를 도입하였으며, 유전자서열 D/B 및 생명공학 검색시스템을 구축하였다. 2012년에는 생명공학분야 심사기준을 생명공학분야 심사실무가이드로 정비하여 활용 중이다.

특허대상은 자연 상태로부터 분리, 확인된 유전자, 단백질, 세포, 미생물, 변종식물로서 무성/반복 생식가능한 식물, 미생물, 식물, 동물 등의 형질전환체, 형질전환체 이용방법, 형질전환체 산물 등이며 자연계에 생존하는 동물이나 변종식물 자체의 단순한 발견의 경우는 특허의 대상이 아니다.

〈생명공학분야 심사기준에 따른 특허 보호대상〉

구분	대상	특허여부	비고
물질	유전자(DNA서열)	특허가능	유용성이 밝혀진 경우만 가능
	단백질 (아미노산서열)	특허가능	
	단세포 생명체 (virus, bacteria)	특허가능	관련 미생물 기탁의무
	동물	특허가능 단, 공서양속에 반하지 않는것	동물 발명에 대한 심사기준 신설
	인간의 신체의 부분	특허불가	인간의 존엄성을 해치는 발명은 특허대상에서 배제
방법	수술, 치료방법	사람불가, 동물가능	사람의 치료 진단방법은 의료행위에 해당하므로 산업상 이용가능성이 없는 것으로 봄 (특허법 제29조 제1항 본문)
	유전자 치료법	사람불가, 동물가능	
	진단방법	사람불가, 동물가능	

출처 : 특허청

WTO의 무역관련지식재산권협정(TRIPS)은 인간과 동물의 치료 및 수술방법은 특허 대상에서 배제하고 있음에 따라 미생물 및 본질적인 비생물학적 방법은 특허등록이 가능해야 하고, 동식물은 특허대상에서 제외 가능하나 식물품종은 특허 또는 이에 상응한 독자적 체계를 통해 보호하고 있다.

생명공학분야 특허심사실무가이드는 유전공학, 미생물, 식물, 동물 등에 관한 발명과 함께 수술, 치료, 진단 및 신체의 측정과 위생에 관한 발명에 대해 적용하고 있으며 「① 단순한 발견에 해당하는 것,[123] ② 유전자, DNA 단편, SNP, 안티센스 뉴클레오티드, 벡터, 재조합 벡터, 형질전환체, 융합세포, 모노클로날 항체, 단백질, 재조합 단백질의 발명 등에 있어, 입수방법 및 생산수단 등이 명세서에 상세히 기재되어 있지 아니한 것, ③ 미완성 발명[124]」 등은 발명에 해당하지 않는 경우로 예시되어 있다. 그러나 분리 또는 선별방법에 각별한 곤란성이 인정되는 경우 발명으로 인정이 가능하다는 예외 규정을 두고 있다.

---

123) ① 생명체에 존재하는 유전자, 단백질을 단순히 발견한 것
② 자연에 있는 미생물을 단순히 발견한 것
③ 인위적인 제조 수단의 구체적인 기재 없이 단순히 발견한 돌연변이 동물

124) 발명이 발명목적을 달성하기 위한 수단이 형식적으로 제시되었으나 제시수단에 의해 발명자가 얻은 성과와 객관적으로 동일한 결과 얻을 수 없는 경우, 발명의 과제 해결을 위한 구체적 수단이 결여되어 있거나 또는 제시된 과제 해결수단만으로는 과제의 해결이 명백하게 불가능한 경우, 발명이 미완성 발명인지 여부가 불분명한 경우 등은 미완성 발명으로 보며, 판례는 특허등록가능한 발명이란 완성된 것이어야 하고 완성된 발명이란 그 발명이 속하는 분야에서 통상의 지식을 가진 자가 반복 실시하여 목적하는 기술적 효과를 얻을 수 있을 정도까지 구체적, 객관적으로 구성되어 있는 발명으로 그 판단은 특허출원의 명세서에 기재된 발명의 목적, 구성 및 작용효과 등을 전체적으로 고려하여 출원 당시의 기술수준에 입각하여 판단하여야 함(대법원 1994.12. 27. 선고 93후1810 판결)

4. 디지털콘텐츠

“콘텐츠”란 부호·문자·도형·색채·음성·음향·이미지 및 영상 등(이들의 복합체를 포함한다)의 자료 또는 정보를 말하며(문화산업진흥기본법 제2조)[125) “디지털콘텐츠”라 함은 부호·문자·음성·음향·이미지 또는 영상 등으로 표현된 자료 또는 정보로서 그 보존 및 이용에 있어서 효용을 높일 수 있도록 전자적 형태로 제작 또는 처리된 것을 말하고,[126)(온라인디지털콘텐츠산업발전법 제2조 제1호), “온라인디지털콘텐츠”라 함은 정보통신망이용촉진및정보보호등에관한법률 제2조 제1항 제1호의 규정에 의한 정보통신망에서 사용되는 디지털콘텐츠를 말한다(제2조 제2호).

디지털콘텐츠는 저작권법으로 보호되고 있으며 온라인디지털콘텐츠산업발전법을 통해 온라인디지털콘텐츠산업의 발전에 필요한 사항을 정함으로써 온라인디지털콘텐츠산업의 기반을 조성하고 그 경쟁력을 강화하여 국민생활의 향상과 국민경제의 건전한 발전을 도모하고 있다. 따라서 정부는 온라인콘텐츠산업의 발전관련 사항의 심의를 위해 국무총리 소속 온라인디지털콘텐츠산업발전위원회를 설치하고 이 위원회의 심의를 거쳐 온라인디지털콘텐츠산업의 발전에 관한 중·장기 기본계획을 수립한다.

일반적으로 디지털콘텐츠는 저작물과 동일한 개념이 아니라고 보고

---

125) 일반적으로 이용자에게 정보를 제공하거나 오락 등의 욕구를 충족시켜 줄 수 있는 하나의 문화상품으로서의 “정보 생산물”, “정보 내용”을 의미한다고 할 수 있음

126) 정보통신망(PC 네트워크와 인터넷망을 포함한다), 디지털 방송망, 디지털 기억매체(플로피디스크, DVD, CD-ROM 등) 등을 매개로 활용하는 정보라고 할 수 있음

있어 디지털콘텐츠가 저작물인지 여부에 대하는 논란의 여지가 있다. 이는 디지털콘텐츠는 디지털로 제작된 모든 것을 의미하지만, 저작권법상으로는 디지털콘텐츠 중 이 법이 보호하는 창작성 요건을 갖춘 저작물만을 보호대상으로 삼고 있기 때문이다.

온라인콘텐츠제작자를 보호하기 위해 온라인콘텐츠를 최초로 제작하여 표시한 날부터 5년이 경과하기 전까지는 누구든지 정당한 권한 없이 타인이 상당한 노력으로 제작하여 표시한 온라인콘텐츠의 전부 또는 상당한 부분을 복제 또는 전송하는 방법으로 경쟁사업자의 영업에 관한 이익을 침해하여서는 아니 된다. 또한 이와 같은 침해행위를 효과적으로 방지하기 위하여 온라인콘텐츠제작자나 그로부터 허락을 받은 자가 디지털콘텐츠에 적용한 기술적 보호조치의 회피·제거 또는 변경(무력화)을 주된 목적으로 하는 기술·서비스·장치 또는 그 주요부품을 제공·수입·제조·양도·대여 또는 전송하거나 양도·대여를 위하여 전시하는 행위를 하여서는 아니된다.[127] 따라서 침해행위로 자신의 영업에 관한 이익이 침해되거나 침해될 우려가 있는 자는 그 위반행위의 중지나 예방 및 그 위반행위로 인한 손해의 배상을 법원에 청구할 수 있고 고소를 통해 1년 이하의 징역 또는 2천만원 이하의 벌금에 처할 수도 있음을 물론 양벌규정도 두고 있다.

5. 초상권, 프라버시권 및 퍼블리시티권

4차 산업혁명시대에 빅데이터 처리과정에서 타인 초상을 사용하는

127) 다만, 기술적 보호조치의 연구·개발을 위하여 기술적보호조치를 무력화하는 장치 또는 부품을 제조하는 경우에는 가능함

경우가 빈번히 발생하며 무방비로 사람의 초상이 온라인 상에 노출될 가능성이 높아졌고 메타버스 기반 가상현실에서 홀로그램 모양을 타인의 외관 형상을 딴 경우 초상권 침해 논란 또한 급증할 것으로 예상된다.

초상권은 자기 자신의 초상에 대한 독점권을 의미하며, 허락 없이 자기의 초상이 촬영이 되거나 또는 공표가 되지 않을 권리를 말하는 것으로 이에는 촬영·작성거절권, 공표거절권, 초상영리권이 있다. 촬영·작성거절권은 얼굴 기타 사회 통념상 특정 인물임을 알 수 있는 신체적 특징을 당사자 동의 없이 촬영되는 것으로부터 보호받을 권리이고, 공표거절권은 촬영된 자신의 사진이나 작성된 초상이 본인의 동의 없이 공표되거나 복제되는 것으로부터 보호받을 권리이며, 초상영리권은 자신의 사진이나 초상이 상업적으로나 영리적으로 이용되는 것으로부터 보호받을 권리이다.

반면 프라이버시권은 개인이 타인의 간섭과 공적인 영역으로부터 고유의 정보를 노출시키지 않을 자유를 확보하는 권리에 해당하며, 퍼블리시티권은 초상, 성명 등의 상업적 이용에 관한 권리 즉, 사람 자체를 가리키는 것(identify)을 광고 및 상품 등에 상업적으로 이용하여 경제적 이익을 얻을 수 있는 권리에 해당한다.

따라서 초상권은 자신의 얼굴에 대하여 가지는 인격적, 재산적 권리로 인격적 권리는 프라이버시권과 유사한 개념이고 재산적 권리는 퍼블리시티권과 유사한 개념으로 따라서 초상권은 프라이버시권과 퍼블리시티권의 성격을 모두 가지는 상위 개념이라고 할 수 있다.

프라이버시권은 초상의 무단사용으로 생기는 당혹스럽거나 모욕적인 감정에 대한 침해를 보호하기 위한 것인데 반해, 퍼블리시티권은 초상의 상업적 가치침해를 보호하고 있다는 점에서 차이가 있어 프라이버시권은 얼마만큼의 정신적 고통을 받았는지가 손해산정의 기준이 되는 반면, 퍼블리시티권은 재산적 손실이 발생한 경우를 침해로 보며 재산권 침해의 정도가 그 손해의 산정 기준이 된다. 즉 인격권적 성격의 프라이버시권은 일신전속의 속성이 있어 양도가 불가능하지만, 재산권적 성격의 퍼블리시티권은 양도가 가능하다.128)

〈프라이버시권과 버블리시티권의 비교〉

구분	권리의 내용	침해 형태	권리양도 가능 여부	법적 구제	비고
프라이버시권 (인격권적 성격)	무단으로 촬영, 공표되지 아니할 권리	정신적 고통 (dignitary harm)	불가능 (일신전속)	침해정지, 위자료·명예회복의 청구	연예인에게 다소 제한적
퍼블리시티권 (재산권적 성격)	초상, 이름, 목소리 등의 사용을 독점할 수 있는 권리	재산적 손해 (commercial harm	가능	침해정지, 손해배상, 부당이득반환의 청구	연예인에게 더 강하게 적용 가능함

하지만 현재 초상권에 관한 현행법상 명문규정이 없으며 해석상 법원 판례를 통해 초상권이 인정되며 법적 근거는 헌법 제10조의 행복추구권129)에 의거 형사상 명예훼손죄와 민사상 민법 제750조 제1항의 불법행위 규정130)이며, 목적이 상업용이 아닌 공공의 이익을 위한 경우에는 예

128) 의지적으로 초상을 공개하여 영리를 추구하는 연예인의 경우 프라이버시권에 대한 권리주장은 상대적으로 불리한 반면, 재산적 손해와 관련된 퍼블리시티권에 대한 권리주장은 일반인보다 더욱 유리할 수 있다.

129) 헌법 제10조 : '모든 국민은 인간으로서의 존엄과 가치를 가지며 행복을 추구할 수 있는 권리를 가진다'. 즉, 국가가 보장해야 할 인간의 존엄과 가치에 초상권 포함

130) 민법 제750조 제1항 : '타인의 신체, 자유 또는 명예를 해하거나 기타 정신상의 고통을 가한 자는 재산 이외의 손해에 대하여도 배상할 책임이 있다'. 초상권보호 근거로 해석

의 인정이 가능하다.

따라서 4차 산업혁명시대에 적합한 초상권, 프라이버시권 및 퍼블리시티권의 개념을 명확히 정의하고 이에 대한 구제방안을 입법화할 필요가 있으며 다만, 입법 시 형사상 책임추궁보다는 민사상 책임추궁방안을 제정해 사회적 부작용을 최소화할 필요가 있다.

6. 식물신품종

20세기 이전 인류가 종자를 보존·개선·이용하는 과정에서 시장역할이 미미하였고 농부와 토착지역공동체가 주도였음은 물론 농업이 국가의 중요한 산업기반인 국가에서는 정부 등 공공부분이 종자 보급과정에 일익을 담당하여 20세기 초까지만 해도 미국 연방정부가 종자의 무료보급프로그램을 운영하였다. 하지만 식물 육종기술이 발전하고 종자관련시장이 형성되면서 정부지원은 중단하고 그 대신 지식재산권제도를 통한 보호 요구의 목소리가 증가됨은 물론 급증하는 세계 인구에 식량을 공급하고 가속화되는 기후변화 대응하기 위해 신품종을 개발하도록 육종가들에게 어느 정도 인센티브의 필요성이 대두되었다.

또한 생명공학기법을 이용하여 식물육종은 유전적 접근방법을 통해 육종대상 식물특성을 인간이 원하는 대로 개량이 가능하고, 신품종 육성을 위해 10~15년 소요되는 등 많은 시간과 노력이 필요한 반면, 신품종이 육성되어 공개되면 무단으로 재생산되어 개발육종가의 투자보상기회 박탈 현상이 초래됨에 따라 식물육종분야에서 개인 육종가·발명자에게 신품종개발을 위해 투하된 시간과 노력, 비용에 상응하는 대가인 지식재산권 부여가 필요하고 종자에 지식재산권을 부여해 정부 또는 공공부문의 역할을 축소하고 민간부문을 통해 품종육성 및 종자생산 활성화의 필요성이 제기되었다.

이에 따라 종자의 지식재산권의 보호를 위한 제도는 UPOV에 따른 식물신품종보호법 체계와 특허법 체계가 있다.

UPOV 체계는 식물품종 보호 위한 국제적 노력 일환으로 1961년 '식물신품종의 보호에 관한 국제협약(The International Union for the Protection of New Varieties of Plants, UPOV)'이 체결되고 1968년 발효되면서 확립되었으며 우리나라는 2002년 1월 7일 UPOV에 50번째로 가입하였고 1991년 UPOV 협약에서 품종 보호제도 시행 초년도에는 보호 대상작물을 15개 이상의 작물로 하고 시행 후 10년 이내에 전작물로 보호대상을 확대하도록 되어 있었으며 우리나라는 2002년 1월 7일 국제식물신품종보호연맹(UPOV)에 가입하여 협약에 따라 2012년 1월 7일자로 품종보호 대상작물이 모든 작물로 확대되었다.[131)]

우리나라의 식물신품종보호제도는 WTO가입국의 의무사항으로 1995년 종자산업법 제정과 함께 도입되어 1997년 12월 31일부로 시행되었으며 2012년 6월 1일로 종자산업법에서 식물신품종보호법이 분리·제정되어 2013년 6월 2일부로 시행되고 있다.[132)]

식물신품종보호법상 식물 '품종'이란 식물학에서 통용되는 최저분류

---

131) 시행 첫해 벼, 배추, 사과 등 27개 작물이 보호대상으로 지정되었으며 이후 작물별 국제경쟁력 수준, 농업에 미치는 영향 등을 고려해 보호대상작물을 확대했으며, 2012년 1월 7일자로 딸기, 나무딸기, 감귤, 블루베리, 양앵두, 해조류가 포함되면서 모든 작물이 보호대상으로 됨

132) 종자산업법의 시행 결과 종자의 보증·유통관리 등에 관한 실체적 규정과 품종보호에 관한 절차적 규정이 단일법에 혼재되어 있어 법의 체계와 내용이 복잡하고 제도의 효율적인 운영에 한계점이 노출되어 목적에 맞게 별개의 법률로 분리됨

단위 식물군으로서, 유전적인 특성 중 한 가지 이상 특성이 다른 식물군과 구별되고 변함없이 증식될 수 있는 것으로 '보호품종'은 이 법에 따른 품종보호 요건을 갖춰 품종보호권이 부여된 품종을 의미한다.

작물 품종이 신규성, 구별성, 균일성, 안정성 및 품종명칭을 갖춘 경우 품종보호출원서를 작성하여 출원하면 심사를 거쳐 품종보호권이 부여되며 신규성 및 품종명칭 심사는 서류심사로 하지만 구별성, 균일성 및 안정성 구비 여부에 대한 평가는 심사관이 재배시험결과를 토대로 판단한다.

구별성은 품종보호 출원일 이전까지 일반인에 주지된 품종과 명확하게 구별되는 품종에 대해 인정되며,[133] 균일성은 품종의 본질적 특성이 그 품종의 번식방법상 예상되는 변이를 고려한 상태에서 충분히 균일한 경우 인정되고,[134] 안정성은 품종의 본질적 특성이 반복적으로 증식된 후(1대 잡종 등과 같이 특정한 증식주기를 가지는 경우 매 증식주기 종료 후)에도 그 품종의 본질적 특성이 변하지 않는 경우 인정된다.[135]

---

133) 구별성이 있는 경우라는 것은 신품종심사를 위한 작물별 세부특성조사 요령에 있는 조사특성 중에서 한 가지 이상의 특성이 대조품종과 명확하게 구별되는 경우로 잎의 모양 및 색 등과 같은 질적 특성의 경우에는 관찰에 의하여 특성 조사를 실시하고 그 결과를 계급으로 표현하여 출원품종과 대조품종의 계급이 한 등급 이상 차이가 나면 출원품종은 구별성이 있는 것으로 판정하며 잎의 길이와 같은 양적 특성의 경우에는 특성별로 계급을 설정하고 품종 간에 두 계급 이상의 차이가 나면 구별성이 있다고 판정함

134) 신품종심사기준에서 정하고 있는 품종의 조사특성들이 당대에 충분히 균일하게 발현하는 경우에 균일성이 있다고 판정 즉, 출원품종 중에서 이형주의 수가 작물별 균일성 판정기준의 수치를 초과하지 아니하는 경우에 출원품종은 균일성이 있다고 판정함

135) 출원품종이 통상의 번식 방법에 의해 증식을 계속하는 경우에도 모든 번식단계의 개체가 구별성의 판정에 관련된 특성을 발현하고 동시에 그의 균일성을 유지하고 있는지를 판정하며 1년 차 시험의 균일성 판정결과와 2년 차 이상의 시험의 균일성 판정결과가 다르지 않으면 안정성 있다고 판정함

특허법에 의한 보호는 특허법은 '자연법칙을 이용한 기술적 사상의 창작으로서 고도한 발명'을 보호대상으로 종자의 기술적 사상의 창작이 발명으로서 특허법의 보호대상 여부에 대해 구 특허법은 '무성적으로 반복생식할 수 있는 변종식물'을 특허의 대상으로 규정하였으나 2006년 개정특허법은 무성번식식물 규정을 삭제해 무성과 유성을 구분하지 않고 특허법의 보호대상으로 하고 있다. 따라서 개정법상 일반적인 특허요건을 충족하면 유·무성번식식물 여부와 관계없이 식물관련 발명을 보호해 과학기술의 발달과 특허제도의 발전으로 미국, 일본 등 대부분 국가가 특허요건만 갖추면 식물의 생식방법과 무관하게 모든 식물을 특허대상으로 인정하는 국제 추세를 반영하였다.

식물 관련 특허청 생명공학분야 심사기준에 의하면 신규식물 자체 또는 신규식물의 일부분에 관한 발명, 신규식물의 육종방법에 관한 발명 및 식물의 번식방법에 관한 발명이 특허요건을 충족할 시 특허등록이 가능한 것으로 해석된다.[136)]

---

136) 현행 특허심사기준에 의한 식물관련 발명의 예시

첫째, 신규 식물군 그 자체에 관한 발명. 신규식물이란 유전적으로 발현되는 특성 중 한 가지 이상의 특성이 다른 식물군과 상이한 식물군

둘째, 신규 식물군의 그룹도 특허법상 보호대상이 되는 발명

셋째, 신규식물의 일부분에 관한 발명. 신규식물 일부분에 관한 발명이란 종자, 과실, 화분 등에 관한 발명

넷째, 신규식물의 육종방법에 관한 발명

다섯째, 식물의 번식방법에 관한 발명. 식물의 번식방법에 관한 발명이란 식물의 유성번식방법에 관한 발명 또는 식물의 무성번식방법에 관한 발명

여섯째, 분화되지 않은 식물의 세포 및 조직 배양물에 관련된 발명. 이에 대해서는 미생물관련 발명의 심사기준이 적용

일곱 번째, 식물에 관한 발명으로서 유전공학 기술이 관련된 발명. 이에 대해서는 유전공학관련 발명에 관한 심사기준 적용

찾아보기

[ㅈ]

[ㅊ]

[ㅋ]

[ㅌ]

[ㅍ]

[ㅎ]

〈저자 약력〉

전삼현 교수
(현) 숭실대학교 법과대학 법학과 교수
(현) 숭실대학교 법과대학 학장
(현) 삼성SRA자산운용 사외이사
(전) 삼성증권 사외이사(이사회의장)
(전) 한국자산관리공사 사외이사

권기섭 교수
(현) 숭실대학교 지식재산(IP) 전담 교수
(전) 한국특허전략개발원 본부장
(전) 한국특허전략개발원 특허전문위원
(전) LG화학 기술연구원 특허/연구기획 부장

최선규 강사
(현) 숭실대학교 강사
(현) 기업소송연구회 연구위원

지식재산 창업

초판 인쇄 2022년 12월 15일
초판 발행 2022년 12월 20일

저 자 · 전삼현·권기섭·최선규
발 행 인 · 현근택
발 행 처 · 화산미디어

주 소 · 경기도 고양시 덕양구 용현로 10, 507-102 (행신동, 무원마을)
신 고 · 2009년 2월 16일/제395-2009-000012호
전 화 · 031-971-6928
팩 스 · 031-971-6929
홈페이지 · www.hwasanm.com

정 가 30,000원
ISBN 979-11-5977-063-0(93360)